KB263661

가정예배

따라하기만 해도 닮아 가는 가정예배

저자 김대동

초판 1쇄 발행 2025. 12. 29.

발행처 도서출판 브니엘
발행인 권혁선

책임교정 조은경
책임영업 기태훈

등록번호 서울 제2006-50호
등록일자 2006. 9. 11.

서울특별시 송파구 백제고분로28길 25 B101호 (05590)
마케팅부 02)421-3436
편 집 부 02)421-3487
팩시밀리 02)421-3438

ISBN 979-11-93092-54-5 03230

독자의견 02)421-3487
이 메 일 editorkhs@empal.com

북카페 주소 cafe.naver.com/penielpub.cafe
인스타그램 @peniel_books

도서출판 브니엘은 독자들의 원고를 설레는 마음으로 기다리고 있습니다.
위의 이메일로 간단한 기획 내용 및 원고, 연락처 등을 보내주십시오.

도서출판 브니엘은 갓구운 빵처럼 항상 신선한 책만을 고집합니다.

따라하기만 해도 닮아 가는 가정예배

김대동 | 지음

"가정예배는 흉내만 내도 복을 받는다." 이 말은 필자가 목회를 하며 끊임없이 강조한 내용입니다. 이것은 사실입니다. 가정예배는 흉내만 내도 복을 받는 이유는 세 가지로 정리할 수 있습니다. 첫째로 우리는 가정예배를 통해서 통합세대 전체의 신앙을 새롭게 할 수 있습니다. 특별히 이 책을 통해 가정예배를 드리면 성경의 큰 흐름을 이해할 수 있고 성경의 가치관을 따라 우리의 신앙을 새롭게 할 수 있습니다. 둘째로 우리는 가정예배를 통하여 다음세대를 신앙으로 잘 양육할 수 있습니다. 이스라엘의 신앙은 가정을 통해 자녀들에게 전수되었습니다. 그래서 이 책의 가정예배를 따라 하기만 하면 자녀들의 신앙을 새롭게 할 수 있습니다. 셋째로 우리는 가정예배를 통하여 행복한 가정을 이룰 수 있습니다. 가정예배를 드릴 때 삶과 신앙의 대화를 주고받을 수밖에 없는데, 바로 이 대화를 통해서 가족들이 서로 이해하고 사랑하며 참 행복한 가정을 이룰 수 있게 되는 것입니다. 그래서 "가정예배는 흉내만 내도 복을 받는다"라는 이 말은 진리입니다.

이 책은 기존에 나와 있는 다양한 가정예배문의 형식과 구성을 자세히 조사하고 각각의 장단점을 분석하여 완전히 새롭게 구성하였습니다. 특히 필자는 가정예배야말로 이 시대 우리의 신앙을 지켜내는 가장 중요한 신앙 행위임을 마음 깊이 자각하였고, 그 뒤로 연구에 연구를 거듭하여 오늘 이와 같은 가정예배서를 펴내게 되었습니다. 그러므로 이 책을 잘 활용하기만 하면 멈추지 않는 가정예배를 통하여 기존 통합세대의 신앙 지키기와 다음세대의 신앙 양육에 큰 도움을 주리라 확신합니다.

이 책만이 가진 몇 가지 특징과 장점을 기술하면 다음의 5가지로 요약할 수 있습니다. 첫째, 이 책의 가정예배문은 전체가 풀텍스트(full-text)로 구성되어 있어서 읽기만 해도 은혜가 됩니다. 장년은 물론 노년에도 풀텍스트의 내용은 크게 은혜를 끼칠 수가 있고, 특히 글을 떠듬떠듬 읽는 어린 자녀들도 가정예배문의 내용을 읽어나가는 중에 쉽고 재미있게 그 메시지를 체득할 수 있습니다. 둘째, 이 책의 가정예배문은 쉽고 이해하기 쉬울 뿐만 아니라 아주 흥미 있는 풀텍스트로 구성되어 있어서 자녀들도 주체가 되어 가정예배를 인도할 수 있습니다. 이것은 우리 자녀들의 인성과 사회성 발달에 큰 훈련이 될 것입니다. 셋째, 이 책의 가정예배문은 기독교적 가치관을 익히는 데 탁월한 내용으로 구성되어 있습니다. 포스트모더니즘이 가득하고 탈종교화 및 배교가 밀려오는 시대 속에서 이 세태에 휩쓸리지 않고 기독교적 가치관을 잘 지켜내는 것은 이 시대에 너무나 중요한 실천이 아닐 수 없습니다. 그런데 바로 이 가정예배문은 이와 같은 가치관 훈련에 적격이어서 우리 가정을 믿음으로 지켜내는 데 대단히 유용합니다. 넷째, 이 책의 가정예배문에 사용된 성경은 개역성경 개정판이며 찬송은 장년예배 시에 사용하는 찬송가입니다. 그래서 이 가정예배문을 통하여 개역성경의

정신을 알려주고, 또 함께 찬송가를 부르며 나아갈 때 우리 가정의 신앙은 후대에 아름답게 전수될 수 있습니다. 다섯째, 이 책의 가정예배문 내용은 '성경의 153개 핵심 주제'를 따라가고 있습니다. 그러므로 이 책을 따라 가정예배를 드리면 성경의 큰 흐름을 이해할 수 있게 되고, 신학과 신앙의 균형을 갖도록 도와주며, 무엇보다 기독교적 가치관을 체득할 수 있도록 이끌어 줍니다. 그러므로 이 가정예배서의 순서를 따라 가정예배를 성실히 진행하기만 하면 그 신앙적 유익은 실로 엄청날 것입니다.

오늘날 이 시대 그리스도인들은 물신주의(mammonism), 세속주의(secularism), 쾌락주의(hedonism), 이기주의(egoism), 포스트모더니즘(postmodernism)의 도전 앞에 무방비로 노출되어 있습니다. 더더군다나 우리의 자녀들은 점점 더 신앙에서 멀어지고 있고 다음세대의 신앙문제는 큰 위기 상황이 아닐 수 없습니다. 바로 이와 같은 시점에 필자는 가정예배야말로 이 시대 기성세대와 우리 다음세대의 신앙을 새롭게 하는 가장 중요한 실천이라고 확신합니다. 그래서 이 책을 잘 활용하여 독자 여러분의 가정이 믿음의 명품 가문이 되고 다음세대 신앙 양육에 성공하여 참으로 행복하고 아름다운 가정을 꼭 이루시기를 기원합니다.

이 책이 나오기까지 기꺼이 가정예배를 실천해주신 분당구미교회의 교우들에게 진심으로 감사를 드립니다. 날마다 아름다운 목적을 향해 함께 걸어가 주신 당회원과 동역자들의 사랑과 섬김에도 깊은 감사를 드립니다. 이 시대 가정예배가 얼마나 중요한지 알아주시고 기꺼이 이 책을 출판해 주신 브니엘 출판사 직원들께도 깊은 감사를 드립니다. 이 책을 쓸 수 있도록 언제나 곁에서 지지와 격려를 아끼지 않는 아내와 두

딸에게 온 마음을 다해 감사를 전합니다. 무엇보다 이 책이 나오기까지 날마다 선한 길로 인도해 주신 하나님께 모든 영광을 올려드립니다.

간절히 바라기는, 이 책을 통하여 이 땅의 교회들이 꼭 회복되었으면 참 좋겠습니다. 이 책을 통하여 그리스도인들의 가정들이 진정으로 행복해졌으면 정말 좋겠습니다. 이 책을 통하여 우리의 다음세대가 진실로 신앙의 사람들이 되었으면 정말 좋겠습니다.

안타깝게도 지금 세계교회는 자꾸만 영적 불씨가 꺼져가고 있습니다. 포스트모더니즘의 시대에 탈종교화와 배교의 현상은 전 세계교회를 강타하고 있습니다. 그래도 아직도 남아 있는 한국교회의 불씨가 다시금 되살아나 세계교회를 살리는 역사가 일어나기를 간절히 소망합니다. 이처럼 한국교회를 살리는 불쏘시개의 역할을 이 작은 책이 감당할 수 있게 되기를 바랄 뿐입니다.

글쓴이 김대동

C·O·N·T·E·N·T·S
차 례

프롤로그 _ 대를 이어 예수님을 닮아 가는 가정예배를 위하여 _ 004
들어가면서 _ 가정예배, 이렇게 드리면 복을 받는다 _ 011

| PART 1 | 복음서   _ 037

001. 오시는 메시아 / 마 1:18~25 / 그 이름 예수 임마누엘
002. 예수님의 시험 / 마 4:1~11 / 다만 그를 섬기라
003. 팔복과 산상수훈 / 마 5:3~12 / 심령이 가난한 자는 복이 있나니
004. 베드로의 신앙고백 / 마 16:13~20 / 너희는 나를 누구라 하느냐
005. 가장 큰 계명 / 마 22:34~40 / 어느 계명이 크니이까
006. 치유의 기적 / 막 2:1~12 / 네 죄 사함을 받았느니라
007. 살림의 기적 / 막 5:35~43 / 소녀야 일어나라
008. 다스림의 기적 / 막 6:45~52 / 내니 두려워하지 말라
009. 축사의 기적 / 막 9:14~29 / 그 아이에게서 나오라
010. 섬김의 종 / 막 10:35~45 / 섬기는 자가 되라
011. 사마리아인 비유 / 눅 10:25~37 / 누가 이웃이 되겠느냐
012. 한 부자 비유 / 눅 12:13~21 / 누구의 것이 되겠느냐
013. 탕자의 비유 / 눅 15:11~24 / 잃었다가 다시 얻었노라
014. 삭개오의 회심 / 눅 19:1~10 / 잃어버린 자를 구원하려 함이라
015. 거듭남 / 요 3:9~21 / 영생을 얻게 하려 하심이라
016. 오병이어 / 요 6:1~15 / 여기 한 아이가 있습니다
017. 선한 목자 / 요 10:7~18 / 나는 선한 목자라
018. 십자가 수난 / 요 19:28~30 / 다 이루었다

019. 예수님의 부활 / 요 20:11~18 / 내가 주를 보았다

<table>
<tr><td>| PART 2 |</td><td>역사서</td><td>_ 153</td></tr>
</table>

020. 증인의 사명 / 행 1:1~11 / 내 증인이 되리라
021. 성령 강림 / 행 2:37~47 / 온 백성에게 칭송을 받으니라
022. 바울의 회심 / 행 9:1~9 / 나는 네가 박해하는 예수라
023. 안디옥교회 / 행 11:19~26 / 큰 무리가 주께 더하여지더라
024. 마게도냐 환상 / 행 16:6~10 / 건너와서 우리를 도우라

<table>
<tr><td>| PART 3 |</td><td>바울서신</td><td>_ 185</td></tr>
</table>

025. 이신칭의 / 롬 1:8~17 / 믿음으로 말미암아 살리라
026. 성령의 법 / 롬 8:1~11 / 생명의 성령의 법
027. 성도의 삶 / 롬 12:14~21 / 선으로 악을 이기라
028. 지체 의식 / 고전 12:12~27 / 너희는 그리스도의 몸이라
029. 참된 사도권 / 고후 12:1~10 / 내가 약한 그때에 강함이라
030. 자유의 종 / 갈 5:1~15 / 사랑으로 서로 종노릇 하라
031. 일치의 삶 / 엡 4:1~10 / 하나 되게 하신 것을 힘써 지키라
032. 겸손의 삶 / 빌 2:1~11 / 너희 안에 이 마음을 품으라
033. 가정의 삶 / 골 3:18~25 / 주께 하듯 하라
034. 믿음의 본 / 살전 1:2~10 / 믿는 자의 본이 되었느니라
035. 종말의 삶 / 살후 1:3~12 / 그날에 그가 강림하시리라
036. 경건의 삶 / 딤전 4:6~16 / 경건은 범사에 유익하니
037. 바울의 종언 / 딤후 4:1~8 / 나의 떠날 시각이 가까웠도다
038. 생활신앙 / 딛 2:1~14 / 자기 백성이 되게 하려 하심이라
039. 관용의 삶 / 몬 1:8~19 / 사랑으로써 간구하노라

| PART 4 | 공동서신 _ 277

040. 배교의 경고 / 히 6:1~12 / 끝까지 소망의 풍성함에 이르라
041. 행함의 믿음 / 약 2:14~26 / 행함으로 내 믿음을 보이리라
042. 나그네 의식 / 벧전 1:13~25 / 나그네의 때를 두려움으로 지내라
043. 재림의 신앙 / 벧후 3:8~13 / 주의 날이 도둑같이 오리라
044. 사랑의 사귐 / 요일 4:7~21 / 하나님은 사랑이시라
045. 사랑의 계명 / 요이 1:4~11 / 계명을 따라 행하라
046. 사랑의 영접 / 요삼 1:5~12 / 진리를 위하여 일하라
047. 이단 경계 / 유 1:17~23 / 거룩한 믿음 위에 자신을 세우라

| PART 5 | 계시록 _ 325

048. 교회와 종말 / 계 3:7~13 / 네 면류관을 빼앗지 못하게 하라
049. 천국의 소망 / 계 21:1~7 / 새 하늘과 새 땅을 바라보도다

| PART 6 | 대를 이어 복을 받는 가정 _ 341

050. 부모 공경 / 엡 6:1~3 / 네 부모를 공경하라
051. 자녀 축복 / 엡 6:4 / 자녀들을 축복하라
052. 배우자 축복 / 엡 5:22~33 / 배우자를 축복하라

가정예배,
이렇게 드리면 복을 받는다

가정예배, 왜 드려야 하는가?

심각한 신앙의 위기

오늘날 한국교회는 성장이 둔화되고 오히려 빙하기를 맞이하고 있습니다. 교인들의 숫자는 감소하고 있으며 사회적 영향력도 크게 줄어들고 있습니다. 이와 같은 모습은 우리나라가 경제적으로 많은 성장을 이루고 주 5일제가 실시된 2004년부터 본격적으로 시작되었으며, 특히 최근 국민소득 3만 달러를 달성한 이후부터는 더욱더 가속화되어 가고 있습니다. 이것은 이미 서구 기독교 국가에서 공통으로 일어난 현상이며, 국민소득 3만 달러를 달성한 이후에도 계속해서 교회가 부흥 성장한 예는 찾아보기 힘듭니다.

그래서 지금 많은 현대의 그리스도인들은 교회생활이나 믿음생활을 자신들의 여러 생활의 한 영역에 불과한 것으로 생각하고 있습니다. 그 야말로 피자파이 한 조각의 신앙이 되고 말았습니다. 결국 한 세대 전에 우리 선배들의 신앙이 절대적인 신앙이었다면 지금은 상대적인 신

앙이 되고 만 것입니다. 바로 이와 같은 현상이 지난 20년 동안 한국교회에 물밀듯이 밀어닥쳐 왔습니다. 그 결과 한국교회도 서구교회들처럼 성장이 멈춰버렸고, 신앙의 빙하기를 맞이하고 있는 것입니다.

이미 우리는 서구 기독교의 흥망성쇠 과정을 통하여 많은 교훈을 받아왔습니다. 성도들이 썰물처럼 사라지고 무늬만 교회인 건물들, 심지어는 예배당이 매각되어 쇼핑센터나 식당이나 술집으로 변해 버린 곳도 많습니다. 한국교회는 서구교회의 전철을 밟지 않을 것이라고 호언장담하던 때도 있었지만 지금은 한국교회도 급격하게 쇠락의 길을 걸어가고 있습니다. 최근에는 부도가 나서 교회 문이 닫히고 건물이 매각되는 사례도 상당히 늘어나고 있습니다.

이런 분위기 속에서 기독교에 찬물을 끼얹는 일들이 계속해서 언론매체에 보도되고 있습니다. 종교 관련 설문조사를 할 때마다 사람들이 한국교회에 크게 바라는 점이 있다는 것을 알 수 있는데, 그것은 다름 아닌 교회의 도덕성 회복입니다. 안타깝게도 오늘날 한국교회는 도덕성의 약화로 인하여 온전히 교회의 사명을 감당하지 못하고 있는 것이 현실입니다. 그래서 지금 한국교회는 오히려 사회로부터 지탄의 대상이 되고 있습니다. 교회가 사회를 걱정해야 하는데 거꾸로 사회가 교회를 걱정하는 상황이 되고 말았습니다.

이러한 혼란스러운 상황을 타개하기 위해서 우리는 현실을 직시할 필요가 있습니다. 그리고 무엇이 우리 한국교회를 쇠락하게 하는지 명확하게 분별해야 합니다. 그 후에야 이 어려움을 극복할 수 있는 바른 가치관을 제시해 줄 수 있기 때문입니다.

오늘날의 시대상을 한 단어로 말한다면 포스트모더니즘 시대라고 할 수 있습니다. 포스트모더니즘은 인류가 지금까지 구축한 지극히 합리

적이고 이성적인 가치관의 집대성인 모더니즘을 해체하는 사조입니다. 그래서 근대의 이성 중심 사조에 반하는 반이성적인 사조이고 기존의 절대적 가치 체계를 거부하고 모든 것을 상대주의적 관점에서 바라보는 개념이 그 특징입니다. 그렇기에 이런 상대주의적 관점은 기존의 가치체계, 도덕, 윤리, 종교 등을 거부하고 각자의 감각과 만족을 중요시하는 지극히 개인주의적 성향을 갖게 만드는 것입니다.

바로 이와 같은 풍토가 사회 전반에 밀어닥침으로 인하여 오늘날 기독교적 가치관은 크게 위협받고 있습니다. 왜냐하면 우리 기독교는 절대 가치의 신앙을 붙들고 있는데, 포스트모더니즘은 모든 것을 다 상대화시킴으로 기독교 신앙에 큰 위협이 되는 것입니다. 그래서 오늘날은 마치 사사 시대처럼 사람들이 자기 소견에 옳은 대로 행하고 있는 포스트모더니즘의 시대이므로 우리가 기독교 신앙의 가치를 지켜내기는 무척 어려운 일이 아닐 수 없습니다.

그뿐만 아니라 오늘날은 오직 돈이면 다 된다는 생각을 가지고 물신(mammon)을 섬기는 맘몬이즘(mammonism)의 도전도 아주 거셉니다. 사람들은 마치 돈을 하나님처럼 섬기며 잘 먹고 잘사는 일에 몰두하고 있습니다. 그리고 세속주의(secularism)는 영적인 세계를 무시하고 이 세상이 전부라고 생각하는 가치관인데 기독교의 복음도 세속주의를 만나면서 복음의 절대성과 순수성을 잃어버리고 혼합주의로 변질되고 있습니다. 또 한 가지, 쾌락주의(hedonism)는 인생은 그저 행복하고 즐거워야 한다고 생각하는 가치관인데 기복주의의 모습으로 나타나 우리 기독교에 큰 도전이 되고 있습니다. 쾌락주의에 빠지면 영적인 눈이 멀게 되고 지극히 세속적인 것만 추구하게 되는 것입니다. 마지막으로 이기주의(egoism)는 그저 자신의 욕심을 채우고 오직 자기의 유

익을 도모하며 지극히 자기중심적으로 살아가는 가치관입니다. 이것은 하나님 사랑과 이웃 사랑의 하나님의 원래 계획(original design)을 거부하는 참으로 심각한 도전이 아닐 수 없습니다.

이렇게 거대 시대풍조가 밀려오는 세상 가운데서 우리가 참된 그리스도인이라면 깊은 영적 고민을 감당할 수밖에 없습니다. 그래서 거대 시대풍조에 잠식당하는 나의 신앙을 바라보며 고뇌해야 합니다. 탈종 교화로 말미암아 교회가 위축되고 쇠락하는 모습을 바라보고 아파해야 합니다. 한국교회가 하나님의 영광을 잃어버리고 있는 모습을 바라보며 탄식해야 합니다.

특히 우리는 이제 이러한 상황 속에서 가치관의 문제에 집중할 수밖에 없습니다. 오늘날 그리스도인들과 교회가 절실히 회복해야 하는 것은 바로 기독교적 가치관입니다. 우리가 지향하는 기독교적 가치관을 회복하려면 오직 예수님을 붙들고 '예수님이라면 어떻게 하실까' 하는 마음으로 이 거대한 시대적 흐름을 거슬러 올라가는 용기와 지혜가 필요합니다. 그래야만 그리스도인들이 세상 풍파에 휩쓸리지 않고 묵묵히 믿음의 길을 걸어갈 수 있는 것입니다. 지금 우리가 기독교적인 가치관을 회복하지 못한다면 우리의 다음세대인 자녀들 세대에는 기독교적 가치관 자체가 아예 찾아볼 수 없는 유물이 되어버릴지도 모르는 일입니다. 진실로 지금은 영적으로 대오각성해야 할 때가 아닐 수 없습니다.

그리고 또 한편 참 중요한 것은 기성세대의 신앙뿐만 아니라 신앙의 계승문제 역시 지금의 한국교회가 당면한 가장 중요하고도 시급한 과제입니다. 청소년들과 대학생들을 대상으로 한 최근 조사에 따르면 기독교를 자신의 신앙으로 고백하고 교회에 출석하는 비율이 3~5%라는 충격적인 결과가 나왔습니다. 참으로 안타까운 지표가 아닐 수 없습니다.

한국교회 성도들의 분포도가 전에는 삼각형 구조였는데 이제는 역삼각형 구조가 되고 말았습니다. 최근에는 이것이 더욱더 가속화되어 요 몇 년 사이에 이제는 아주 T자형으로 빠르게 변형되고 있습니다. 이것은 한국교회가 신앙의 대잇기에 실패하고 있음을 잘 알려주는 지표들입니다. 이를 해결하기 위해 한국교회는 다음세대의 신앙 계승문제를 놓고 많은 고심을 하고 있지만 뚜렷한 대안을 제시하지 못하고 있습니다.

사실 교회학교에서 진행하는 주일 1시간의 신앙교육으로는 우리의 다음세대 신앙 양육의 문제를 해결하기에는 역부족이라 할 수 있습니다. '168:1'이라는 숫자가 말해주듯이 교회 교육 1시간으로는 일주간의 168시간을 이길 수는 없습니다. 우리의 다음세대 신앙 양육은 교회 교육만이 아니라 우리의 각 가정 안에서도 반드시 이루어져야 합니다. 바로 이런 의미에서 가정은 핵심적인 신앙교육의 장이 되어야만 하고 신앙교육의 주체는 부모가 되어야만 하는 것입니다. 바로 이와 같은 가정 신앙교육을 통해 자녀들은 부모의 신앙을 배우게 되고 말씀 속에서 기독교적 가치관을 배우게 되는 것입니다. 그렇게 될 때 우리의 자녀들은 사사기 2장 10절에서 안타까이 외치는 말씀대로 '다른세대'(another generation)가 아니라 신앙으로 세워지는 진정한 '다음세대'(next generation)로 일어설 수 있게 되는 것입니다.

가정예배를 드려야 하는 이유

가정은 하나님께서 직접 만드신 가장 기본적인 인간 최초의 기관입니다. 하나님은 가정을 통하여 인간의 삶이 영위되도록 하셨고 가정을

통하여 자손이 번성하도록 하셨습니다. 무엇보다 하나님은 가정을 통하여 신앙의 유산이 자손 대대로 물려지도록 계획하셨습니다. 그러므로 기독교 가정은 예수 그리스도를 주로 영접한 공동체로서 그 자체가 살아있는 작은 교회이며 선교의 역할까지 감당하는 축소된 교회라 할 수 있습니다. 이와 같은 기독교 가정에서 가족들이 함께 하나님께 드리는 예배가 바로 가정예배입니다.

특별히 가정예배는 오늘날 무너져 가는 다음세대를 회복하여 신앙으로 양육하는 가장 중요한 영적 도구라 할 수 있습니다. 물론 교회가 다음세대 양육을 위하여 최선을 다하는 것이 필요하지만 이것만으로는 여전히 큰 한계가 있고 어떡하든지 각 가정에서 가정예배가 살아나야 다음세대 신앙 양육에 성공할 수 있습니다. 이 말의 의미는 다음세대 신앙 양육의 현장은 가정이 되어야 하고 다음세대 신앙 양육의 주체는 부모가 되어야 한다는 말입니다.

바로 이런 의미에서 가정예배는 가족 구성원들의 믿음 표현의 현장이라 할 수 있고 가족 구성원들이 죄로부터의 용서를 얻고 구원을 체험할 수 있는 가장 소중한 구원의 장이라 할 수 있습니다. 그래서 가정예배를 통하여 가족 구성원들이 수직적으로는 창조주이신 하나님을 경외하고 수평적으로는 가족들 간의 신앙적 교제를 나눌 수 있게 되는 것입니다. 이처럼 가정예배는 하나님의 말씀을 통하여 온 가족 구성원들이 그리스도인으로서의 성숙을 이루게 할 뿐만 아니라 서로에게 사랑을 나타내며 아름다운 대화가 넘치게 함으로써 행복한 가정을 이루게 하는 원천이 되는 것입니다.

그래서 거대 시대풍조가 밀려오는 심각한 신앙의 위기 상황 속에서 통합세대 전체가 신앙으로 새로워질 수 있는 것도 바로 가정예배이며,

나아가 우리의 다음세대를 신앙으로 양육할 수 있는 가장 좋은 방법도 바로 가정예배입니다. 우리는 가정예배를 통하여 우리의 신앙을 새롭게 할 수 있고 교회의 부흥을 가져올 수 있고 다음세대 신앙 양육에 성공할 수 있게 되는 것입니다. 진실로 가정예배는 흉내만 내도 복을 받게 되는 것입니다.

가정예배의 유익함

① 신앙의 가정을 이루는 가정예배

인간은 가정에서 태어나 가족과 함께 생활합니다. 가정은 우리가 태어나면서 가장 처음으로 만나게 되는 신앙공동체입니다. 가정은 가장 작은 신앙공동체이지만 가족들의 신앙의 토대를 만들어 주는 가장 큰 사역의 장(場)이라 할 수 있습니다.

한 개인은 부모로부터 태어나 자라나며 가정에서 가장 많은 시간을 보냅니다. 유아기부터 성인이 되어 독립할 때까지 인간은 부모로부터 언어와 기본예절을 비롯하여 삶에 필수적인 지식을 습득합니다. 나아가 인생을 어떻게 살아야 하는지, 무엇이 옳고 그른지, 어떤 삶이 진정으로 아름답고 가치 있는 삶인지, 가치와 기준을 배우고 자신의 정체성을 형성하며 하나의 온전한 인격체로 자라갑니다. 이처럼 가정은 가장 기초적인 공동체인 동시에 한 개인의 인격과 삶의 태도에 절대적인 영향을 미치는 가장 중요한 공동체인 것입니다. 따라서 하나님은 자기 백성이 가정에서부터 신앙을 배우고 전수하도록 명령하셨습니다.

하나님은 아브라함을 부르셨을 때 "내가 그로 그 자식과 권속에게 명하여 여호와의 도를 지켜 의와 공도를 행하게 하려고 그를 택하였나니 이는 나 여호와가 아브라함에게 대하여 말한 일을 이루려 함이니라"(창 18:19)고 말씀하셨습니다. 또한 이스라엘의 가장 핵심적인 가르침인 '쉐마 이스라엘'의 본문인 신명기 6장 4~5절에서 먼저 "이스라엘아 들으라. 우리 하나님 여호와는 오직 유일한 여호와이시니 너는 마음을 다하고 뜻을 다하고 힘을 다하여 네 하나님 여호와를 사랑하라"는 명령을 주신 후에, 이어서 다음과 같이 말씀하셨습니다. "오늘 내가 네게 명하는 이 말씀을 너는 마음에 새기고 네 자녀에게 부지런히 가르치며 집에 앉았을 때에든지 길을 갈 때에든지 누워 있을 때에든지 일어날 때에든지 이 말씀을 강론할 것이며 너는 또 그것을 네 손목에 매어 기호를 삼으며 네 미간에 붙여 표로 삼고 또 네 집 문설주와 바깥 문에 기록할지니라"(신 6:6~9). 이처럼 하나님은 이스라엘 민족의 시작에서부터 신앙교육의 핵심기관으로 가정을 지정해 주신 것이고, 또 가정을 통해 모든 신앙의 양육과 전수가 이루어도록 계획하신 것입니다. 그러므로 오늘날 우리가 우리 가정을 신앙공동체로 세워나가는 것은 이 시대 우리에게 주신 가장 중요한 영적 사명이 아닐 수 없습니다.

이렇게 우리의 가정을 신앙의 공동체로 세워가기 위해서는 무엇보다 말씀이 기초가 되어야 합니다. 그리고 말씀의 기초를 세워나가는 가장 좋은 방법이 바로 가정예배입니다. 자녀들은 가정예배를 통하여 하나님의 말씀을 배우고 부모로부터 하나님의 말씀을 묵상하며 삶에 적용하는 것을 자연스럽게 배우게 됩니다. 이처럼 가정예배를 드리는 것은 단순히 가정 안에서 예배한다는 차원을 뛰어넘어 가족 구성원들이 그리스도인이라는 정체성을 세우게 하고, 세상의 가치관이 아닌 기독교적 가치관으로 살아가며 옛적 길(올람)을 걸어가는 온전한 그리스도인

으로 자라나게 하는 가장 중요한 일이 되는 것입니다.

② 행복한 가정을 이루는 가정예배

가정예배의 유익함에는 신앙의 가정을 이루고 다음세대를 신앙으로 양육하는 것 외에 또 하나의 아주 중요한 내용이 있습니다. 그것은 우리 가정의 행복에 관한 것입니다.

모든 사람은 다 행복하기를 원합니다. 남녀노소를 막론하고 모든 사람이 추구하는 것이 바로 행복입니다. 하지만 자신의 만족만을 추구하는 세상의 방식은 온전한 행복을 우리에게 주지 못하고 공허함만 느끼게 합니다. 이런 과정을 통해 우리는 결국 진실한 관계 안에서 참된 행복이 주어진다는 것을 깨닫게 됩니다. 따라서 행복한 가정을 이루는 데 있어서 가장 중요한 요소는 가족 구성원들이 서로의 마음을 나누는 진솔한 대화라 할 수 있습니다. 그러나 현대 사회는 가족이 함께 모여 대화하기가 참 어려운 시대입니다. 어린 자녀는 학업으로, 청년 자녀는 취업과 진로에 대한 고민으로, 부모는 생업 등으로 바쁘게 살아가느라 함께 모여 유의미한 대화 한마디 나누기가 참 어렵습니다. 이러한 이유로 가족 간의 대화는 줄어들고 서로 이해하기 위해 힘쓰기보다 짜증을 내고 화를 내는 모습으로 치닫곤 합니다. 바로 이러한 시대 속에서 가정예배는 온 가족이 함께 모여 하나님의 말씀 안에서 서로의 삶을 나누고 소통할 수 있는 아주 훌륭한 방편이 되는 것입니다.

가정예배는 먼저 하나님의 말씀을 통해 은혜를 나누고 말씀을 중심으로 서로 이야기할 수 있도록 돕습니다. 가정예배를 드릴 때 부모는 자녀들이 평소에 무슨 생각을 하고 있는지, 어디에 관심을 두고 있으며, 또 어떤 문제로 어려워하고 있는지 등의 이야기를 자연스럽게 들을

수 있게 되고 자녀는 부모가 가진 가치관과 삶을 살아가는 태도가 무엇인지를 배우게 됩니다. 특히 하나님의 말씀대로 살기 위해 발버둥 치는 부모의 모습과 생각을 공유하는 것은 자녀들에게 큰 깨달음을 주게 되는 것입니다.

그뿐만 아니라 가정예배를 드리는 것은 단지 예배를 드리는 것을 뛰어넘어 가족 구성원들이 서로의 생각을 나누고 서로를 이해하고 수용하는 시간을 통해 진정한 관계로 발전하게 만들어 줍니다. 또한 이러한 관계 안에서 이루어지는 진솔한 대화와 소통은 참된 행복을 느끼는 중요한 요소가 됩니다. 무엇보다 가정 안에서 서로를 이해하고 수용하는 관계는 든든한 지지자로 서로를 인식하게 하여 세상에서 경험하는 수많은 갈등과 어려움 속에서도 든든히 서 나가는 큰 힘이 되는 것입니다. 바로 이런 의미에서 가정예배는 신앙 양육은 물론이고 행복한 가정을 이루게 하는 데 있어 참 중요한 방편이 되는 것입니다.

그래서 가정예배는 첫째로 신앙의 가정을 이루게 하고, 둘째로 다음 세대 신앙 양육을 성공하게 만들고, 셋째로 대화가 넘치는 행복한 가정을 이루게 하는 가장 중요한 영적 도구가 아닐 수 없습니다. 바로 이런 의미에서 "가정예배는 흉내만 내도 복을 받는다"라고 말할 수 있습니다. 이 말은 필자가 목회하면서 수도 없이 반복한 표현인데, 이것은 진실로 진리가 아닐 수 없습니다.

가정예배, 어떻게 준비할까?

이렇게 중요한 가정예배를 잘 드리려고 하면 몇 가지 준비가 필요합니다. 이 준비를 잘해야만 우리는 가정예배에 성공할 수 있고, 나아가 통합세대의 신앙 지키기와 다음세대의 신앙 양육에 성공할 수 있습니다. 그러므로 다음의 준비 사항을 잘 감당하여 이 책으로 말미암아 가정예배에 성공하고, 통합세대와 다음세대의 신앙 양육과 행복한 가정을 이루길 바랍니다.

이 가정예배서의 특징과 장점

지금까지 서점가에는 수많은 가정예배서가 출간되어 나름대로 목회자와 성도들에게 큰 은혜를 끼쳐왔습니다. 하지만 그 구성과 내용이 가정예배를 계속 지속할 수 있도록 만드는 힘은 부족하여 나름대로 한계를 지니고 있음을 발견하였습니다. 특히 기존의 가정예배서들은 가정

예배에 참석하는 어린 자녀들에게는 큰 울림과 흥미를 주기가 어렵다는 것도 깨닫게 되었습니다. 기존의 가정예배문 대다수는 특별한 주제가 없이 해당 주차의 찬송이나 성경 본문을 배열하고 있거나, 주제가 제시되어 있다고 해도 인도자가 따로 준비하지 않으면 진행이 쉽지 않은 경우가 많았습니다. 그래서 나눔과 적용, 함께 기도하기를 위한 공간을 빈칸으로 제공하기도 하지만 가족들의 적극적인 참여가 없이는 풍성한 나눔을 갖기가 어렵다는 것을 발견하였습니다.

그래서 이 책의 가정예배문은 기존에 나와 있는 다양한 가정예배문의 형식과 구성을 자세히 조사하고 각각의 장단점을 분석하여 완전히 새롭게 구성하였습니다. 특히 필자는 가정예배야말로 이 시대 우리의 신앙을 지켜내는 가장 중요한 신앙 행위임을 마음 깊이 자각하였고, 그 뒤로 연구에 연구를 거듭하여 오늘 이와 같은 가정예배서를 펴내게 되었습니다. 그러므로 이 책을 잘 활용하기만 하면 멈추지 않는 가정예배를 통하여 기존 통합세대의 신앙 지키기와 다음세대의 신앙 양육에 큰 도움을 주리라 확신합니다.

이 책은 가정예배문의 기본 방향을 다음의 몇 가지 원칙으로 설정하였습니다. 즉 가정예배문 하나만 가지고도 예배 인도와 진행, 나눔과 적용이 모두 쉽고 풍성하게 진행되도록 기획하고 구성한 것입니다. 이는 가족 구성원의 수에 맞게 성경과 찬송가를 구비하고 있지 못한 가정도 있고, 아직 신앙을 갖지 않은 가족 구성원이 있는 경우라도 언제든지 쉽고 편하게 함께 참여하는 것이 가능하게 한 것입니다. 이와 같은 목적을 이루기 위해서는 가정예배문을 풀텍스트(full-text)로 작성하는 것이 참 중요하다고 생각하였습니다. 그래서 가족 구성원 누구든지 순서를 따라 인도를 할 수 있고, 가정 구성원들이 각 부분을 돌아가며

읽기만 해도 은혜가 되는 훌륭한 가정예배가 이루어질 수 있도록 하였습니다.

이처럼 이 가정예배문은 단순한 순서지가 아니라 그 자체로서 하나의 완전한 인도문이 되게 하였고, 그래서 가족 구성원 중에 누구든지 인도를 맡아 진행할 수 있게 하였으며, 그리고 같이 읽어나가기만 해도 은혜가 될 수 있도록 깊은 고민 끝에 창안되었습니다.

그리고 여기서 중요한 것은 그 내용을 진부하지 않고 참신하고 의미 있고 이해하기 쉬운 내용으로 구성하였다는 점입니다. 그래서 누구든지 어느 가정이든지 매주의 주제를 잘 소화할 수 있도록 하였고, 이를 통해 기독교적 가치관을 자연스럽게 습득할 수 있도록 하였습니다. 그래서 이와 같은 가정예배문을 가지고 3년 동안 훈련을 감당한다면 이를 통해 신앙의 가정, 행복한 가정, 다음세대 신앙 양육을 동시에 이룰 수 있게 될 것입니다.

이 가정예배서가 가지고 있는 몇 가지 특징과 장점을 서술하면 다음의 5가지 정도로 요약할 수가 있습니다.

① 풀텍스트(full-text)로 구성

이 책의 가정예배문은 전체가 다 풀텍스트로 구성되어 있어서 읽기만 해도 은혜가 됩니다. 장년은 물론 노년들에도 풀텍스트의 내용은 크게 은혜를 끼칠 수가 있고, 특히 글을 떠듬떠듬 읽는 어린 자녀들도 가정예배문의 내용을 읽어나가는 중에 쉽고 재미있게 그 메시지를 체득할 수 있습니다. 이것은 모든 나이의 가족들에게 복음을 접하여 경험할 수 있게 만드는 가장 큰 장치가 아닐 수 없습니다.

② 쉽고 흥미로워 자녀들도 인도 가능

이 책의 가정예배문은 쉽고 이해하기 쉬울 뿐만 아니라 아주 흥미 있는 풀텍스트로 구성되어 있어서 자녀들도 주체가 되어 가정예배를 인도할 수 있습니다. 흔히 가정예배 시에 자녀들은 말씀을 듣기만 하는 소극적인 자리에 머물기 쉬운데, 이 책의 가정예배문은 읽기만 해도 은혜가 되고 쉽고 재미있게 구성되어 있어서 어린 자녀들도 충분히 가정예배를 인도할 수 있습니다. 이것은 우리 자녀들의 인성과 사회성 발달에 큰 훈련이 될 것입니다.

③ 기독교 가치관 훈련에 적격

이 책은 기독교적 가치관을 익히는 데 탁월한 내용으로 구성되었습니다. 통합세대나 다음세대나 포스트모더니즘이 가득하고 탈종교화 및 배교가 밀려오는 시대 속에서 이 세태에 휩쓸리지 않고 기독교적 가치관을 잘 지켜내는 것은 이 시대에 너무나 중요한 실천이 아닐 수 없습니다. 그런데 바로 이 가정예배문은 이와 같은 가치관 훈련에 적격이어서 우리 가정을 믿음으로 지켜내는 데 대단히 유용합니다.

④ 성경과 찬송가에 익숙

이 책의 가정예배문에 사용된 성경은 개역성경 개정판이며 찬송은 장년 예배 시에 사용하는 찬송가입니다. 흔히 어린 자녀들에게는 더욱 쉽게 번역된 성경을 많이 사용하고 찬송가 대신 찬양곡을 많이 부르는 것이 오늘날의 현실입니다. 그러나 개역성경은 한국교회 신앙의 원천이며 찬송가는 오고 오는 세대에도 계속해서 불리어져야 할 신앙의 노래라고 필자는 확신합니다. 그래서 이 가정예배문을 통하여 개역성경의 정신을 알려주고 어려운 말이 있으면 해설해 주고, 또 함께 찬송가를 부르며 나아갈 때 우리 가정의 신앙은 후대에 아름답게 전수될 줄로 믿습니다.

⑤ 성경의 153개 핵심 주제에 충실

이 책의 가정예배 내용은 성경의 153개 핵심 주제를 따라가고 있습니다. 필자는 이 책을 집필하면서 가장 먼저 작업한 것이 성경의 153개 핵심 본문을 선정한 것인데 이렇게 선정된 말씀을 일주일에 한 번, 3년 동안 성경 전체를 핵심 주제로 예배드릴 수 있도록 했습니다.

그러므로 이 책 가정예배문은 153개의 핵심 주제를 따라 3년 동안 진행하도록 3권으로 구성되어 있습니다. 이 153개의 핵심 주제 내용은 성경의 큰 흐름을 따라 성경의 맥을 습득할 수 있게 해주고, 신학과 신앙의 균형을 갖도록 만들어주며, 무엇보다 기독교적 가치관을 체득할 수 있도록 해줍니다. 그러므로 이 가정예배서의 순서를 따라 가정예배를 성실히 진행하기만 하면 그 신앙적 유익은 엄청날 것입니다.

가정예배 요일과 시간 정하기

① 온 가족의 결심 유도

위와 같은 가정예배의 특성과 유익함을 인지하고 가장 먼저 해야 할 일은 온 가족이 함께 가정예배 드릴 것을 결심해야 합니다. 그래서 믿음의 가장은 어떡하든지 이제부터 가정예배를 드려야 함을 설득도 하고, 혹은 아주 큰 보상도 내 걸기도 하고, 그것도 안 되면 협박까지 해

서라도 가정예배를 함께 드릴 것을 약속해야 합니다.

어린 자녀들을 둔 가정이나 또 예수님을 잘 믿는 자녀들이 있는 가정은 아무 어려움이 없을 것입니다. 가정예배 드린다고 하면 오히려 더 좋아할 테니까 말입니다. 문제는 좀 장성한 자녀들이나 또 신앙이 잘 없는 자녀들이 있는 경우인데 그야말로 온갖 방법을 다 동원해서 마음을 돌이켜 놔야 합니다. 잘 구슬리든지, 선물 공세를 하든지, 아니면 뭐 협박을 하든지 해서라도 꼭 가정예배 드리자고 강권해야 합니다.

그렇게 해서 온 가족의 마음이 정해졌다면 이 책에 예시된 '가정예배 결심서'에 온 가족이 서명하는 것이 좋습니다. 이 행위는 말로만의 약속이 아니라 문서로 남는 서명이기 때문에 온 가족이 끝까지 함께 가정예배에 동참한다는 약속을 지켜내는 데 있어서 아주 훌륭한 장치가 될 것입니다.

② 일주일에 한 번

이 예배서의 가정예배문은 일주일에 한 번 예배드리는 것으로 구성되어 있습니다. 사실 매일이라면 바쁜 현대 사회 속에서 어느 정도 부담도 될 수 있겠지만 일주일에 한 번은 마음만 먹으면 얼마든지 기쁨으로 동참할 수 있으리라 생각합니다. 그렇기에 이것을 가지고도 온 가족에게 호소하여 반드시 가정예배를 드리자고 강권할 수 있는 것입니다.

③ 가정예배의 요일과 시간 정하기

이렇게 가족이 함께 가정예배 드리는 것을 결심하였다면 그다음에는 가정예배를 드리는 요일과 시간을 정해야 합니다. 그래서 일주일 중에 가족이 다 모일 수 있는 요일과 시간을 딱 정해두고 이 시간만큼은 온

가족들이 생명처럼 지키겠다고 결심하는 것이 참 중요합니다. 바로 여기에 가정예배의 성공과 실패 여부가 달려 있습니다. 아무 때나 시간 날 때 가정예배를 드리는 것으로 하면 이것은 대번에 흐지부지하게 되고, 결국은 흐지부지 가정예배는 사라지고 말 것입니다.

그래서 우리 가정의 가정예배를 위한 시간과 요일을 반드시 정하고, 이 시간만큼은 다른 약속도 잡지 않고 온 가족이 꼭 지켜서 이 시간에 충실하게 만들어야 합니다. 물론 시간 날 때마다 드리는 것도 안 드리는 것보다는 낫지만, 그런데 그런 식으로 시작하면 이것은 하나님께 대한 정성도 아니고 신앙의 결단도 안 되며, 또 시간 날 때마다 드리면 나중에는 가정예배가 흐지부지하게 되는 것입니다. 그러므로 시간과 장소를 결정하는 바로 이것에 가정예배의 성공 여부가 달려 있습니다.

한편 요일과 시간을 분명히 정해두면 부득이한 사정으로 가족들이 멀리 떨어져 있는 경우에도 얼마든지 함께 가정예배를 드릴 수 있습니다. 먼 거리에 있는 가족에게는 휴대폰을 통해 가정예배문을 주중에 미리 보내고 줌(zoom)이나 영상통화를 하면서 함께 가정예배를 드릴 수가 있습니다. 만일 이것조차도 여의찮다면 약속한 시간에 함께 가정예배문을 읽는 것으로도 동참할 수 있습니다. 그래서 어떡하든지 모든 가족이 함께 가정예배를 드릴 수 있도록 요일과 시간을 분명히 정하는 것이 참 중요합니다.

흉내만 내도 복을 받는 가정예배

필자는 가정예배의 중요성을 역설하면서 성도들에게 가정예배는 흉

내만 내도 복을 받는다는 사실을 수도 없이 많이 강조하였습니다. 그렇습니다. 이것은 사실입니다. 가정예배는 우선 통합세대의 가치관을 새롭게 하여 기독교적 가치관으로 우리 가정을 무장할 수 있게 하므로 우리의 신앙을 새롭게 할 수 있습니다. 나아가 가정예배는 심각한 다음세대의 신앙 양육을 위한 가장 훌륭한 방법이므로 이를 통해 우리 자녀들을 신앙으로 양육할 수 있습니다.

그리고 가정예배를 드리면서 함께 나누는 대화 가운데서 가족의 친밀감을 느끼게 하고 서로의 마음을 알아차리게 만들어 주어서 진실로 행복한 가정을 이룰 수 있게 하는 것입니다. 이 책의 가정예배문은 이와 같은 목적을 가지고 충분히 대화할 수 있게 만들었기 때문에 이를 통해 진정으로 행복한 기독교 가정을 이룰 수 있게 하는 것입니다.

가정예배, 이렇게 드려라

가정예배의 준비를 마치고 정한 요일, 정한 시간에 가족들이 다 함께 모이면 이제 이 책의 가정예배문을 따라 가정예배를 드리면 됩니다. 이 책의 가정예배문은 ① 함께 찬양하기 ② 함께 본문 읽기 ③ 함께 생각하기 ④ 함께 관찰하기 ⑤ 함께 나눠보기 ⑥ 함께 기도하기 ⑦ 함께 축복하기의 7개 항목으로 구성되어 있습니다. 이것은 귀납법적 성경 공부의 핵심인 관찰-해석-적용을 확장해 놓은 것입니다. 그리고 가정예배문은 풀텍스트로 작성되어 있어서 가정예배문의 진행을 따라가기만 하면 누구나 쉽게 가정예배를 드릴 수 있습니다.

이제 다음의 각 항목의 설명을 잘 읽고 숙지하여서 축복받는 가정예배를 드릴 수 있기를 소망합니다.

1. 함께 찬양하기

'함께 찬양하기'는 말씀으로 들어가기 전에 가족이 함께 찬양하면서 마음 문을 여는 시간입니다. 찬양할 때 중요한 점은 하나님의 말씀을 접하기 전에 내 마음을 하나님께 고정하고, 하나님께서 나에게 뭐라고 말씀하시는지를 기대하며 찬양하는 것입니다.

이러한 마음으로 찬양할 때 우리는 보다 더 깊이 하나님의 음성에 민감하게 반응할 수 있게 됩니다. 바로 이런 의미에서 찬양은 내 마음을 하나님께로 열고 하나님께 내 마음을 고정하는 참 중요한 영적 도구가 됩니다.

2. 함께 본문 읽기

'함께 본문 읽기'는 성경의 핵심 153주제를 따라 그 주간에 제시된 성경 본문을 읽는 것입니다. 성경 본문을 읽을 때는 무엇보다도 하나님께서 나와 우리 가족들에게 뭐라고 말씀하시는지 기대하는 마음으로 본문을 읽는 것이 대단히 중요합니다. 본문을 읽는 방법에는 여러 가지가 있는데, 대표로 한 사람이 읽어도 좋고(봉독), 인도자와 가족들이 교대로 읽어도 좋고(교독), 가족들이 한 절씩 돌아가며 읽어도 좋고(윤독), 온 가족이 모두 한목소리로 읽어도 좋습니다(합독).

이렇게 본문을 읽을 때 가장 중요한 것은 단지 활자를 읽는 것이 아니라 하나님께서 나에게 뭐라고 말씀하시는지 생각하며 읽도록 하는 것이 참 중요하므로 이와 같은 경각심을 주기 위해 인도자는 "하나님께서 우리에게 주시는 말씀"이라는 표현을 사용하기도 하고, 부모가 자녀들에게 주의 깊게 성경을 읽자고 안내의 말을 주는 것도 좋을 것입니다.

3. 함께 생각하기

'함께 생각하기'는 성경 본문으로 들어가기 전에 마음을 예열하는 차원에서 읽는 예화 중심의 도움글입니다. 이것도 여러 가지 방법으로 읽을 수가 있는데 무엇보다도 중요한 것은 은혜를 사모하는 마음으로 읽는 것입니다.

특별히 '함께 생각하기'는 가정예배문의 근간이 되는 핵심 가치와 정신에 부합하는 글을 선정하기 위해 큰 노력을 기울였습니다. 왜냐하면 함께 생각하기의 도움글이 너무 교리적이거나 혹은 너무 신비적일 경우 다양한 가족 구성원의 공감을 불러일으키기 어렵기 때문입니다. 그래서 이 도움글은 생활 속에서 누구나 공감할 수 있는 예화를 싣는 것이 중요하고, 이 글만 읽어보아도 큰 은혜가 될 수 있도록 예화 선정과 문장 구성에 있어 정성을 들였습니다.

그리고 함께 생각하기를 다 읽은 후에는 다음 단계로 바로 넘어가지 말고 이 글을 읽은 느낌이 어떠했는지 그 느낀 점을 서로 말해보는 것도 좋습니다. 다만, 본 메뉴를 즐기기 위한 전채 음식에 비유되는 순서이므로 너무 많은 시간을 할애하거나 지나치게 무거운 토론으로 흐르지 않도록 하는 것이 좋습니다.

4. 함께 관찰하기

'함께 관찰하기'는 본문 가운데서 중요한 구절들을 익히기 위해서 네모 표(□) 안에 적당한 말을 찾아 넣는 단계입니다. 이것은 하나도 어렵지 않은 작업인데 그냥 정답을 찾아본다는 마음으로 하지 말고 이

런 작업을 통해서 하나님께서 우리에게 말씀하시는 음성을 들어야 하는 것입니다. 찾은 말씀을 잘 각인시키기 위해서 어린 자녀들의 경우에는 퀴즈처럼 흥미롭게 진행하는 것도 좋은 방법입니다.

5. 함께 나눠보기

'함께 나눠보기'는 제시된 2개의 질문을 두고 서로의 생각과 느낀 점을 함께 나눠보는 것입니다. 이렇게 함께 나누고 이야기할 때 하나님의 뜻이 우리 안에 각인되고 이때 믿음이 강한 사람이 믿음이 약한 사람에게 좋은 믿음의 영향력을 끼칠 수가 있게 되는 것입니다.

두 개의 질문 중에서 첫 번째 질문은 개인적이면서도 구체적인 사례를 떠올리기 쉽도록 질문하는 것이므로 일상의 사건, 경험을 아주 깊이 생각하지 않아도 쉽게 이야기를 꺼낼 수 있도록 하였습니다. 두 번째 질문은 첫 번째 질문을 통해 나눈 내용을 디딤돌 삼아 조금 더 깊은 묵상과 적용으로 나아가도록 이끌어 주는 질문입니다. 이 질문들은 가장 중요한 본문의 핵심 주제와 정신을 담고 있으면서 가정의 변화와 회복, 은혜 안에서의 성장을 추구하도록 방향을 제시하고 격려하는 것이 질문 작성의 원리입니다. 그런데 이때 내 생각을 무조건 강압적으로 강요하지 말고 서로 나누는 마음으로, 좋은 말로 부드럽게 애정을 가지고 서로 대화하며 나누는 것이 필요합니다.

사실은 각각의 생각을 나눈다는 차원에서 바로 이 항목, '함께 나눠보기'가 가정예배에 있어 가장 중요한 핵심 항목이라 할 수 있습니다. 이 나눔을 통하여 서로 간의 생각을 공유할 수 있고 나아가 가족 간에 공감을 불러일으킬 수도 있습니다. 그리고 서로가 어떤 생각을 하고 있

는지, 혹은 어떤 고민이 있는지를 함께 나눌 수 있어서 바로 이 대화의 시간을 잘 활용하면 자녀에게 신앙의 가치관을 잘 심어줄 수 있고 문제의 해결까지도 할 수 있게 되는 것입니다.

그렇게 서로 나눈 다음에는 그 밑에 오늘 말씀의 핵심 설명이 있는데 그것을 함께 읽습니다. 바로 이 설명문이 어쩌면 그날 가정예배의 핵심 내용을 담고 있다고 할 수 있습니다. 이 글을 통해 본문의 핵심 정신과 주제, 묵상과 적용을 종합적으로 정리할 수 있도록 하였습니다. 바로 이 설명문이 오늘의 본문이 전해주는 가장 중요한 핵심 가치관을 설명하고 있기에 또박또박 정독하며 읽도록 하는 것이 좋습니다.

6. 함께 기도하기

'함께 기도하기'는 앞서 나눈 내용들을 가지고 함께 기도하며 하나님의 도우심을 구하는 시간입니다. 기도문을 함께 읽으며 기도하는 것도 좋고 인도자가 대표로 읽거나 혹은 자녀들이 읽도록 하는 것도 좋습니다. 제시된 기도문 외에 주기도문으로 기도하는 것도 좋은 방법입니다.

7. 함께 축복하기

가정예배의 마지막 순서는 '함께 축복하기'입니다. 가정예배문에 제시된 악보를 가지고 찬양을 부르는데 이때 가족 상호 간에 사랑의 눈빛을 교환하며 서로 안아주고 좋은 말로 축복을 해주면 참 좋겠습니다. 가족을 향한 축복의 말은 반드시 이루어진다는 것을 믿어야 합니다. 우리가 축복할 때 사람이 변화되고 축복할 때 힘이 생기고 축복할 때 살

소망이 넘쳐나게 되는 것입니다.

함께 축복하기는 누구나 아는 쉬운 복음성가 중에서 축복의 내용을 담은 두 소절(8마디) 정도의 찬양을 선정하여 수록하였습니다. 이 찬양은 익숙한 곡으로 축복의 마음을 충분히 전달할 수 있도록 너무 자주 바꾸지 말고 분기에 한 번씩 바꾸는 정도로 구성하였습니다.

그리고 이렇게 축복의 시간을 가진 후에는 마지막으로 오늘 말씀에서 가장 중요한 성경 요절을 암송하도록 하면 좋습니다. 가족들이 함께 암송해도 좋겠고 혹은 흩어져서 암송하도록 해도 좋을 것입니다. 무슨 수를 써서라도 꼭 암송시키는 것이 필요합니다. 왜냐하면 이렇게 암송해 놓은 구절은 우리가 살아갈 때 정말 피가 되고 살이 되는 너무나 중요한 말씀이 되기 때문입니다. 그러므로 자녀들을 사랑한다면 꼭 말씀을 암송시켜야 합니다.

가정예배를 다 드린 후에는 '우리집 가정예배 일지'에 일시와 참석자를 기록하고, 현재 각 가족 구성원이 기도하고 있는 구체적인 기도 제목을 메모하도록 하였습니다. 이로써 응답된 내용, 하나님의 구체적인 인도하심을 경험한 게 있다면 서로 나눌 수 있도록 구성하였습니다. 기도 제목과 응답 내용을 기록하는 것은 실생활에서 하나님과 동행하는 매우 실제적이고 구체적인 훈련이자, 우리 가정을 신실하게 인도하시는 하나님의 놀라운 은혜를 기억하게 만드는 참 중요한 도구입니다.

PART 1

복음서

그 이름 예수 임마누엘

001

🎵 1. 함께 찬양하기　　찬송가 94장

〈 주 예수보다 더 귀한 것은 없네 〉

1) 주 예수보다 더 귀한 것은 없네 이 세상 부귀와 바꿀 수 없네
　영 죽은 내 대신 돌아가신 그 놀라운 사랑 잊지 못해

2) 주 예수보다 더 귀한 것은 없네 이 세상 명예와 바꿀 수 없네
　이 전에 즐기던 세상 일도 주 사랑하는 맘 뺏지 못해

3) 주 예수보다 더 귀한 것은 없네 이 세상 행복과 바꿀 수 없네
　유혹과 핍박이 몰려와도 주 섬기는 내 맘 변치 않아

(후렴) 세상 즐거움 다 버리고 세상 자랑 다 버렸네
　　주 예수보다 더 귀한 것은 없네 예수밖에는 없네

📖 2. 함께 본문 읽기　　마태복음 1:18-23

(18) 예수 그리스도의 나심은 이러하니라 그의 어머니 마리아가 요셉과 약혼하고 동거하기 전에 성령으로 잉태된 것이 나타났더니

(19) 그의 남편 요셉은 의로운 사람이라 그를 드러내지 아니하고 가만히 끊고자 하여

(20) 이 일을 생각할 때에 주의 사자가 현몽하여 이르되 다윗의 자손 요
셉아 네 아내 마리아 데려오기를 무서워하지 말라 그에게 잉태된
자는 성령으로 된 것이라

(21) 아들을 낳으리니 이름을 예수라 하라 이는 그가 자기 백성을 그들
의 죄에서 구원할 자이심이라 하니라

(22) 이 모든 일이 된 것은 주께서 선지자로 하신 말씀을 이루려 하심이
니 이르시되

(23) 보라 처녀가 잉태하여 아들을 낳을 것이요 그의 이름은 임마누엘
이라 하리라 하셨으니 이를 번역한즉 하나님이 우리와 함께 계시다
함이라

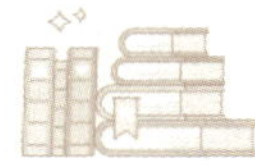

3. 함께 생각하기

인도자가 읽어줍니다

리빙스턴 선교사가 16년 동안 아프리카에서 선교사역을 감당하다 잠시 고국인 영국으로 돌아왔습니다. 원시림에 다니며 복음을 증거하다 사자에게 물려 죽을 위기를 겪기도 하고, 아프리카 토속병인 열병에 걸려 죽다 살아나기도 하였는데, 여러 어려움을 겪었던 그가 글래스고 대학의 명예박사학위를 받는 자리에서 학생들을 향해 이런 설교를 하였습니다.

"제가 있어야 할 곳은 아프리카이지 이곳이 아닙니다. 힘들고 고독한 선교 생활 가운데서 제가 버틸 수 있는 힘이 된 것이 있다면 그것은 예수님께서 하신 약속이었습니다. 세상 끝날까지 너희와 항상 함께 있으리라 약속하신 임마누엘 하나님이 함께하셨기에 지금까지 힘든 역경

을 견뎌 왔고, 앞으로도 주님과 함께 감당해 나갈 것입니다."

하나님이 나와 함께 계신다는 믿음이 모든 사역을 감당할 수 있는 원동력이 되었습니다. 임마누엘 하나님이 리빙스턴의 삶을 지키시고 인도하셨던 것처럼 우리와도 함께 하시고, 우리를 인도하십니다. 물 가운데 지날 때 물이 우리를 침몰하지 못하고, 불 가운데 지날 때 불꽃이 사르지 못하도록 하나님이 우리와 함께하시고 지키시고 보호하십니다. 우리와 함께하시는 하나님과 동행하며 인생의 길을 걸어가시기 바랍니다.

4. 함께 관찰하기　성경 본문을 보며 빈칸을 채웁니다

① □□ □□□□의 나심은 이러하니라 그의 어머니 마리아가 요셉과 약혼하고 동거하기 전에 □□으로 □□된 것이 나타났더니

② □□을 낳으리니 □□을 □□라 하라 이는 그가 자기 백성을 그들의 죄에서 □□할 자이심이라 하니라

③ 보라 □□가 잉태하여 □□을 낳을 것이요 그의 이름은 □□□이라 하리라 하셨으니 이를 번역한즉 하나님이 우리와 □□ □□ 함이라

5. 함께 나누기 질문에 따라 묵상한 내용을 나눕니다

① '예수' 라는 이름은 죄에서 우리를 구원할 자라는 뜻입니다. 예수님의 이름이 나에게는 어떤 의미가 있는지 서로 나누어 봅시다.

② '임마누엘' 이란 이름은 하나님이 우리와 함께 계신다는 뜻입니다. 이 이름의 의미를 체험했던 경험에 대해 서로 나누어 봅시다.

마태복음은 구약의 예언을 따라 메시아로 우리 가운데 오신 분이 바로 예수님이란 사실을 가장 잘 보여주고 있는 복음서입니다. 마태복음이 신약에서 가장 먼저 기록된 책은 아니지만 구약의 예언을 따라 우리에게 오신 메시아 예수님을 가장 잘 설명하고 있어서 신약의 첫머리에 위치하게 되었습니다.

요셉은 마리아라는 여인과 약혼하였는데 동거하기 전에 성령으로 잉태된 것이 나타났습니다. 요셉은 깜짝 놀랐으나 의로운 사람이라 가만히 끊고자 하였습니다. 이때 천사가 현몽하여 마리아가 잉태한 것은 성령으로 된 것이며, 아이를 낳으면 그 이름을 '예수' 라 하라고 일러주었습니다. '예수' 라는 이름은 그가 자기 백성을 그들의 죄에서 구원할 자(21절)라는 뜻입니다. 이 이름은 예수님만이 우리의 구원주가 되심을 잘 알려주고 있습니다. 그리고 또 다른 이름, '임마누엘' 은 하나님이 우리와 함께 계신다는 뜻입니다. 이 이름은 우리에게 들려진 최고의 이름이 아닐 수 없습니다.

이처럼 예수님의 이름, 예수 임마누엘은 왜 예수님께서 이 땅에 오셨으며, 그분이 오셔서 무엇을 행하셨으며, 그리고 그 결과가 무엇인지를

확실히 보여주고 있습니다. 그 이름 뜻대로 우리를 구원하시는 예수님 께서 우리와 함께하고 계신다는 사실을 분명히 믿고, 날마다 구원과 승 리의 삶을 꼭 살아가시기를 바랍니다.

6. 함께 기도하기

찬양하며 함께 기도합니다

하나님 아버지! 죽을 수밖에 없는 우리를 구원하시기 위하여 구 원자 예수님을 우리에게 보내주셔서 감사합니다. 임마누엘이신 하 나님께서 우리와 함께하신다는 사실을 분명히 믿고 주님과 동행하 며 살아가는 복된 가정이 되도록 인도하여 주시옵소서. 우리와 언 제나 함께하시는 예수님의 이름으로 기도드립니다. 아멘.

7. 함께 축복하기

찬양하며 서로를 축복합니다

[좋으신 하나님]

오늘의 암송구절

아들을 낳으리니 이름을 예수라 하라 이는 그가 자기 백성을 그들의
죄에서 구원할 자이심이라 하니라

우리집 가정예배 일지

일 시		참석자	
기도제목 · 응답내용			

002

다만 그를 섬기라

1. 함께 찬양하기　　　　찬송가 370장

〈 주 안에 있는 나에게 〉

1) 주 안에 있는 나에게 딴 근심 있으랴
　 십자가 밑에 나아가 내 짐을 풀었네
2) 그 두려움이 변하여 내 기도 되었고
　 전날의 한숨 변하여 내 노래 되었네
3) 내 주는 자비하셔서 늘 함께 계시고
　 내 궁핍함을 아시고 늘 채워 주시네
4) 내 주와 맺은 언약은 영 불변하시니
　 그 나라 가기까지는 늘 보호 하시네
(후렴) 주님을 찬송하면서 할렐루야 할렐루야
　　 내 앞길 멀고 험해도 나 주님만 따라가리

2. 함께 본문 읽기　　　　마태복음 4:1-11

(1) 그 때에 예수께서 성령에게 이끌리어 마귀에게 시험을 받으러 광야로 가사 (2) 사십 일을 밤낮으로 금식하신 후에 주리신지라 (3) 시험하는 자가 예수께 나아와서 이르되 네가 만일 하나님의 아들이어든 명하여

이 돌들로 떡덩이가 되게 하라 (4) 예수께서 대답하여 이르시되 기록되었으되 사람이 떡으로만 살 것이 아니요 하나님의 입으로부터 나오는 모든 말씀으로 살 것이라 하였느니라 하시니 (5) 이에 마귀가 예수를 거룩한 성으로 데려다가 성전 꼭대기에 세우고 (6) 이르되 네가 만일 하나님의 아들이어든 뛰어내리라 기록되었으되 그가 너를 위하여 그의 사자들을 명하시리니 그들이 손으로 너를 받들어 발이 돌에 부딪치지 않게 하리로다 하였느니라 (7) 예수께서 이르시되 또 기록되었으되 주 너의 하나님을 시험하지 말라 하였느니라 하시니 (8) 마귀가 또 그를 데리고 지극히 높은 산으로 가서 천하 만국과 그 영광을 보여 (9) 이르되 만일 내게 엎드려 경배하면 이 모든 것을 네게 주리라 (10) 이에 예수께서 말씀하시되 사탄아 물러가라 기록되었으되 주 너의 하나님께 경배하고 다만 그를 섬기라 하였느니라 (11) 이에 마귀는 예수를 떠나고 천사들이 나아와서 수종드니라

3. 함께 생각하기

인도자가 읽어줍니다

영국의 작가 C. S. 루이스의 책 「사자와 마녀와 옷장」에 나오는 이야기입니다. 에드먼드라는 아주 똑똑한 소년이 있었는데 마녀가 그 소년을 죽이려고 하였습니다. 마녀는 소년을 잡을 미끼로 '터키 사탕'을 골랐습니다. 그것은 세상에서 가장 달콤하고 향기로운 사탕이었습니다. 한번 그 사탕을 먹어본 사람은 그 맛에 빠져 그것을 계속 찾았습니다. 그러나 터키 사탕 속에는 사람이 느끼지 못할 만큼의 아주 적은 양의 독이 들어있었습니다. 그래서 그 사탕을 계속 먹으면 서서히 죽음에 이를 수밖에 없었습니다.

C.S. 루이스는 이 이야기를 통해서 우리에게 죄의 유혹이 얼마나 무서운지 경고하고 있습니다. 죄는 터키 사탕처럼 우리에게 달콤하게 다가옵니다. 향기로운 냄새처럼 우리를 유혹합니다. 그래서 그 달콤함과 향기로움에 빠져서 우리는 죄의 정체를 파악하기가 힘이 듭니다. 그러나 터키 사탕을 계속 먹다 보면 죽음에 이르는 것처럼 죄의 종착지는 결국 사망입니다.

사탄은 오늘도 우리에게 여러 가지로 유혹을 합니다. 사탄의 말은 사탕발림처럼 달콤합니다. 하지만 그 속에는 무시무시한 죄가 도사리고 있습니다. 이 사실을 마음 깊이 기억하고 어떠한 죄의 유혹도 단호히 물리치는 믿음의 삶을 살아야 하겠습니다.

4. 함께 관찰하기 성경 본문을 보며 빈칸을 채웁니다

① 그 때에 예수께서 □□에게 이끌리어 마귀에게 시험을 받으러 □□로 가사

② 사람이 □으로만 살 것이 아니요 하나님의 입으로부터 나오는 모든 □□으로 살 것이라

③ 기록되었으되 주 너의 하나님께 □□하고 다만 그를 □□ □ 하였느니라 이에 마귀는 예수를 떠나고 □□들이 나아와서 수종드니라

① 예수님께서 시험받으셨던 것처럼 우리도 일상에서 얼마든지 시험을 받을 수 있습니다. 그 경험에 대해 서로 나누어 봅시다.

② 예수님은 마귀의 시험을 말씀으로 물리치셨습니다. 예수님처럼 시험을 이길 수 있는 '나의 말씀'에 대해 서로 나누어 봅시다.

예수님은 공생애를 시작하시며 성령에 이끌리어 마귀에게 시험을 받으셨습니다. 예수님의 공생애는 우리를 구원하시는 사역이므로 악한 마귀는 이 일을 하지 못하게 하려고 예수님을 시험하였습니다.

첫 번째 시험은 "돌들로 떡덩이가 되게 하라"는 것이었습니다. 이것은 먹고 사는 문제로 육신의 연약함을 이용한 시험입니다. 이때 예수님은 "사람이 떡으로만 살 것이 아니요 하나님의 입으로부터 나오는 모든 말씀으로 살 것이라"(신 8:3)는 말씀으로 물리치셨습니다.

두 번째 시험은 예수님을 성전 꼭대기에 세우고 "뛰어내리라"라는 것이었습니다. 명예심을 자극하는 시험입니다. 정신적인 약점을 이용해서 지름길로 가라는 편법의 유혹입니다. 이 시험도 예수님은 "주 너의 하나님을 시험하지 말라"(신 6:16)는 말씀으로 물리치셨습니다.

세 번째는 천하만국과 영광을 보여주며 "만일 내게 엎드려 경배하면 이 모든 것을 네게 주리라" 하는 것이었습니다. 종교적이고 거센 영적 도전의 시험입니다. 예수님은 "주 너의 하나님께 경배하고 다만 그를 섬기라"(신 6:13)는 말씀으로 이 시험을 물리치셨습니다.

마귀의 시험을 물리치신 예수님처럼 우리도 육신의 정욕과 안목의

정욕과 이생의 자랑이라는 시험을 물리쳐야 하겠습니다. 예수님처럼 오직 하나님의 말씀으로 시험을 이기고 승리하시기를 바랍니다.

6. 함께 기도하기

마무리하며 함께 기도합니다

하나님 아버지! 예수님께서도 마귀에게 시험을 받으셨던 것처럼 우리의 삶에도 수많은 시험이 있음을 기억합니다. 그러나 예수님께서 이 모든 것을 말씀으로 승리하셨던 것처럼 우리도 말씀을 붙들고 시험을 물리치며 날마다 승리하는 가정이 되도록 인도하여 주시옵소서. 예수 그리스도의 이름으로 기도드립니다. 아멘.

7. 함께 축복하기

찬양하며 서로를 축복합니다

[좋으신 하나님]

\# 오늘의 암송구절

마태복음 4:10

이에 예수께서 말씀하시되 사탄아 물러가라 기록되었으되 주 너의 하나님께 경배하고 다만 그를 섬기라 하였느니라

\# 우리집 가정예배 일지

일 시	참석자
기도제목 · 응답내용	

심령이 가난한 자는 복이 있나니

003

1. 함께 찬양하기

찬송가 452장

〈 내 모든 소원 기도의 제목 〉

1) 내 모든 소원 기도의 제목 예수님 닮기 원함이라
   예수님 형상 나 입기 원해 세상의 보화 아끼잖네
2) 무한한 사랑 풍성한 긍휼 슬픈 자 위로하시는 주
   길 잃은 죄인 부르는 예수 그 형상 닮게 하옵소서
3) 겸손한 예수 거룩한 주님 원수의 멸시 참으시사
   우리를 위해 고난을 받은 구주를 닮게 하옵소서
(후렴) 예수님 닮기 내가 원하네 날 구원하신 예수님을
   내 마음속에 지금 곧 오사 주님의 형상 인치소서

2. 함께 본문 읽기

마태복음 5:3-12

(3) 심령이 가난한 자는 복이 있나니 천국이 그들의 것임이요

(4) 애통하는 자는 복이 있나니 그들이 위로를 받을 것임이요

(5) 온유한 자는 복이 있나니 그들이 땅을 기업으로 받을 것임이요

(6) 의에 주리고 목마른 자는 복이 있나니 그들이 배부를 것임이요

(7) 긍휼히 여기는 자는 복이 있나니 그들이 긍휼히 여김을 받을 것임이요

(8) 마음이 청결한 자는 복이 있나니 그들이 하나님을 볼 것임이요

(9) 화평하게 하는 자는 복이 있나니 그들이 하나님의 아들이라 일컬음
　을 받을 것임이요

(10) 의를 위하여 박해를 받은 자는 복이 있나니 천국이 그들의 것임이라

(11) 나로 말미암아 너희를 욕하고 박해하고 거짓으로 너희를 거슬러 모
　든 악한 말을 할 때에는 너희에게 복이 있나니

(12) 기뻐하고 즐거워하라 하늘에서 너희의 상이 큼이라 너희 전에 있던
　선지자들도 이같이 박해하였느니라

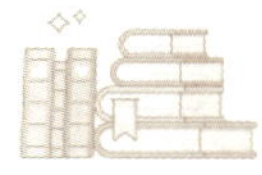

3. 함께 생각하기　　　　　　　인도자가 읽어줍니다

　산상수훈의 8복을 패러디한 '마귀의 8복'이라는 예화가 있습니다. 예화는 마귀가 좋아하는 여덟 가지의 복을 이렇게 말합니다.

　첫째, 피곤하고 바쁘다는 핑계로 교회에 나가지 않는 자는 복이 있나니 그들은 마귀의 가장 믿을만한 일꾼이 될 것임이오. 둘째, 목사의 과오나 흠을 보고 트집만 잡는 자는 복이 있나니 그들은 설교를 들어도 은혜를 받지 못할 것임이오. 셋째, 자기 교회이면서도 나오라고 사정하여야만 나가는 자는 복이 있나니 그들은 교회 안에서 말썽꾸러기가 될 것임이오. 넷째, 남의 말하기를 좋아하는 자는 복이 있나니 그들은 마귀가 가장 좋아하는 다툼과 분쟁을 일으킬 것임이오. 다섯째, 걸핏하면 삐죽이는 자는 복이 있나니 그들은 작은 일에도 화를 낼 것임이오. 여섯째, 하나님의 일에 인색한 자는 복이 있나니 그들은 마귀의 일을 가

장 잘하는 자가 될 것임이오. 일곱째, 하나님을 사랑한다고 하면서도 형제와 이웃을 미워하는 자는 복이 있나니 그들은 마귀의 영원한 친구가 될 것임이오. 여덟째, 성경 읽고 기도할 시간이 없다고 하는 자는 복이 있나니 그들은 마귀의 꾀임에 쉽게 넘어가 마침내 마귀의 조롱거리가 될 것임이니라.

혹시 이 8가지 항목 중에서 우리가 자주 걸려들고 있는 항목이 있는지 돌아볼 필요가 있습니다. 마귀의 유혹을 따라가면 복이 아니라 저주의 삶을 살게 될 것입니다. 하나님은 우리가 마귀의 유혹을 물리치고 하나님의 가치관을 따라 살아서 진정한 복을 받기를 원하십니다.

4. 함께 관찰하기   성경 본문을 보며 빈칸을 채웁니다

① ☐☐하게 하는 자는 복이 있나니 그들이 하나님의 ☐☐이라 일컬음을 받을 것임이요

② 의를 위하여 ☐☐를 받는 자는 복이 있나니 천국이 ☐☐의 것임이라

③ 기뻐하고 즐거워하라 ☐☐에서 너희 상이 큼이라 너희 전에 있던 선지자들도 이같이 ☐☐하였느니라

5. 함께 나누기

질문에 따라 묵상한 내용을 나눕니다

① 예수님을 믿고 신앙생활을 하면서 내가 하나님께로부터 받고 누리는 복이 얼마나 큰지 서로 나누어 봅시다.

② 예수님께서 말씀하시는 팔복의 내용을 살펴보고, 나에게 도전으로 다가오는 항목은 무엇인지 서로 나누어 봅시다.

공생애를 시작하신 예수님은 가버나움 근처의 산에 오르셔서 하나님 나라의 법에 대해 산상수훈을 말씀해 주셨습니다. 이는 그리스도인들이 행해야 할 새 시대의 새 기준으로서 예수님께서 왕으로 통치하시는 하나님 나라의 법이 어떤 것이며, 성도들은 천국의 시민권을 가진 자로서 어떤 믿음과 삶의 자세를 가져야 하는지에 대해 알려주신 것입니다. 그래서 이는 곧 기독교 윤리의 근본이라 할 수 있습니다.

팔복을 해설해 보면 이렇습니다. ① 마음이 가난하여 단순함을 가지고 하나님의 말씀에 민감한 사람들이 천국을 소유합니다. ② 자기 자신을 돌아보며 죄와 허물에 애통할 수 있는 사람이 하늘의 위로를 받습니다. ③ 부드럽고 따뜻하고 겸손한 온유의 사람이 땅을 차지합니다. ④ 생사가 걸린 문제인 양 하나님의 의를 갈망하고 사모하는 사람이 영적 만족을 누리게 됩니다. ⑤ 상대를 공감하고 긍휼히 여길 줄 아는 사람이 하나님의 긍휼도 경험할 수 있습니다. ⑥ 마음이 열려 있고 깨끗한 사람이 하나님을 볼 수 있습니다. ⑦ 어떤 상황에서도 샬롬을 누리고 샬롬을 이루며 살아가는 사람이 하나님의 아들이라 일컬음을 받습니다. ⑧ 하나님의 의를 위해 박해를 받는 사람은 천국을 소유하게 됩니다.

세상의 방식이 아닌 하나님 나라의 팔복의 방식으로 살아가서 복 중의 복, 천국을 얻는 행복한 성도들이 꼭 되시기를 바랍니다.

6. 함께 기도하기

찬양하며 함께 기도합니다

사랑이 많으신 하나님 아버지! 오늘 저희에게 하나님 나라의 방식과 성도의 삶의 자세를 가르쳐주셔서 감사드립니다. 주님께서 가르쳐주신 하나님 나라의 방식, 팔복의 말씀을 우리 삶의 기준으로 삼아 믿음의 길을 온전히 걸어가는 가정이 되게 하여 주시옵소서. 예수 그리스도의 이름으로 기도드립니다. 아멘.

7. 함께 축복하기

찬양하며 서로를 축복합니다

[좋으신 하나님]

오늘의 암송구절

심령이 가난한 자는 복이 있나니 천국이 그들의 것임이요

우리집 가정예배 일지

일 시		참석자	
기도제목 • 응답내용			

너희는 나를 누구라 하느냐

004

1. 함께 찬양하기　　　찬송가 96장

〈 예수님은 누구신가 〉

1) 예수님은 누구신가 우는 자의 위로와 없는 자의 풍성이며
　천한 자의 높음과 잡힌 자의 놓임 되고 우리 기쁨 되시네
2) 예수님은 누구신가 약한 자의 강함과 눈먼 자의 빛이시며
　병든 자의 고침과 죽은 자의 부활되고 우리 생명 되시네
3) 예수님은 누구신가 추한 자의 정함과 죽을 자의 생명이며
　죄인들의 중보와 멸망자의 구원되고 우리 평화 되시네
4) 예수님은 누구신가 온 교회의 머리와 온 세상의 구주시며
　모든 왕의 왕이요 심판하실 주님되고 우리 영광 되시네

2. 함께 본문 읽기　　　마태복음 16:13-20

(13) 예수께서 빌립보 가이사랴 지방에 이르러 제자들에게 물어 이르시되 사람들이 인자를 누구라 하느냐

(14) 이르되 더러는 세례 요한, 더러는 엘리야, 어떤 이는 예레미야나 선지자 중의 하나라 하나이다

(15) 이르시되 너희는 나를 누구라 하느냐

(16) 시몬 베드로가 대답하여 이르되 주는 그리스도시요 살아 계신 하나님의 아들이시니이다

(17) 예수께서 대답하여 이르시되 바요나 시몬아 네가 복이 있도다 이를 네게 알게 한 이는 혈육이 아니요 하늘에 계신 내 아버지시니라

(18) 또 내가 네게 이르노니 너는 베드로라 내가 이 반석 위에 내 교회를 세우리니 음부의 권세가 이기지 못하리라

(19) 내가 천국 열쇠를 네게 주리니 네가 땅에서 무엇이든지 매면 하늘에서도 매일 것이요 네가 땅에서 무엇이든지 풀면 하늘에서도 풀리리라 하시고

(20) 이에 제자들에게 경고하사 자기가 그리스도인 것을 아무에게도 이르지 말라 하시니라

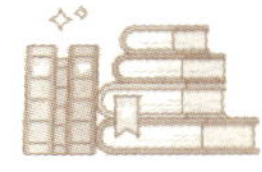 ## 3. 함께 생각하기 인도자가 읽어줍니다

「생활의 발견」이라는 유명한 책을 쓴 중국의 석학 임어당 박사라는 분이 있습니다. 그는 목사님의 아들로 태어났지만 북경대학 철학과에 진학해서 동양철학을 공부하면서 공자, 노자, 순자, 장자 등 동양 철학자들에게 깊이 빠져들게 되었습니다. 그 후에 그는 예수님도 이런 여러 성인 중 한 사람으로 생각하게 되었습니다. 몇 년 후 그는 미국에 유학을 가게 되었습니다. 아내의 권유로 교회에 출석하게 되었는데 어느 주일날 그는 목사님의 설교 말씀에 큰 감동을 받았습니다. 예수님만이 우리의 죄와 죽음의 문제를 해결하실 수 있는 유일한 구원자라는 사실을

다시 깨달았습니다.

그는 결국 수십 년 동안의 사상적 방황을 끝내고 마침내 예수님을 그리스도요 살아계신 하나님의 아들로 고백하게 되었습니다. 그가 신앙 고백을 한 후에 외친 유명한 말 한마디가 있습니다. "태양이 떴다. 촛불을 꺼라!"였습니다. 그동안 자기가 좋아했던 성인들을 예수님과 비교해 보니 그들은 단지 태양 앞에 있는 촛불에 불과했던 것입니다.

여러분은 예수님을 누구라고 믿고 있습니까? 예수님이 내 모든 것의 주인 되심을 믿습니까? 예수님이 우리의 유일한 구원자가 되심을 믿습니까? 오늘의 시대는 절대적인 진리까지도 다 상대화시키는 포스트모더니즘 시대입니다. 하지만 여전히 절대적인 진리는 있습니다. "주는 그리스도시요 살아계신 하나님의 아들"이라는 이 진리를 꼭 붙잡고 믿음으로 승리하시길 바랍니다.

4. 함께 관찰하기   성경 본문을 보며 빈칸을 채웁니다

① ☐☐께서 ☐☐☐ ☐☐☐☐ 지방에 이르러 제자들에게 물어 이르시되 사람들이 ☐☐를 누구라 하느냐

② 이르되 더러는 ☐☐ ☐☐, 더러는 ☐☐☐, 어떤 이는 ☐☐☐☐나 ☐☐☐ 중의 하나라 하나이다

③ 시몬 ☐☐☐가 대답하여 이르되 ☐는 ☐☐☐☐시요 살아 계신 ☐☐☐☐ ☐☐이시니이다

① 오늘날 세상 사람들이 예수님을 인간적 영역의 성인 정도로 생각하는 것에 대하여 어떤 생각이 드는지 나누어 봅시다.

② "너희는 나를 누구라 하느냐?"라는 주님의 질문에 나의 고백은 무엇 인지 함께 나누어 봅시다.

예수님께서 제자들에게 질문하셨습니다. "사람들이 인자를 누구라 하느냐?" 제자들은 즉각적으로 대답하였습니다. "더러는 세례 요한, 더 러는 엘리야, 어떤 이는 예레미야나 선지자 중의 하나라 하나이다"(14 절)라고 대답하였습니다. 이어서 예수님은 제자들에게 이렇게 질문하 셨습니다. "너희는 나를 누구라 하느냐?" 오늘 예수님의 이 질문은 우 리의 믿음을 확증할 질문이며 진정한 그리스도인으로서 반드시 감당해 야 할 질문입니다. 어쩌면 그리스도인의 삶이란 바로 이 질문에 대하여 바른 대답을 하고, 또 평생을 살면서 이 질문에 대하여 올바른 대답을 하려고 노력하는 것이 곧 그리스도인의 삶이라고 할 수 있습니다.

가이사라고 하는 세상의 절대 권력의 힘이 상존하고 있는 땅 빌립보 가이사랴 도상에서 예수님은 "너희는 나를 누구라 하느냐?"고 질문하 셨습니다. 이 질문은 인간적 가치의 최고, 더 이상이 있을 수 없는 막강 한 가이사의 통치 앞에서도 너희는 나를 진정한 왕으로, 구원의 메시아 로 고백할 수 있는가 하는 질문이었습니다.

그런데 바로 이 질문에 베드로는 "주는 그리스도시요 살아계신 하나 님의 아들이시니이다"(16절)라고 고백하였습니다. 믿음이 점점 옅어져

가는 이 시대에 우리도 베드로처럼 진실로 예수님만이 우리의 구원자이시며, 그분이 하나님이심을 고백하며 올람 길을 힘차게 걸어가시기 바랍니다.

6. 함께 기도하기
찬양하며 함께 기도합니다

마무리하며 함께 기도합니다

하나님 아버지! 죄로 인해 죽을 수밖에 없는 우리를 구원해 주시고, 우리에게 영원한 생명이신 예수 그리스도를 보내주심을 감사드립니다. 세상 소망 다 사라져도 오직 주는 그리스도시요 살아계신 하나님의 아들이심을 믿음으로 고백하는 우리 가정이 될 수 있도록 인도하여 주시옵소서. 예수님의 이름으로 기도합니다. 아멘.

7. 함께 축복하기
찬양하며 서로를 축복합니다

[좋으신 하나님]

\# 오늘의 암송구절

> 시몬 베드로가 대답하여 이르되 주는 그리스도시요 살아 계신 하나님의 아들이시니이다

\# 우리집 가정예배 일지

일 시		참석자	
기도제목 · 응답내용			

어느 계명이 크니이까

005

1. 함께 찬양하기

찬송가 218장

〈 네 맘과 정성을 다하여서 〉

1) 네 맘과 정성을 다하여서 주 너의 하나님을 사랑하라
   네 몸을 아끼고 사랑하듯 형제와 이웃을 사랑하라
   주께서 우리게 명하시니 그 명령 따라서 살아가리

2) 널 미워 해치는 원수라도 언제나 너그럽게 사랑하라
   널 핍박하는 자 위해서도 신실한 맘으로 복을 빌라
   주께서 우리게 명하시니 그 명령 따라서 살아가리

3) 나 항상 주님을 멀리하고 형제를 사랑하지 못하였다
   이러한 죄인을 사랑하사 주께서 몸 버려 죽으셨다
   속죄의 큰 사랑 받은 이 몸 내 생명 다 바쳐 충성하리 (아멘)

2. 함께 본문 읽기

마태복음 22:34-40

(34) 예수께서 사두개인들로 대답할 수 없게 하셨다 함을 바리새인들이
    듣고 모였는데

(35) 그 중의 한 율법사가 예수를 시험하여 묻되

(36) 선생님 율법 중에서 어느 계명이 크니이까

(37) 예수께서 이르시되 네 마음을 다하고 목숨을 다하고 뜻을 다하여 주 너의 하나님을 사랑하라 하셨으니

(38) 이것이 크고 첫째 되는 계명이요

(39) 둘째도 그와 같으니 네 이웃을 네 자신 같이 사랑하라 하셨으니

(40) 이 두 계명이 온 율법과 선지자의 강령이니라

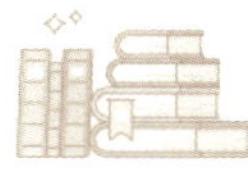 3. 함께 생각하기

일본의 유명한 여류작가인 미우라 아야코는 이름이 알려지기 전에 남편의 수입이 적어지면서 생계의 어려움을 겪었습니다. 그래서 생활에 도움을 얻고 손님들에게 그리스도의 사랑을 전하자는 마음으로 조그마한 구멍가게를 열게 되었습니다. 하나님의 축복으로 주변에 좋은 소문이 나면서 가게는 날로 번창하였고 트럭으로 물건을 들여와야 할 정도에 이르게 되었습니다.

그런데 그만 문제가 생겼습니다. 옆집에 있던 구멍가게들이 장사가 안된다고 아우성이었던 것입니다. 그녀는 남편에게 말하였습니다.

"우리 가게가 잘 되는 것이 옆 가게를 망하게 하는 것인 줄 몰랐어요. 가게를 줄입시다. 이것이 하나님의 진정한 뜻일 것 같아요."

그녀는 가게를 축소하고 손님들을 옆 가게로 보냈습니다. 그 결과 시간이 남게 되었고 그 시간에 하나님의 사랑을 묵상하며 글을 썼습니다.

그 글이 바로 「빙점」이라는 소설이고 출간 즉시 베스트셀러가 되었습니다.

미우라 아야코는 하나님의 사랑을 묵상하며 그 뜻대로 살려고 애쓰는 사람에게 하나님의 큰 축복이 임한다는 사실을 직접 체험한 것입니다.

하나님은 사랑 그 자체이신 분입니다. 그렇기에 하나님을 따르는 우리도 사랑하며 살아야 합니다. 요한일서에서는 눈에 보이는 이웃을 사랑하지 않는 사람은 보이지 않는 하나님을 사랑할 수 없다고 하였습니다. 우리는 하나님을 사랑하는 것과 같이 이웃 사랑도 온전히 실천하며 살아야 합니다.

4. 함께 관찰하기   성경 본문을 보며 빈칸을 채웁니다

① 선생님 ☐☐ 중에서 어느 ☐☐이 크니이까

② 예수께서 이르시되 네 ☐☐을 다하고 ☐☐을 다하고 ☐을 다하여 주 너의 ☐☐☐을 ☐☐하라 하셨으니 이것이 크고 첫째 되는 ☐☐이요

③ 둘째도 그와 같으니 네 ☐☐을 네 ☐☐ 같이 ☐☐하라 하셨으니 이 두 계명이 온 ☐☐과 ☐☐☐의 강령이니라

① 최근에 내 생활 중에서 하나님 사랑을 실천하였던 경험을 함께 나누어 보고 서로 격려해 줍시다.

② 최근에 내 생활 중에서 이웃 사랑을 실천하였던 경험을 함께 나누어 보고 서로 격려해 줍시다.

한 율법사가 예수님을 시험하며 질문하였습니다. "선생님, 율법 중에서 어느 계명이 크니이까?" 유대인들은 율법의 계명(613개)을 다 지키는 것이 불가능한 일임을 알았기에 어느 계명이 더 중요한가에 대해 항상 논쟁이 있었습니다. 이러한 배경을 바탕으로 율법사는 예수님께 질문한 것입니다.

비록 질문에는 불순한 의도가 있었지만, 예수님은 이 기회를 통하여 모든 계명의 본질에 대해 명쾌하게 교훈해 주셨습니다. 예수님은 "네 마음을 다하고 목숨을 다하고 뜻을 다하여 주 너의 하나님을 사랑하라 하셨으니"라고 말씀하시며 이것이 크고 첫째 되는 계명이고 "둘째도 그와 같으니 네 이웃을 네 자신 같이 사랑하라"고 말씀하여 주셨습니다. 하나님께서 주신 모든 계명의 핵심은 하나님 사랑, 이웃 사랑이라고 알려주신 것입니다.

예수님의 말씀은 결국 십계명의 정신과도 일치하는데 1~4계명은 하나님과 우리의 관계 속에서 지켜야 할 계명들인데, 결국은 하나님 사랑입니다. 5~10계명은 우리 인간들 관계 속에 지켜야 할 계명들인데, 결국은 이웃 사랑입니다. 결국은 사랑이 모든 율법의 완성(롬 13:10)입니다.

사랑하면 모든 율법을 다 이루는 것입니다. 바로 이런 의미에서 오늘 예수님께서 말씀하여 주시는 이 사랑의 계명을 가리켜서 우리는 '위대한 계명'(The Great Commandment)이라고 부르는 것입니다. 진실로 하나님을 사랑하고 이웃을 사랑하여 예수님께서 말씀하신 위대한 계명을 준행하며 살아가는 성도들이 꼭 되시기를 바랍니다.

6. 함께 기도하기　　마무리하며 함께 기도합니다

하나님 아버지! 모든 계명의 핵심에 대하여 알려주시니 감사드립니다. 우리의 마음과 뜻과 정성을 다하여 하나님을 온전히 사랑하게 하시고, 나아가 이웃을 자기 자신과 같이 사랑할 수 있도록 인도하여 주시옵소서. 이 사랑의 삶을 통하여 하나님께서 주신 위대한 계명을 온전히 준행하게 도와주시옵소서. 예수님의 이름으로 기도드립니다. 아멘.

7. 함께 축복하기　　찬양하며 서로를 축복합니다

[좋으신 하나님]

오늘의 암송구절

예수께서 이르시되 네 마음을 다하고 목숨을 다하고 뜻을 다하여 주 너의 하나님을 사랑하라 하셨으니

우리집 가정예배 일지

일 시		참석자	
기도제목 · 응답내용			

네 죄 사함을 받았느니라

006

1. 함께 찬양하기　　　　찬송가 258장

〈 샘물과 같은 보혈은 〉

1) 샘물과 같은 보혈은 주님의 피로다
　보혈에 죄를 씻으면 정하게 되겠네
　정하게 되겠네 정하게 되겠네
　보혈에 죄를 씻으면 정하게 되겠네
2) 저 도적 회개하고서 보혈에 씻었네
　저 도적 같은 이 몸도 죄 씻기 원하네
　죄 씻기 원하네 죄 씻기 원하네
　저 도적 같은 이 몸도 죄 씻기 원하네
3) 죄속함 받은 백성은 영생을 얻겠네
　샘 솟듯 하는 피 권세 한없이 크도다
　한없이 크도다 한없이 크도다
　샘 솟듯하는 피 권세 한없이 크도다

2. 함께 본문 읽기　　　　마가복음 2:3-12

(3) 사람들이 한 중풍병자를 네 사람에게 메워 가지고 예수께로 올새 (4) 무리들 때문에 예수께 데려갈 수 없으므로 그 계신 곳의 지붕을 뜯어 구멍을 내고 중풍병자가 누운 상을 달아 내리니 (5) 예수께서 그들의 믿음

을 보시고 중풍병자에게 이르시되 작은 자야 네 죄 사함을 받았느니라 하시니 (6) 어떤 서기관들이 거기 앉아서 마음에 생각하기를 (7) 이 사람이 어찌 이렇게 말하는가 신성 모독이로다 오직 하나님 한 분 외에는 누가 능히 죄를 사하겠느냐 (8) 그들이 속으로 이렇게 생각하는 줄을 예수께서 곧 중심에 아시고 이르시되 어찌하여 이것을 마음에 생각하느냐 (9) 중풍병자에게 네 죄 사함을 받았느니라 하는 말과 일어나 네 상을 가지고 걸어가라 하는 말 중에서 어느 것이 쉽겠느냐 (10) 그러나 인자가 땅에서 죄를 사하는 권세가 있는 줄을 너희로 알게 하려 하노라 하시고 중풍병자에게 말씀하시되 (11) 내가 네게 이르노니 일어나 네 상을 가지고 집으로 가라 하시니 (12) 그가 일어나 곧 상을 가지고 모든 사람 앞에서 나가거늘 그들이 다 놀라 하나님께 영광을 돌리며 이르되 우리가 이런 일을 도무지 보지 못하였다 하더라

3. 함께 생각하기　　　　　인도자가 읽어줍니다

　　영국에서 있었던 한 사람의 일화입니다. 32살이 된 청년이 삶이 너무 힘들고 지쳐서 아무런 소망도 가질 수 없어 죽기로 결심하였습니다. 그래서 그는 런던의 템즈강에 빠져 죽으려고 마차를 타고 이동하였습니다. 그리고 마차에서 내려 강물로 뛰어들었습니다. 그 순간 깜짝 놀란 마부가 청년을 따라 강물로 뛰어들어 그를 구하였습니다. 이렇게 청년의 첫 번째 시도는 실패하였습니다. 집에 돌아온 청년은 이번에는 약을 먹고 죽으려고 하였습니다. 그런데 생전 오지 않던 옆집 사람이 우연히 방문하였다가 청년을 발견하고 살려내었습니다. 이렇게 그의 두

번째 시도도 실패하고 말았습니다. 며칠 후에 청년은 다시 한번 죽기를 시도하였는데 이번에도 실패하고 말았습니다.

비록 청년은 몸은 살았지만 마음은 만신창이가 되었습니다. 그렇게 절망적인 상태로 살아가던 그에게 친구가 찾아와서 교회를 가보자고 하였습니다. 청년이 찾아간 교회는 '나 같은 죄인 살리신'을 지은 뉴튼 목사님이 목회하는 교회였습니다. 그는 그곳에서 하나님의 은혜를 경험하고 완전히 새로운 삶을 살게 되었습니다. 그리고 뉴튼 목사님처럼 찬송을 짓기 시작하였는데 그가 쓴 찬송이 무려 67곡이나 되었습니다. 이 청년이 바로 '윌리엄 카우퍼'(William Cowper, 1731~1800)입니다. 우리가 즐겨 부르는 〈샘물과 같은 보혈은〉의 작곡가입니다. 윌리엄 카우퍼처럼 예수님을 만나 죄 사함을 받고 몸도 마음도 치유함을 받는 놀라운 은혜를 누리시기 바랍니다.

4. 함께 관찰하기 성경 본문을 보며 빈칸을 채웁니다

① ☐☐들 때문에 예수께 데려갈 수 없으므로 그 계신 곳의 ☐ ☐을 뜯어 구멍을 내고 중풍병자가 누운 상을 달아 내리니

② 예수께서 그들의 ☐☐을 보시고 중풍병자에게 이르시되 작은 자야 네 ☐ 사함을 받았느니라 하시니

③ 그러나 ☐☐가 땅에서 죄를 사하는 ☐☐가 있는 줄을 ☐ ☐로 알게 하려 하노라

① 친구들은 중풍병자를 치료하기 위해 최선을 다하였습니다. 우리도 예수님 앞에 꼭 데리고 나와야 할 전도대상자를 나누어 봅시다.

② 예수님의 말씀으로 말미암아 몸과 마음이 치유되고 회복되었던 경험을 함께 나누어 봅시다.

한 중풍병자가 있었습니다. 그는 제대로 거동하지 못하여서 일상을 살아가기 어려웠습니다. 그런 그를 긍휼히 여긴 네 친구가 예수님의 소식을 듣고 그를 메워서 예수님께 데리고 왔습니다. 그런데 예수님이 계신 집에는 수많은 사람이 모여 있어 안으로 들어갈 수가 없었습니다. 그래서 그들은 중풍병자를 집으로 데리고 가서 지붕을 뜯어 구멍을 내고 중풍병자의 침상을 예수님 앞으로 달아 내렸습니다. 그런데 그때 예수님께서 아주 특별한 말씀을 하셨습니다. "예수께서 그들의 믿음을 보시고 중풍병자에게 이르시되 작은 자야 네 죄 사함을 받았느니라 하시니"(5절). 이것은 예수님께서 죄 사함의 권세가 있으신 것을 의도적으로 드러내신 것입니다.

죄 사함의 선포를 듣고 그 현장에 있던 서기관들은 예수님의 말씀이 신성모독이라고 생각하였습니다. 그때 예수님께서 그들의 생각을 아시고 죄 사함을 받았느니라 하는 말과 일어나 네 상을 가지고 걸어가라 하는 말 중에 어느 것이 쉽겠냐고 물으신 후에 "인자가 땅에서 죄를 사하는 권세가 있는 줄을 너희로 알게 하려 하노라"(10절)라고 말씀하셨습니다.

그리고는 중풍병자에게 "일어나 네 상을 가지고 집으로 가라"고 말씀하셨을 때 중풍병자는 일어나 자기 침상을 가지고 돌아갔습니다. 이 사건은 예수님께서 우리의 몸을 치유해 주실 뿐만 아니라 우리 죄의 문제까지 해결해주시는 분이심을 잘 알려주고 있습니다. 치유자가 되시는 예수님을 잘 믿고 의지하여 생명의 삶을 풍성히 누리는 성도들이 되시길 바랍니다.

6. 함께 기도하기 마무리하며 함께 기도합니다

하나님 아버지! 죽을 수밖에 없는 우리들을 구원하여 주시고 하나님의 자녀 삼아주시니 참으로 감사드립니다. 우리의 구원자가 되시고 치유자가 되시는 예수님을 확실히 믿는 믿음으로 날마다 생명의 삶을 풍성히 누리는 복된 가정이 되게 인도하여 주시옵소서. 감사드리며 예수님의 이름으로 기도드립니다. 아멘.

7. 함께 축복하기 찬양하며 서로를 축복합니다

[좋으신 하나님]

오늘의 암송구절

예수께서 그들의 믿음을 보시고 중풍병자에게 이르시되 작은 자야 네 죄 사함을 받았느니라 하시니

우리집 가정예배 일지

일 시		참석자	
기도제목 • 응답내용			

소녀야 일어나라

007

1. 함께 찬양하기

찬송가 259장

〈 예수 십자가에 흘린 피로써 〉

1) 예수 십자가에 흘린 피로써 그대는 씻기어 있는가
   더러운 죄 희게하는 능력을 그대는 참 의지하는가

2) 주 예수와 밤낮으로 늘 함께 그대는 행동을 하는가
   아무 때나 어디서나 그대는 십자가 붙들고 있는가

3) 주님 예수 다시 올 때 그대는 영접할 예복이 있는가
   그대 몸은 거룩한 곳 천국에 들어갈 준비가 됐는가

4) 모든 죄에 더러워진 예복을 주 앞에 지금 다 벗어서
   샘물같이 솟아나는 보혈로 눈보다 더 희게 씻으라

후렴) 예수의 보혈로 그대는 씻기어 있는가
   마음속의 여러 가지 죄악이 깨끗이 씻기어 있는가

2. 함께 본문 읽기

마가복음 5:35-43

(35) 아직 예수께서 말씀하실 때에 회당장의 집에서 사람들이 와서 회
당장에게 이르되 당신의 딸이 죽었나이다 어찌하여 선생을 더 괴롭
게 하나이까

(36) 예수께서 그 하는 말을 곁에서 들으시고 회당장에게 이르시되 두려워하지 말고 믿기만 하라 하시고

(37) 베드로와 야고보와 야고보의 형제 요한 외에 아무도 따라옴을 허락하지 아니하시고

(38) 회당장의 집에 함께 가사 떠드는 것과 사람들이 울며 심히 통곡함을 보시고

(39) 들어가서 그들에게 이르시되 너희가 어찌하여 떠들며 우느냐 이 아이가 죽은 것이 아니라 잔다 하시니

(40) 그들이 비웃더라 예수께서 그들을 다 내보내신 후에 아이의 부모와 또 자기와 함께 한 자들을 데리시고 아이 있는 곳에 들어가사

(41) 그 아이의 손을 잡고 이르시되 달리다굼 하시니 번역하면 곧 내가 네게 말하노니 소녀야 일어나라 하심이라

(42) 소녀가 곧 일어나서 걸으니 나이가 열두 살이라 사람들이 곧 크게 놀라고 놀라거늘

(43) 예수께서 이 일을 아무도 알지 못하게 하라고 그들을 많이 경계하시고 이에 소녀에게 먹을 것을 주라 하시니라

3. 함께 생각하기　　　　　　　인도자가 읽어줍니다

「마음」이라는 책에는 이런 이야기가 나와 있습니다. 라이트라는 사람이 안타깝게도 암에 걸리고 말았습니다. 병원에 가서 검사를 해봤는데, 살 수 있는 날이 얼마 남지 않았습니다. 그런 그가 어느 날 암에 효과가 좋다는 크레비오젠이 발견되었다는 소식을 듣게 되었습니다. 그래서 의사에게 사정해서 그 주사를 맞게 해 달라고 간청하였습니다. 주

치의인 필립 웨스트 박사는 간절한 요청을 받아들여 크레비오젠을 주사해 주었습니다.

그런데 놀라운 일은 주사를 준 며칠 후에 라이트 씨가 죽음에서 벗어나 간호사들과 농담하는 모습을 보고 주치의는 깜짝 놀랐습니다. 주치의는 "종양이 마치 뜨거운 가스레인지 위에 있던 눈덩이처럼 녹았다"라고 말하였습니다. 그런데 더욱 놀라운 사실은 의사가 주사한 것은 크레비오젠이 아니라 물이었습니다. 크레비오젠은 그때까지 만들어지지도 않았고, 그를 살린 것은 크레비오젠이 아니라 바로 믿음이었습니다.

바로 이런 것을 가리켜서 '플라시보효과'(위약효과)라고 부릅니다. 이것은 소화제도 좋은 약이라고 확신하고 먹으면 효과가 나타나는 현상입니다. 플라시보효과도 우리 몸에 이렇게 지대한 영향을 미치는데, '믿음대로의 법칙'은 위약효과가 아니라 우리 주님이 역사하시는 실제적인 효과입니다. 우리가 믿으면 주님이 실제로 역사하시는 것입니다.

4. 함께 관찰하기　　성경 본문을 보며 빈칸을 채웁니다

① 예수께서 그 말을 곁에서 들으시고 ▢▢▢에게 이르시되 두려워하지 말고 ▢▢▢하라 하시고

② 들어가서 그들에게 이르시되 너희가 어찌하여 ▢▢▢ 우느냐 이 아이가 죽은 것이 아니라 ▢▢ 하시니

③ 그 아이의 손을 잡고 이르시되 ▢▢▢▢ 하시니 번역하면 곧 내가 내게 말하노니 소녀야 ▢▢▢▢ 하심이라

5. 함께 나누기   질문에 따라 묵상한 내용을 나눕니다

① 혈루증 여인은 예수님의 옷에 손만 대어도 나을 것이란 믿음이 있었습니다. 내가 갖고 있는 간절한 믿음의 소원을 나누어 봅시다.

② 예수께서 "두려워말고 믿기만 하라"고 말씀하십니다. 믿기만 하라는 말씀이 어떤 느낌으로 부딪혀 오는지 서로 나누어 봅시다.

회당장 야이로라 하는 사람이 예수님께 찾아와 간곡히 구하였습니다. 자기의 어린 딸에게 손을 얹으사 살려달라는 간구였습니다. 그렇게 걸음을 옮기실 때 큰 무리가 예수님께 몰렸습니다. 이때 예수님은 자기에게서 능력이 나간 것을 아시고 누가 내 옷에 손을 대었느냐고 물으셨습니다. 열두 해를 혈루증으로 앓던 여자가 자기가 나은 줄을 알고 그 앞에 엎드려 사실대로 말씀을 드리자 주님께서 "딸아 네 믿음이 너를 구원하였으니 평안히 가라"고 선포해주셨습니다. 여인의 믿음이 치유를 불러일으켰다는 것입니다.

그때 회당장의 집에서 사람들이 와서 당신의 딸이 죽었으니 예수님이 오실 필요가 없다고 말하였습니다. 그러자 예수님께서 회당장에게 "두려워하지 말고 믿기만 하라"고 말씀하셨습니다. 믿으면 나을 수 있고, 믿으면 살아날 수 있다는 것입니다. 회당장의 집에 도착하신 예수님은 그 아이의 손을 잡고 "달리다굼! 소녀야 일어나라"고 말씀하시자 그 즉시 소녀가 일어나 걸었습니다. 이렇게 예수님은 죽은 자도 살려내는 분이십니다.

오늘 말씀은 '믿음대로의 법칙'을 보여주고 있습니다. 열두 해를 혈루증으로 앓고 있던 여인에게 주님은 "네 믿음이 너를 구원하였으니 평안히 가라"고 말씀하시며, 회당장 야이로에게 "두려워하지 말고 믿기만 하라"고 말씀하십니다. 물론 기적의 원천은 예수님이지만 예수님을 믿는 자에게 이와 같은 놀라운 기적을 베풀어 주시는 것입니다. "믿음대로의 법칙"을 기억하고 날마다 치유와 생명의 삶을 살아가는 성도들이 되시기 바랍니다.

6. 함께 기도하기 마무리하며 함께 기도합니다

하나님 아버지! 오늘도 우리를 향해 "달리다굼! 소녀야 일어나라!"고 말씀해 주시니 참으로 감사드립니다. 우리 인생의 모든 문제와 어려움이 오직 예수 그리스도를 믿음으로 회복되고 치유받을 수 있도록, '믿음대로의 법칙'을 경험하며 살아가는 우리 가정이 되게 인도하여 주시옵소서. 예수님의 이름으로 기도드립니다. 아멘.

7. 함께 축복하기 찬양하며 서로를 축복합니다

[사랑의 주님이]

오늘의 암송구절

마가복음 5:36

예수께서 그 하는 말을 곁에서 들으시고 회당장에게 이르시되 두려워하지 말고 믿기만 하라 하시고

우리집 가정예배 일지

일 시	참석자	
기도제목 · 응답내용		

내니 두려워하지 말라

1. 함께 찬양하기

찬송가 286장

〈 주 예수님 내 맘에 오사 〉

1) 주 예수님 내 맘에 오사 날 붙들어 주시고
　내 마음에 새 힘을 주사 늘 기쁘게 하소서
2) 주 예수님 내 맘에 오사 내 소원 다 아시고
　내 무거운 짐 맡아 주사 참 평안을 주소서
3) 주 예수님 내 맘에 오사 날 정결케 하시고
　그 은혜를 내 맘에 채워 늘 충만케 하소서
4) 주 예수님 내 맘에 오사 내 길 인도하시고
　주 성령을 내 맘에 채워 늘 충만케 하소서
후렴) 사랑의 주 사랑의 주 내 맘속에 찾아오사
　내 모든 죄 사하시고 내 상한 맘 고치소서 아멘

2. 함께 본문 읽기

마가복음 6:45-52

(45) 예수께서 즉시 제자들을 재촉하사 자기가 무리를 보내는 동안에
　배 타고 앞서 건너편 벳새다로 가게 하시고

(46) 무리를 작별하신 후에 기도하러 산으로 가시니라

(47) 저물매 배는 바다 가운데 있고 예수께서는 홀로 뭍에 계시다가

(48) 바람이 거스르므로 제자들이 힘겹게 노 젓는 것을 보시고 밤 사경 쯤에 바다 위로 걸어서 그들에게 오사 지나가려고 하시매

(49) 제자들이 그가 바다 위로 걸어오심을 보고 유령인가 하여 소리 지르니

(50) 그들이 다 예수를 보고 놀람이라 이에 예수께서 곧 그들에게 말씀하여 이르시되 안심하라 내니 두려워하지 말라 하시고

(51) 배에 올라 그들에게 가시니 바람이 그치는지라 제자들이 마음에 심히 놀라니

(52) 이는 그들이 그 떡 떼시던 일을 깨닫지 못하고 도리어 그 마음이 둔하여졌음이러라

3. 함께 생각하기   인도자가 읽어줍니다

「성공의 조건」이라는 책의 저자인 독일의 위르겐 휠러는 늑대를 만났을 때의 비유를 들어 '두려움의 상대성'을 설명하였습니다. 예를 들어 어떤 사람이 홀로 숲속을 걸어가다가 굶주린 늑대를 맞닥뜨렸습니다. 가슴이 철렁 내려앉고, 등에서는 식은땀이 줄줄 흘러내렸습니다. 만약 이때 느낀 두려움의 정도를 1부터 10의 사이에서 책정하라고 한다면 대부분의 사람은 '10'이라고 대답할 것입니다.

그런데 만약 손에 칼이나 창이 있다고 가정하면 어떻겠습니까? 두려움의 정도가 '9' 정도로 낮아지는 것입니다. 옆에 동행자가 있다면 어

떻겠습니까? 수치가 '5~6' 까지 떨어질 것입니다. 손에 들려있는 무기가 총이라면 두려움의 수치는 '3' 까지 낮아질 것입니다. 곧바로 도망을 칠 수 있는 자동차까지 있다면 두려움의 정도는 '1' 이 될 것입니다. 이렇듯 사람은 자신이 가진 방어수단에 따라서 두려움을 다르게 느끼는 것입니다.

나를 보호해줄 방패막이 없다고 느끼며 두려움에 사로잡힌 사람들에게 예수님이 하시는 말씀이 있습니다. "내가 너와 함께 있다", "안심하라 내니 두려워하지 말라"는 약속입니다. 온 우주만물을 창조하시고 다스리시는 주님이 우리와 늘 함께하신다는 사실을 기억하며 어떤 두려움 속에서도 승리하는 성도들이 되시기 바랍니다.

4. 함께 관찰하기　　성경 본문을 보며 빈칸을 채웁니다

① ☐☐께서 즉시 ☐☐들을 재촉하사 자기가 무리를 보내는 동안에 배 타고 앞서 건너편 ☐☐☐로 가게 하시고

② ☐☐이 거스르므로 제자들이 힘겹게 노 젓는 것을 보시고 밤 ☐☐쯤에 바다 위로 ☐☐☐ 그들에게 오사 지나가려고 하시매

③ 그들이 다 ☐☐를 보고 놀람이라 이에 예수께서 곧 그들에게 말씀하여 이르시되 ☐☐☐☐☐ ☐☐ ☐☐☐하지 말라 하시고

 5. 함께 나누기 질문에 따라 묵상한 내용을 나눕니다

① 제자들이 경험하고 있는 밤 4경의 갈릴리 바다의 풍랑처럼 내가 살아 가면서 경험하는 가장 두려운 때는 언제였는지 서로 나누어 봅시다.

② 나의 삶 속에 찾아온 두려움의 문제를 주님을 온전히 신뢰함으로 이겨 냈던 경험들을 서로 함께 나누어 봅시다.

예수님은 오병이어의 기적을 체험하고 자신을 억지로 데려다가 왕으로 삼으려고 하는 무리를 흩으셨습니다. 그리고 제자들을 재촉하여 바다 건너편으로 보내시고 혼자 따로 기도하러 산에 올라가셨습니다.

그렇게 기도하는 일로 예수님은 조금 더 지체하셨고, 먼저 배를 타고 떠났던 제자들이 바다 한가운데 있었을 때 갑자기 심한 돌풍이 불어닥 쳤습니다. 이러한 돌풍을 경험하고 있는 그 시간이 밤 사경이라고 밝혀 주고 있는데, 지금의 시간으로 환산하면 새벽 3~6시입니다. 낮도 아니 고 가장 어둡고 캄캄한 밤 중에 이런 일이 일어나고 있는 것입니다.

그런데 이와 같은 두려움의 현장에 예수님이 제자들을 찾아오셨습니 다. 파도가 흉흉한 물 위를 걸어서 주님은 사랑하는 제자들을 찾아오셨 고, 그리고 이렇게 말씀하셨습니다. "안심하라 내니 두려워하지 말라". 여기에서 "내니"라고 하신 말씀은 헬라어로 '에고 에이미' 입니다. 주 님은 자신을 밝히 드러내시며 "나니까 두려워하지 마라"고 말씀하신 것입니다.

"에고 에이미"라는 말속에는 두려움을 극복할 수 있는 원리가 포함 되어 있습니다. 천지만물을 지으시고 다스리시는 주님으로 말미암아

어떤 두려움도 충분히 극복할 수 있다는 것입니다. 예수님은 바람도 잔잔케 하시며 파도도 잠잠케 하시는 분입니다. 이제 우리는 세상을 두려워할 필요가 없습니다. 주님이 세상을 이기었기 때문입니다. 이제는 세상을 두려워할 것이 아니라 오직 하나님만 두려워하면 되는 것입니다.

6. 함께 기도하기

마무리하며 함께 기도합니다

하나님 아버지! 우리의 귀를 열어 주사 "내니 두려워하지 말라"고 말씀하시는 예수님의 음성을 듣게 하시고, 우리의 눈을 열어 주사 나와 함께하시는 예수님을 바라보게 하옵소서. 비록 삶에 고난과 역경의 폭풍우가 몰아친다고 할지라도 온 우주 만물을 다스리시는 주님을 믿음으로 끝까지 승리하게 하옵소서. 예수님의 이름으로 기도드립니다. 아멘.

7. 함께 축복하기

찬양하며 서로를 축복합니다

[사랑의 주님이]

오늘의 암송구절

마가복음 6:50

> 그들이 다 예수를 보고 놀람이라 이에 예수께서 곧 그들에게 말씀하여
> 이르시되 안심하라 내니 두려워하지 말라 하시고

우리집 가정예배 일지

일 시		참석자	
기도제목 · 응답내용			

그 아이에게서 나오라

009

1. 함께 찬양하기

찬송가 365장

〈 마음속에 근심 있는 사람 〉

1) 마음속에 근심 있는 사람 주 예수 앞에 다 아뢰어라
　슬픈 마음 있을 때에라도 주 예수께 아뢰라

2) 눈물 나며 깊은 한숨 쉴 때 주 예수 앞에 다 아뢰어라
　은밀한 죄 네게 있더라도 주 예수께 아뢰라

3) 괴로움과 두려움 있을 때 주 예수 앞에 다 아뢰어라
　내일 일을 염려하지 말고 주 예수께 아뢰라

4) 죽음 앞에 겁을 내는 자여 주 예수 앞에 다 아뢰어라
　하늘나라 바라보는 자여 주 예수께 아뢰라

후렴) 주 예수 앞에 다 아뢰어라 주 우리의 친구니
　무엇이나 근심하지 말고 주 예수께 아뢰라

2. 함께 본문 읽기

마가복음 9:22-29

(22) 귀신이 그를 죽이려고 불과 물에 자주 던졌나이다 그러나 무엇을
　하실 수 있거든 우리를 불쌍히 여기사 도와 주옵소서

(23) 예수께서 이르시되 할 수 있거든이 무슨 말이냐 믿는 자에게는 능

히 하지 못할 일이 없느니라 하시니

(24) 곧 그 아이의 아버지가 소리를 질러 이르되 내가 믿나이다 나의 믿음 없는 것을 도와 주소서 하더라

(25) 예수께서 무리가 달려와 모이는 것을 보시고 그 더러운 귀신을 꾸짖어 이르시되 말 못하고 못 듣는 귀신아 내가 네게 명하노니 그 아이에게서 나오고 다시 들어가지 말라 하시매

(26) 귀신이 소리 지르며 아이로 심히 경련을 일으키게 하고 나가니 그 아이가 죽은 것 같이 되어 많은 사람이 말하기를 죽었다 하나

(27) 예수께서 그 손을 잡아 일으키시니 이에 일어서니라

(28) 집에 들어가시매 제자들이 조용히 묻자오되 우리는 어찌하여 능히 그 귀신을 쫓아내지 못하였나이까

(29) 이르시되 기도 외에 다른 것으로는 이런 종류가 나갈 수 없느니라 하시니라

3. 함께 생각하기

인도자가 읽어줍니다

어떤 한 성도가 지옥에 관한 설교를 듣고 난 후에 설교하신 목사님에게 물었습니다.

"목사님, 자녀가 고통받고 있는데도 빤히 보고 구해 주지 않는 아버지가 있다면 그 아버지는 좋은 아버지입니까?"

목사님은 이렇게 대답하였습니다.

"그야 물론 좋은 아버지라 할 수 없습니다."

성도는 목사님의 대답에 이렇게 비판하였습니다.

"목사님께서는 지금 하나님을 그런 아버지로 취급하고 있습니다. 하

나님께서 권능을 가지셨음에도 그 자녀들을 구원하지 않고 지옥에 떨어뜨린다면 악한 아버지일 수밖에 없지 않습니까?"

이때 목사님은 대답하였습니다.

"성도님께서는 한 가지 오해하고 있습니다. 지옥에 있는 자녀들 중에서 하나님의 자녀는 한 사람도 없습니다. 지옥에 있는 자녀들은 모두 마귀의 자녀입니다. 하나님의 자녀들은 천국에 있거나 천국으로 가고 있는 사람들뿐입니다."

이 세상에는 하나님께 속한 자와 마귀에게 속한 자가 있습니다. 예수님 말씀대로 살기에 힘쓰며, 죄짓기를 두려워하는 사람들만이 하나님께 속한 사람들입니다. 하나님을 믿는다고 하면서도 죄짓는 것을 가볍게 여기고, 죄를 짓고도 거리낌이 없는 자들은 모두 마귀에게 속한 사람들입니다. 이 사실을 깊이 깨닫고 오직 믿음으로 죄를 멀리하며 하나님께만 속한 자들이 되시기를 간절히 소망합니다.

4. 함께 관찰하기 성경 본문을 보며 빈칸을 채웁니다

① 예수께서 이르시되 □ □ □□□이 무슨 말이냐 □□ □에게는 능히 하지 못할 일이 없느니라 하시니

② 곧 그 아이의 아버지가 소리를 질러 이르되 내가 □□□□ 나의 □□ 없는 것을 도와 주소서 하더라

③ 이르시되 □□ 외에 다른 것으로는 이런 종류가 나갈 수 없느니라 하시니라

5. 함께 나누기   질문에 따라 묵상한 내용을 나눕니다

① 지금 나의 삶을 진지하게 돌아보고 최근에 나를 강하게 사로잡고 있는 것은 무엇인지 서로 나누어 보며 나 자신을 점검해 봅시다.

② 믿는 자에게 능치 못함이 없다는 예수님의 말씀은 지금 나에게 어떤 도전을 주며, 어떤 믿음의 자세를 갖게 하는지 서로 나누어 봅시다.

오늘 말씀은 예수님께서 귀신들린 자를 치유해 주시는 사건입니다. 어떤 사람이 말을 못 하게 하는 귀신이 들린 아들을 데리고 왔는데, 그 귀신이 들어가 그를 잡으면 그 아들이 거꾸러져서 거품을 흘리며 이를 갈며 파리해졌다는 것입니다. 그래서 그 사람이 제자들에게 자기 아들의 귀신을 내쫓아 달라고 부탁하였는데, 제자들이 능히 이 일을 감당하지 못하였다는 것입니다. 예수님은 이 이야기를 들으시고 몇 가지 질문하신 후에 "할 수 있거든이 무슨 말이냐 믿는 자에게는 능히 하지 못할 일이 없느니라"(23절)고 말씀하시며, 그 아이에게서 귀신을 쫓아내 주시고 아이의 손을 잡아 일으켜 새 생명을 허락해 주셨습니다.

여기에 나오는 귀신은 불신자의 사후 영이나 원혼을 가리키는 것이 아니라, 애초부터 영적 존재인 악한 마귀 사탄의 졸개로서 사람들 가운데 들어와 역사하는 악한 영입니다. 그래서 귀신들이 하는 일을 살펴보면 인간을 미혹하여 진리를 거부하고 거짓 교훈에 집착하게 함으로써 하나님을 떠나게 만들고, 질병을 일으켜서 사람들을 괴롭히기도 하고, 도덕적 불결을 유발하여 인간에게 더러운 생각을 집어넣기도 합니다. 예수님께서 귀신 들린 자들에게서 귀신을 쫓아내 주신 것은 인간을 해

방시켜 하나님께 속한 자로 만들어주시는 메시아적 치유행위입니다.

특히 귀신들은 사람의 영혼과 육신을 장악하여 사로잡음으로써 사람들을 자기 마음대로 조종하기도 하는데, 이런 경우에 성경은 귀신들렸다고 표현하고 있습니다. 그래서 예수님의 축사 기적은 이 땅에 하나님의 나라를 실현하기 위해 오신 메시아로서 악한 세력들을 축출하시고 하나님의 나라를 이 땅 위에 확장하고 계심을 보여주는 것입니다. 그러므로 우리는 절대 악한 영들에게 사로잡히지(possesed) 말고, 오직 믿음으로 하나님께 붙잡힌 삶을 살아가야 하겠습니다.

6. 함께 기도하기　　마무리하며 함께 기도합니다

하나님 아버지! 우리의 믿음 없음을 용서해 주시고, 온전한 믿음으로 주님께 기도하며 나아가는 가정이 되길 소망합니다. 또한 "믿는 자에게는 능히 하지 못할 일이 없느니라" 말씀하시는 주님을 바라보게 하시고, 오직 믿음으로 하나님께 사로잡힌 우리 가정이 되게 역사하여 주시옵소서. 예수님의 이름으로 기도드립니다. 아멘.

7. 함께 축복하기　　찬양하며 서로를 축복합니다

[사랑의 주님이]

오늘의 암송구절

> 예수께서 이르시되 할 수 있거든이 무슨 말이냐 믿는 자에게는 능히 하지 못할 일이 없느니라 하시니

우리집 가정예배 일지

일 시		참석자	
기도제목 · 응답내용			

섬기는 자가 되라

010

1. 함께 찬양하기   찬송가 220장

〈 사랑하는 주님 앞에 〉

1) 사랑하는 주님 앞에 형제자매 한자리에
   크신 은혜 생각하며 즐거운 찬송 부르네
   내 주 예수 본을 받아 모든 사람 내 몸같이
   환난 근심 위로하고 진심으로 사랑하세
2) 사랑하는 주님 앞에 온갖 충성 다 바쳐서
   괴로우나 즐거우나 주님만 힘써 섬기네
   우리 주님 거룩한 손 제자들의 발을 씻어
   남 섬기는 종의 도를 몸소 행해 보이셨네 (아멘)

2. 함께 본문 읽기   마가복음 10:35-45

(35) 세베대의 아들 야고보와 요한이 주께 나아와 여짜오되 선생님이여 무엇이든지 우리가 구하는 바를 우리에게 하여 주시기를 원하옵나이다 (36) 이르시되 너희에게 무엇을 하여 주기를 원하느냐 (37) 여짜오되 주의 영광중에서 우리를 하나는 주의 우편에, 하나는 좌편에 앉게 하여 주옵소서 (38) 예수께서 이르시되 너희는 너희가 구하는 것을 알지 못하

는도다 내가 마시는 잔을 너희가 마실 수 있으며 내가 받는 세례를 너희가 받을 수 있느냐 (39) 그들이 말하되 할 수 있나이다 예수께서 이르시되 너희는 내가 마시는 잔을 마시며 내가 받는 세례를 받으려니와 (40) 내 좌우편에 앉는 것은 내가 줄 것이 아니라 누구를 위하여 준비되었든지 그들이 얻을 것이니라 (41) 열 제자가 듣고 야고보와 요한에 대하여 화를 내거늘 (42) 예수께서 불러다가 이르시되 이방인의 집권자들이 그들을 임의로 주관하고 그 고관들이 그들에게 권세를 부리는 줄을 너희가 알거니와 (43) 너희 중에는 그렇지 않을지니 너희 중에 누구든지 크고자 하는 자는 너희를 섬기는 자가 되고 (44) 너희 중에 누구든지 으뜸이 되고자 하는 자는 모든 사람의 종이 되어야 하리라 (45) 인자가 온 것은 섬김을 받으려 함이 아니라 도리어 섬기려 하고 자기 목숨을 많은 사람의 대속물로 주려 함이니라

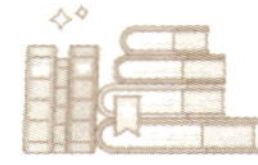

3. 함께 생각하기 인도자가 읽어줍니다

한 여인이 말을 타고 전라도 일대를 한 달여간 순회한 뒤에 이런 글을 남겼습니다.

"이번에 만난 여성 500명 중 이름이 있는 사람은 열 명뿐입니다. 1921년 조선의 여성들은 큰 년이, 작은 년이, 개똥 어멈으로 불립니다. 이들에게 이름을 지어주고 글을 가르쳐 주는 것이 저의 가장 큰 기쁨입니다."

이 여인은 간호 선교사로 조선에 발을 내디딘 엘리자베스 쉐핑(Elisabeth Johanna Shepping)이며, 한국 이름은 서서평입니다.

서서평 선교사는 일제 강점기 시대에 의료혜택을 받지 못하였던 지역을 중심으로 미혼모, 고아, 한센인, 노숙인 등 가난하고 병약한 많은 사람을 보살폈습니다. 그렇게 데려다 키운 아이가 14명이고, 아이를 낳지 못해 쫓겨나거나 오갈 곳 없는 여인 38명도 거두어 보살펴 주었습니다. 그렇게 22년간 조선에서 선교사역을 감당하다가 하나님의 부르심을 받았고, 그의 장례 행렬을 뒤따르던 천여 명은 통곡하며 한목소리로 "어머니! 어머니!"를 외쳤습니다. 그로부터 80년이 지난 현재 그의 묘비에는 이런 글귀가 적혀 있습니다.

"성공이 아니라, 섬김이다! (Not Success, But serve!)"

하나님께서 가장 귀중하게 여기시는 삶의 자세는 다른 사람보다 더 높아지려고 하는 성공이 아니라 낮아지려고 하는 섬김입니다. 이 사실을 기억하면서 예수님처럼 섬김의 삶을 살아가는 성도들이 되시길 바랍니다.

4. 함께 관찰하기 성경 본문을 보며 빈칸을 채웁니다

① 여짜오되 주의 ☐☐ 중에서 우리를 하나는 주의 ☐☐에, 하나는 ☐☐에 앉게 하여 주옵소서

② 너희 중에는 그렇지 않을지니 너희 중에 누구든지 ☐☐☐ 하는 자는 너희를 ☐☐☐ 자가 되고 너희 중에 누구든지 ☐☐ 이 되고자 하는 자는 모든 사람의 ☐ 이 되어야 하리라

③ ☐☐가 온 것은 ☐☐을 받으려 함이 아니라 도리어 섬기려 하고 자기 ☐☐을 많은 사람의 ☐☐☐로 주려 함이니라

① 최근에 예수님처럼 이웃을 섬김으로 인하여 큰 기쁨과 보람을 느꼈던 경험에 대하여 서로 나누어 봅시다.

② 섬김을 위하여 이 땅에 오신 예수님의 모습을 본받아서 앞으로 어떻게 섬김을 실천할 수 있을지 함께 나누어 봅시다.

예루살렘으로 올라가는 길에 갑자기 세베대의 아들 야고보와 요한 두 형제가 예수님께 나아와 주님께서 예루살렘에 올라가시면 우리를 하나는 주의 우편에 하나는 좌편에 앉게 해 달라고 청탁했습니다. 그때 예수님은 안타까운 심정으로 "너희는 너희가 구하는 것을 알지 못하는도다. 내가 마시는 잔을 너희가 마실 수 있으며, 내가 받는 세례를 너희가 받을 수 있느냐?"(38절)고 말씀하셨으나, 영광에 취해 있는 두 제자는 아무런 고민 없이 할 수 있다고 대답하였습니다. 이것을 보고 나머지 열 제자가 화를 냈는데, 이것은 그들도 같은 생각을 갖고 있었다는 뜻입니다. 예루살렘으로 올라가는 길에 제자들은 완전히 영광에 취해 있었습니다.

하지만 예루살렘으로 올라가는 길은 십자가를 지러 가는 길입니다. 예수님께서 인류의 죄를 짊어지고 대속의 죽음을 위해 올라가는 길입니다. 우리를 용서하고 구원하기 위해서는 그 길밖에 없었기 때문입니다. 그러므로 십자가의 길은 섬김의 길이요, 사랑의 길이요, 희생의 길이요, 결국은 죽을 수밖에 없는 길이었습니다.

이와 같은 길을 전혀 이해하지 못하고 있는 제자들에게 예수님은 이

제 이 길의 의미와 어떻게 살고 어떻게 사역해야 하는지에 대해 '섬김'을 교훈해 주셨습니다. "① 너희 중에 누구든지 크고자 하는 자는 너희를 섬기는 자가 되고(43절), ② 너희 중에 누구든지 으뜸이 되고자 하는 자는 모든 사람의 종이 되어야 하리라(44절), ③ 인자가 온 것은 섬김을 받으려 함이 아니라 도리어 섬기려 하고 자기 목숨을 많은 사람의 대속물로 주려 함이니라(45절)." 예수님의 삶 전체를 가장 잘 아우르는 표현은 바로 섬김입니다. 주님의 모습을 본받아 섬김의 삶을 사는 성도들이 되시기 바랍니다. 우리는 섬기기 위해 구원받았습니다(Saved to serve).

6. 함께 기도하기 마무리하며 함께 기도합니다

하나님 아버지! 오늘 말씀을 마음 깊이 새기며 우리가 세상에서 가장 크고자 하는 성공의 삶이 아니라 예수님처럼 낮아지는 섬김의 삶을 살 수 있도록 인도하여 주시옵소서. 이러한 섬김의 삶을 통해 하나님을 기쁘시게 하며 이웃에게는 선한 영향력을 끼치는 저희들이 되게 하여 주시옵소서. 예수님의 이름으로 기도드립니다. 아멘.

7. 함께 축복하기 찬양하며 서로를 축복합니다

[사랑의 주님이]

오늘의 암송구절

인자가 온 것은 섬김을 받으려 함이 아니라 도리어 섬기려 하고 자기 목숨을 많은 사람의 대속물로 주려 함이니라

우리집 가정예배 일지

일 시		참석자	
기도제목 · 응답내용			

누가 이웃이 되겠느냐

011

1. 함께 찬양하기
찬송가 421장

〈 내가 예수 믿고서 〉

1) 내가 예수 믿고서 죄사함 받아 나의 모든 것 다 변했네
   지금 내가 가는 길 천국 길이요 주의 피로 내 죄가 씻겼네
2) 주님 밝은 빛 되사 어둠 헤치니 나의 모든 것 다 변했네
   지금 내가 주 앞에 온전케 됨은 주의 공로를 의지함일세
3) 내게 성령 임하고 그 크신 사랑 나의 맘에 가득 채우며
   모든 공포 내게서 물리치시니 내 맘 항상 주 안에 있겠네
후렴) 나의 모든 것 변하고 그 피로 구속받았네
   하나님은 나의 구원되시오니 내게 정죄함 없겠네

2. 함께 본문 읽기
누가복음 10:29-37

(29) 그 사람이 자기를 옳게 보이려고 예수께 여짜오되 그러면 내 이웃
이 누구니이까

(30) 예수께서 대답하여 이르시되 어떤 사람이 예루살렘에서 여리고로
내려가다가 강도를 만나매 강도들이 그 옷을 벗기고 때려 거의 죽
은 것을 버리고 갔더라

(31) 마침 한 제사장이 그 길로 내려가다가 그를 보고 피하여 지나가고

(32) 또 이와 같이 한 레위인도 그 곳에 이르러 그를 보고 피하여 지나가되

(33) 어떤 사마리아 사람은 여행하는 중 거기 이르러 그를 보고 불쌍히 여겨

(34) 가까이 가서 기름과 포도주를 그 상처에 붓고 싸매고 자기 짐승에 태워 주막으로 데리고 가서 돌보아 주니라

(35) 그 이튿날 그가 주막 주인에게 데나리온 둘을 내어 주며 이르되 이 사람을 돌보아 주라 비용이 더 들면 내가 돌아올 때에 갚으리라 하였으니

(36) 네 생각에는 이 세 사람 중에 누가 강도 만난 자의 이웃이 되겠느냐

(37) 이르되 자비를 베푼 자니이다 예수께서 이르시되 가서 너도 이와 같이 하라 하시니라

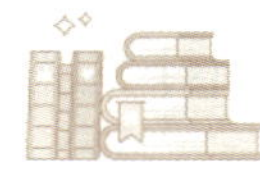

3. 함께 생각하기　　　　　인도자가 읽어줍니다

　　영국의 경험주의 철학자인 프란시스 베이컨(1561~1626)은 사람을 곤충으로 비유하여 세상에는 3가지 유형의 사람이 있다고 하였습니다. 거미형, 개미형, 꿀벌형의 사람입니다.

　　먼저 거미형의 사람입니다. 거미는 거미줄을 쳐 놓고 숨어있다가 다른 곤충이 거미줄에 걸려 꼼짝 못하게 되면 그때 내려와 거미줄로 칭칭 감아 자기 양식으로 삼습니다. 베이컨은 이런 사람을 가리켜 다른 사람의 피를 빨아먹는 이기적인 자들이라 하였습니다. 강도와 같은 사람입니다.

　　둘째로 개미형의 사람입니다. 개미형의 사람은 있어도 좋고 없어도

좋을 사람, 있으나 마나 한 사람을 가리킨다고 하였습니다. 개미는 부지런하고 단결심도 강하지만 어디까지나 자기들끼리만 뭉친다는 특징을 가지고 있습니다. 따라서 베이컨은 개미와 같은 사람을 개인주의자들이라 지적했습니다. 바로 제사장과 레위인과 같은 사람입니다.

세 번째로 꿀벌형의 사람입니다. 베이컨은 꿀벌형의 사람은 꼭 필요한 사람이라 강조하였습니다. 꿀벌은 조직력도 강하고 부지런합니다. 열심히 꿀을 만들어 자기들도 먹지만 대부분 도움을 주는 삶을 산다는 것입니다. 이런 사람을 가리켜 이타주의 인간이며 사회 곳곳에 이러한 꿀벌형의 사람이 꼭 필요하다고 이야기하였습니다. 바로 이 꿀벌형의 사람이 선한 사마리아인과 같은 사람입니다. 이제부터 참 따뜻하고 친절하며 사랑 가득한 삶을 살아야 하겠습니다.

4. 함께 관찰하기　성경 본문을 보며 빈칸을 채웁니다

① 마침 한 □□□이 그 길로 내려가다가 그를 보고 피하여 지나가고 또 이와 같이 한 □□□도 그 곳에 이르러 그를 보고 피하여 지나가되

② 어떤 □□□□ 사람은 여행하는 중 거기 이르러 그를 보고 불쌍히 여겨 □□□ 가서 기름과 포도주를 그 □□에 붓고 싸매고 자기 짐승에 태워 주막으로 데리고 가서 □□□ 주니라

③ 네 생각에는 이 세 사람 중에 누가 강도 만난 자의 □□이 되겠느냐

① 어려움을 당한 이웃을 도와주었거나, 선행을 베푼 경험을 떠올려 보고 그때의 느낌이 어떠하였는지 서로 나누어 봅시다.

② 예수님의 비유 속에 등장하는 네 종류의 사람을 살펴보고 우리가 어떤 유형의 사람으로 살아가야 할지 함께 나누어 봅시다.

어떤 사람이 예루살렘에서 여리고로 내려가다가 무서운 강도를 만났습니다. 그 강도들은 흉포하게도 그 행인의 옷을 벗기고 때려서 거의 죽여 놓고 달아났습니다. 그런데 마침 그때 한 제사장이 그 죽어가는 행인을 보았지만 그냥 지나쳐버리고 말았습니다. 조금 후에는 레위인이 또 그 강도 만난 현장을 보았지만 피하여 그냥 지나쳐버리고 말았습니다. 또 얼마 후 한 사람이 지나가게 되었는데 그는 사마리아 사람이었습니다. 하지만 사마리아 사람은 그를 보고 불쌍히 여겨 치료해주고 주막으로 데려가 끝까지 잘 보살펴 주었습니다.

예수님께서 들려주신 비유 속에는 네 종류의 등장인물이 나타나는데, 이 모습들 속에 우리의 모습을 비추어 보고 어떤 삶을 살아야 할지 결단해야 합니다. 첫째로 등장하는 한 여행자는 위험한 길을 아무런 안전장치도 없이 혼자 여행하는 참 어리석고 무모한 사람입니다. 둘째로 등장하는 강도는 다른 사람이 온갖 노력을 다해 이루어 놓은 것을 단 한순간에 자기 것으로 만들어 버리는 악한 불한당(不漢黨)입니다. 셋째로 등장하는 제사장과 레위인은 성직을 감당하며 하나님의 뜻을 이루어야 할 사람들이지만 사랑의 요구보다 의식의 요구를 더 우선시하는

이율배반적인 사람들입니다. 넷째로 등장하는 사마리아 사람은 우리에게 큰 감동을 주는 진정한 이웃이며, 하나님 사랑의 실천자입니다.

사마리아 사람은 타인의 아픔과 고난을 보고 사랑을 실천하였습니다. 그는 고난의 현장을 외면하지 않았습니다. 주막까지 데려가 돌보아 주고, 주인에게 신신당부하며 자신의 물질까지 기꺼이 희생하였습니다. 이 비유를 들려주신 예수님은 지금 우리에게 질문하고 계십니다.

"누가 강도 만난 자의 이웃이 되겠느냐?"

6. 함께 기도하기　　마무리하며 함께 기도합니다

사랑의 하나님 아버지! 오늘 말씀을 기억하며 선한 사마리아인의 삶을 살아가길 원합니다. 하나님께서 우리를 사랑하셨던 것처럼 우리도 이웃을 사랑할 수 있는 넉넉한 마음을 갖게 하여 주시옵소서. 그래서 우리를 통하여 세상이 그리스도를 보도록 사랑을 베풀며 살아가는 가정이 되게 하여 주시옵소서. 예수님의 이름으로 기도드립니다. 아멘.

7. 함께 축복하기　　찬양하며 서로를 축복합니다

「 사랑의 주님이 」

오늘의 암송구절

어떤 사마리아 사람은 여행하는 중 거기 이르러 그를 보고 불쌍히 여겨 가까이 가서 기름과 포도주를 그 상처에 붓고 싸매고 자기 짐승에 태워 주막으로 데리고 가서 돌보아 주니라

우리집 가정예배 일지

일 시	참석자
기도제목 · 응답내용	

누구의 것이 되겠느냐

012

1. 함께 찬양하기
찬송가 50장

〈 내게 있는 모든 것을 〉

1) 내게 있는 모든 것을 아낌없이 드리네
　사랑하고 의지하며 주만 따라 살리라
2) 내게 있는 모든 것을 겸손하게 드리네
　세상 욕심 멀리하니 나를 받아 주소서
3) 내게 있는 모든 것을 주를 위해 드리네
　주의 성령 충만하게 내게 내려 주소서
후렴) 주께 드리네 주께 드리네
　사랑하는 구주 앞에 모두 드리네

2. 함께 본문 읽기
누가복음 12:13-21

(13) 무리 중에 한 사람이 이르되 선생님 내 형을 명하여 유산을 나와 나
　누게 하소서 하니

(14) 이르시되 이 사람아 누가 나를 너희의 재판장이나 물건 나누는 자
　로 세웠느냐 하시고

(15) 그들에게 이르시되 삼가 모든 탐심을 물리치라 사람의 생명이 그

소유의 넉넉한 데 있지 아니하니라 하시고

(16) 또 비유로 그들에게 말하여 이르시되 한 부자가 그 밭에 소출이 풍성하매

(17) 심중에 생각하여 이르되 내가 곡식 쌓아 둘 곳이 없으니 어찌할까 하고

(18) 또 이르되 내가 이렇게 하리라 내 곳간을 헐고 더 크게 짓고 내 모든 곡식과 물건을 거기 쌓아 두리라

(19) 또 내가 내 영혼에게 이르되 영혼아 여러 해 쓸 물건을 많이 쌓아 두었으니 평안히 쉬고 먹고 마시고 즐거워하자 하리라 하되

(20) 하나님은 이르시되 어리석은 자여 오늘 밤에 네 영혼을 도로 찾으리니 그러면 네 준비한 것이 누구의 것이 되겠느냐 하셨으니

(21) 자기를 위하여 재물을 쌓아 두고 하나님께 대하여 부요하지 못한 자가 이와 같으니라

 3. 함께 생각하기　　　　　　인도자가 읽어줍니다

　아프리카의 칼라하리 사막에는 스프링벅이라는 산양이 살고 있습니다. 이 동물들은 수백 마리씩 몰려다니며 초원에서 풀을 뜯어 먹는데 앞쪽의 산양들이 풀을 먹고 지나가면 뒤에 따라오는 산양들은 풀이 부족하여 먹지 못합니다. 그래서 뒤쪽의 산양들이 자꾸만 앞으로 나오려 하고, 앞에 가던 양들은 자기의 자리를 뺏기지 않으려고 점차 발걸음이 빨라집니다. 이런 중에 선두의 한 마리가 달리기 시작하면 그들은 일제히 초원을 질주합니다. 뒤에서 뛰는 산양들은 왜 뛰는지도 모른 채 맹목적으로 속도를 냅니다. 그러다가 갑자기 눈앞에 절벽이 나타나면 앞

에서 달리는 스프링벅은 속도를 줄이지 못합니다. 뒤에서 질주하는 동물들에 밀려서 계속 앞으로 달릴 수밖에 없는 것입니다. 이렇게 스프링벅은 가끔 모두가 절벽에서 집단으로 떨어져서 죽는다는 것입니다.

스프링벅의 모습은 오늘날 현대인의 모습을 잘 보여주고 있습니다. 오늘 우리도 역시 스프링벅과 같이 아주 맹목적으로 욕심과 탐심에 절어서 절망과 죽음을 향하여 치닫고 있는 것은 아닙니까? 이웃이 이것을 사니 나도 사고, 이웃이 저것을 하니 나도 꼭 해야 합니다. 자신이 어디서 와서, 무엇 때문에 살고, 어디로 가는지도 모르면서 그저 '무한질주의 인생'을 살아갑니다.

세상은 지금 욕심의 무한질주 경쟁을 벌이고 있습니다. 그리고 결국에는 절벽으로 추락하는 비극을 맞이하고 있습니다. 과속인생은 사고가 날 수밖에 없습니다. 예수님의 말씀처럼 삼가 모든 탐심을 물리쳐야 합니다.

4. 함께 관찰하기 성경 본문을 보며 빈칸을 채웁니다

① 그들에게 이르시되 삼가 모든 ☐☐을 물리치라 사람의 생명이 그 ☐☐의 넉넉한 데 있지 아니하니라 하시고

② 또 내가 내 ☐☐에게 이르되 ☐☐아 여러 해 쓸 물건을 많이 ☐☐ 두었으니 ☐☐☐ 쉬고 먹고 마시고 즐거워하자 하리라 하되

③ 하나님은 이르시되 ☐☐☐☐ 자여 오늘 밤에 네 ☐☐을 도로 찾으리니 그러면 네 ☐☐한 것이 누구의 것이 되겠느냐 하셨으니

5. 함께 나누기 질문에 따라 묵상한 내용을 나눕니다

① 현재 나의 삶 속에서 만족을 누리지 못하고 지나치게 욕심을 부리는 것에는 어떤 것이 있는지 함께 나누어 봅시다.

② 편리함과 평안함, 이 두 단어는 어떠한 차이가 있는지 생각해 보고 평안한 삶을 위하여 어떻게 해야 할지 서로 나누어 봅시다.

어느 가정에 형제간에 재산 분쟁이 일어났습니다. 그중에 동생이 예수님을 찾아와 "선생님, 내 형을 명하여 유산을 나와 나누게 하소서"라고 요청하였을 때 예수님은 "이 사람아 누가 나를 너희의 재판장이나 물건 나누는 자로 세웠느냐"라고 대답하십니다. 나를 사사로운 재산 분쟁의 해결자로 생각하지 말라는 말씀입니다.

이어서 주님은 우리 삶에서 참 중요한 재물관에 대해서 말씀을 전해 주셨습니다. "삼가 모든 탐심을 물리치라 사람의 생명이 그 소유의 넉넉한 데 있지 아니하니라"(15절). 주님은 탐심을 경계하라고 하셨습니다. 그 이유는 사람의 생명이 소유의 넉넉함에 있지 않기 때문입니다. 재물이 많다고 결코 행복해지지 않는다는 말씀입니다. 재물이 많으면 편리할지는 모르지만, 평안까지 살 수는 없는 것입니다.

또한 주님은 한 비유를 말씀하셨습니다. 한 부자가 농사를 지어 큰 소출을 얻게 되었습니다. 그래서 더 큰 곳간을 짓고, 몇 해 동안 쓸 물건을 쌓아 두고, 평안히 쉬고, 먹고 마시고, 즐기면서 살아갈 계획을 세웁니다. 그때 주님은 말씀하셨습니다. "어리석은 자여 오늘 밤에 네 영혼을 도로 찾으리니 그러면 네 준비한 것이 누구의 것이 되겠느냐"(20

절). 그리고 이 비유 끝에 "자기를 위하여 재물을 쌓아 두고 하나님께 대하여 부요하지 못한 자가 이와 같으니라"(21절)고 말씀하셨습니다.

예수님은 하나님과 재물을 겸하여 섬길 수 없다(마 6:24)고 말씀하십니다. 돈과 재물에 대한 욕심에 빠지게 되면 맘모니즘의 물신을 섬기게 되기 때문입니다. 탐욕은 사람을 쉬지 못하게 만듭니다. 탐심은 사람들의 마음에서 평안을 빼앗아 갑니다. 그래서 욕심의 결국은 죄와 죽음입니다. 탐욕으로 인한 무한질주의 인생을 그치고, 감사하며 사랑하며 살아가는 성도들이 되시기 바랍니다.

6. 함께 기도하기
마무리하며 함께 기도합니다

사랑의 하나님 아버지! 우리 가정이 올바른 재물관을 가질 수 있도록 도와주시고, 우리의 행복이 소유의 넉넉함에 있지 아니함을 기억하게 하여 주시옵소서. 만족할 줄 모르는 세상 속에서 삼가 모든 탐심을 물리치며 내게 허락하신 것에 자족하며 감사할 줄 아는 우리 가정이 되게 하여 주시옵소서. 예수님의 이름으로 기도드립니다. 아멘.

7. 함께 축복하기
찬양하며 서로를 축복합니다

「 사랑의 주님이 」

오늘의 암송구절

누가복음 12:20

하나님이 이르시되 어리석은 자여 오늘 밤에 네 영혼을 도로 찾으리니 그러면 네 준비한 것이 누구의 것이 되겠느냐 하셨으니

우리집 가정예배 일지

일 시	참석자
기도제목 • 응답내용	

잃었다가 다시 얻었노라

013

1. 함께 찬양하기

찬송가 305장

〈 나 같은 죄인 살리신 〉

1) 나 같은 죄인 살리신 주 은혜 놀라워
   잃었던 생명 찾았고 광명을 얻었네
2) 큰 죄악에서 건지신 주 은혜 고마워
   나 처음 믿은 그 시간 귀하고 귀하다
3) 이제껏 내가 산 것도 주님의 은혜라
   또 나를 장차 본향에 인도해주시리
4) 거기서 우리 영원히 주님의 은혜로
   해처럼 밝게 살면서 주 찬양 하리라 (아멘)

2. 함께 본문 읽기

누가복음 15:11-24

(11) 또 이르시되 어떤 사람에게 두 아들이 있는데 (12) 그 둘째가 아버지에게 말하되 아버지여 재산 중에서 내게 돌아올 분깃을 내게 주소서 하는지라 아버지가 그 살림을 각각 나눠 주었더니 (13) 그 후 며칠이 안 되어 둘째 아들이 재물을 다 모아 가지고 먼 나라에 가 거기서 허랑방탕하여 그 재산을 낭비하더니 (14) 다 없앤 후 그 나라에 크게 흉년이 들어

그가 비로소 궁핍한지라 (15) 가서 그 나라 백성 중 한 사람에게 붙여 사니 그가 그를 들로 보내어 돼지를 치게 하였는데 (16) 그가 돼지 먹는 쥐엄 열매로 배를 채우고자 하되 주는 자가 없는지라 (17) 이에 스스로 돌이켜 이르되 내 아버지에게는 양식이 풍족한 품꾼이 얼마나 많은가 나는 여기서 주려 죽는구나 (18) 내가 일어나 아버지께 가서 이르기를 아버지 내가 하늘과 아버지께 죄를 지었사오니 (19) 지금부터는 아버지의 아들이라 일컬음을 감당하지 못하겠나이다 나를 품꾼의 하나로 보소서 하리라 하고 (20) 이에 일어나서 아버지께로 돌아가니라 아직도 거리가 먼데 아버지가 그를 보고 측은히 여겨 달려가 목을 안고 입을 맞추니 (21) 아들이 이르되 아버지 내가 하늘과 아버지께 죄를 지었사오니 지금부터는 아버지의 아들이라 일컬음을 감당하지 못하겠나이다 하나 (22) 아버지는 종들에게 이르되 제일 좋은 옷을 내어다가 입히고 손에 가락지를 끼우고 발에 신을 신기라 (23) 그리고 살진 송아지를 끌어다가 잡으라 우리가 먹고 즐기자 (24) 이 내 아들은 죽었다가 다시 살아났으며 내가 잃었다가 다시 얻었노라 하니 그들이 즐거워하더라

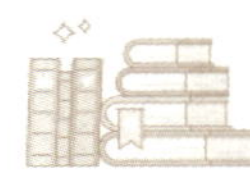

3. 함께 생각하기

인도자가 읽어줍니다

빛의 마술사라고 불리는 렘브란트는 17세기 바로크 시대 미술의 거장이었습니다. 사람들은 그를 표현의 새로운 영역을 발견한 그림의 천재라고 불렀고, 미술의 모든 역사를 통틀어서 그림을 가장 잘 그리는 사람으로 인정하고 있습니다. 그러나 그의 삶은 결코 성공적이지 못하였습니다.

젊은 날의 렘브란트는 아주 괴팍한 성격으로 다른 사람에게 불편을 많이 주었고, 지극히 세속적이고 향락적인 삶을 살았습니다. 그는 건방짐, 음탕함, 사치심, 자만심 그리고 방랑벽 등을 간직한 채 명성과 부귀와 욕정을 구하며 자기 인생을 살았습니다. 그는 마침내 엄청난 부자가 되어서 참 즐거운 인생을 사는 듯이 보였습니다. 그러나 인생 말년에는 사랑하는 자녀 넷과 아내를 모두 사별하고 홀몸이 되었습니다. 가지고 있던 재산을 모두 탕진하고 법원으로부터 파산 선고를 받게 되었습니다. 그리하여 극빈자 중에 극빈자가 되어서 1669년에 생을 마감하였습니다.

렘브란트가 자기의 인생을 마치던 해에 그렸던 그림이 있습니다. 바로 〈탕자의 귀향〉입니다. 그는 이 그림에서 돌아온 둘째 아들의 얼굴을 자신의 얼굴로 묘사하였습니다. 뒤늦게 성공과 쾌락이 모두 부질없음을 깨닫게 된 것입니다. 비록 불행한 삶을 살았지만, 그는 탕자의 비유 속에 아버지의 모습에서 안식과 평강을 얻었고, 마침내 자신이 돌아갈 영적 고향인 하나님의 품으로 돌아가게 되었던 것입니다.

4. 함께 관찰하기 성경 본문을 보며 빈칸을 채웁니다

① 지금부터는 아버지의 ☐☐이라 일컬음을 감당하지 못하겠나이다 나를 ☐☐의 하나로 보소서 하리라 하고

② 아직도 ☐☐☐ ☐☐ 아버지가 그를 보고 ☐☐☐ 여겨 달려가 ☐을 안고 입을 맞추니

③ 이 내 아들은 ☐☐다가 다시 ☐☐났으며 내가 ☐☐다가 다시 ☐☐노라 하니 그들이 ☐☐☐하더라

① 예수님의 비유 속에 등장하는 여러 인물들의 마음 상태에 대해 생각해 보고, 어떤 말을 해주고 싶은지 서로 나누어 봅시다.

② 탕자의 비유는 우리가 아버지처럼 되는 것을 강조하고 있습니다. 아버지처럼 된다는 것은 무엇을 의미하는 말인지 나누어 봅시다.

오늘 비유에는 세 인물이 등장하고 있습니다. 첫 번째 인물은 집 나간 작은 아들입니다. 작은아들은 당돌하게도 아버지가 죽으면 돌아올 재산의 분깃을 미리 달라고 요청하였습니다. 며칠 뒤에 그는 먼 나라로 가서 재산을 다 허비하며 방탕한 삶을 살았습니다. 재산을 다 허비하고 나서야 그는 큰 뉘우침을 가지고 아버지의 집으로 다시 돌아가리라 결심하였습니다.

두 번째 인물은 집 안에 남아있는 큰아들입니다. 그가 열심을 다해 일을 마치고 집으로 돌아왔을 때 어떤 잔치가 벌어지고 있었습니다. 이 잔치가 동생을 위한 잔치라는 것을 알았을 때 깊은 분노가 일어났습니다. 동생을 가리켜 아버지의 살림을 창녀들과 함께 삼켜버린 아들이라고 정죄하였습니다. 집 나간 아들만 탕자인 줄 알았는데, 큰아들도 탕자였습니다.

세 번째 인물은 아버지입니다. 아버지는 집으로 돌아오는 작은 아들을 불쌍히 여기며 달려가서 목을 끌어안고 입을 맞추었습니다. 한편 아버지는 동생 때문에 깊은 소외감을 느끼고, 그 동생을 정죄하며 분노에 떨고 있었던 큰아들에게도 자상한 모습으로 다가가서 달래주었습니다.

우리는 비유 속 아버지의 모습을 통하여 하나님의 한없는 자비와 용서, 그리고 따뜻한 사랑을 느낄 수 있습니다. 우리도 집 밖의 탕자가 되어 세상을 동경하며 살았습니다. 집 안의 탕자가 되어 잘 믿는다고 하면서 그렇지 못한 사람을 정죄하며 분노하는 삶을 살았습니다. 이제 우리는 오직 아버지께로 돌아가야 합니다. 아버지처럼 자비와 사랑의 삶을 살아갑시다.

6. 함께 기도하기　　　마무리하며 함께 기도합니다

하나님 아버지! 내가 집 나간 탕자인 작은 아들이었고, 집 안에 탕자인 큰아들이었음을 고백합니다. 이제 두 손 들고 아버지의 품으로 돌아가오니 우리를 맞아주시고 용서하여 주옵소서. 또한 우리 가정이 아버지를 닮아 용서하고, 사랑하고, 사람을 세울 줄 아는 사람들이 되도록 역사하여 주시옵소서. 예수님의 이름으로 기도드립니다. 아멘

7. 함께 축복하기　　　찬양하며 서로를 축복합니다

「 형제의 모습 속에 보이는 」

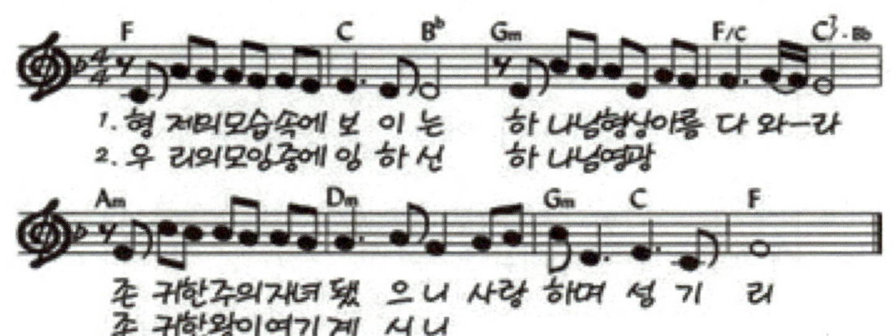

오늘의 암송구절

이 내 아들은 죽었다가 다시 살아났으며 내가 잃었다가 다시 얻었노라 하니 그들이 즐거워하더라

우리집 가정예배 일지

일 시	참석자
기도제목 · 응답내용	

>> 삭개오의 회심 [눅 19:1~10]

잃어버린 자를 구원하려 함이라

014

1. 함께 찬양하기
찬송가 310장

〈 아 하나님의 은혜로 〉

1) 아 하나님의 은혜로 이 쓸데없는 자

   왜 구속하여 주는지 난 알 수 없도다

2) 왜 내게 굳센 믿음과 또 복음 주셔서

   내 맘이 항상 편한지 난 알 수 없도다

3) 왜 내게 성령 주셔서 내 마음 감동해

   주 예수 믿게 하는지 난 알 수 없도다

후렴) 내가 믿고 또 의지함은 내 모든 형편 아시는 주님

   늘 보호해 주실 것을 나는 확실히 아네

2. 함께 본문 읽기
누가복음 191-10

(1) 예수께서 여리고로 들어가 지나가시더라

(2) 삭개오라 이름하는 자가 있으니 세리장이요 또한 부자라

(3) 그가 예수께서 어떠한 사람인가 하여 보고자 하되 키가 작고 사람이

   많아 할 수 없어

(4) 앞으로 달려가서 보기 위하여 돌무화과나무에 올라가니 이는 예수

께서 그리로 지나가시게 됨이러라

(5) 예수께서 그 곳에 이르사 쳐다 보시고 이르시되 삭개오야 속히 내려
오라 내가 오늘 네 집에 유하여야 하겠다 하시니

(6) 급히 내려와 즐거워하며 영접하거늘

(7) 뭇 사람이 보고 수군거려 이르되 저가 죄인의 집에 유하러 들어갔도
다 하더라

(8) 삭개오가 서서 주께 여짜오되 주여 보시옵소서 내 소유의 절반을 가
난한 자들에게 주겠사오며 만일 누구의 것을 속여 빼앗은 일이 있으
면 네 갑절이나 갚겠나이다

(9) 예수께서 이르시되 오늘 구원이 이 집에 이르렀으니 이 사람도 아브
라함의 자손임이로다

(10) 인자가 온 것은 잃어버린 자를 찾아 구원하려 함이니라

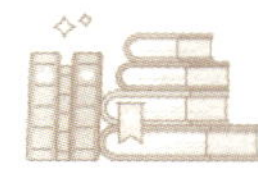

3. 함께 생각하기

인도자가 읽어줍니다

헌트라는 사람이 있었는데 그에게는 사랑하는 여인이 있었습니다.
하지만 여인의 아버지는 헌트가 가난하다는 이유로 결혼을 반대하였습
니다. 그래도 헌트가 포기하지 않자 그를 떼어놓을 생각으로 다음의 조
건을 내놓았습니다. "열흘 안에 자네가 정당한 수단으로 만 달러를 벌
어오면 결혼을 허락하겠네." 그런 큰돈이 없는 헌트는 눈앞이 캄캄하
였습니다.

그러던 어느 날 그는 자신의 발명품을 떠올렸습니다. 큰 행사가 있을
때마다 가슴에 꽃을 꽂았는데 일자형 핀으로 꽃을 꽂으면 번번이 떨어
지곤 하였습니다. 곰곰이 생각하던 그는 철사를 구부린 모양의 핀을 생

각하였고, 그것이 클립의 원형이었습니다.

헌트는 재빨리 꽃집으로 달려가 자신의 발명품을 보여주며 만 달러에 사달라고 하였습니다. 꽃집 주인은 말하였습니다. "지금 오천 달러를 받고 앞으로 판매액의 3퍼센트를 받는 것이 어떻겠어요? 내 말대로 한다면 분명히 큰 부자가 될 겁니다."

그러자 헌트는 "아닙니다. 한꺼번에 만 달러를 주십시오"라고 말하였습니다. 당장 만 달러가 없으면 그녀와 결혼할 수 없었기 때문입니다. 그는 결국 돈 보다 사랑하는 여인을 선택해서 결혼하였습니다.

헌트가 발명한 핀은 세계로 퍼졌고 꽃집 주인은 큰 부자가 되었습니다. 훗날 헌트의 아내는 이 사실을 알게 되었고 헌트의 경솔함을 나무랐습니다. 하지만 헌트는 이렇게 말하였습니다. "나는 비록 부자는 못 되었지만 그 누구보다도 행복해. 돈 대신 사랑하는 당신을 얻었으니까."

우리는 가장 소중한 것을 얻기 위하여 다른 것을 포기할 수 있는 지혜가 필요합니다.

4. 함께 관찰하기   성경 본문을 보며 빈칸을 채웁니다

① ☐☐☐라 이름하는 자가 있으니 ☐☐☐이요 또한 ☐☐라

② ☐☐☐가 서서 주께 여짜오되 주여 보시옵소서 내 ☐☐의 ☐☐을 가난한 자들에게 주겠사오며 만일 누구의 것을 속여 빼앗은 일이 있으면 ☐☐☐이나 갚겠나이다

③ ☐☐가 온 것은 ☐☐☐☐☐ ☐를 찾아 ☐☐하려 함이니라

5. 함께 나누기 질문에 따라 묵상한 내용을 나눕니다

① 나의 삶 가운데서 예수님을 따르는 것을 방해하는 장애물은 어떠한 것들이 있는지 함께 나누어 봅시다.

② 내 인생에 있어서 참 중요한 만남에 대해 함께 나누어 보고, 예수님을 만나는 것이 왜 중요한지 서로 나누어 봅시다.

오늘 본문에 나오는 삭개오는 키가 작았다고 말씀합니다. 이것은 키가 작되 보통 작은 것이 아니라 아주 병적으로 작았다는 것을 암시해 주고 있습니다. 그래서 삭개오는 어릴 적부터 많은 사람으로부터 멸시받고 손가락질당하였습니다. 이와 같은 한 맺힌 삶 속에서 삭개오는 자기 인생을 위하여 힘을 가질만한 일과 부자가 될 만한 일을 찾는 데 혈안이 되었습니다. 그래서 삭개오는 결국 세리가 되었고 부자가 되었습니다.

당시에 삭개오는 예수님께 대하여 깊은 관심을 갖고 있었습니다. 사람들의 철저한 멸시와 따돌림 속에서 오직 힘 있는 자리를 얻기 위하여 지금까지 달려왔고 그런 노력의 결과로서 세리장까지 되었습니다. 그러나 지금 삭개오는 전혀 행복하지 않았고 철저한 고독 속에서 죄인이라고 손가락질받으며 어떤 한계점에 부딪히게 된 것입니다. 그래서 삭개오는 예수님을 만나기 위하여 돌무화과나무 위에 올라가 예수님을 주시하였습니다.

그때 아주 놀랍게도 예수님은 삭개오를 쳐다보시고 "내가 오늘 네 집에 유하여야 하겠다"고 말씀하셨습니다. 예수님은 다른 사람의 수군거림에 개의치 아니하시고 죄인을 구원하기 위해 죄인의 집에 들어가

신 것입니다. 삭개오는 예수님의 말씀에 너무나 감격하여 "내 소유의 절반을 가난한 자들에게 주겠으며 누구의 것을 속여 빼앗은 일이 있으면 네 갑절이나 갚겠나이다"라며 결단하였고, 예수님은 오늘 구원이 이 집에 이르렀다고 선포해 주셨습니다. 삭개오는 모든 것을 버리고 예수님을 얻었습니다. 그리스도인이 된다는 것은 모든 것을 버리고 가장 중요한 예수님을 얻는 것입니다.

6. 함께 기도하기　　마무리하며 함께 기도합니다

　　하나님 아버지! 돈과 자신을 위하여 살았던 삭개오가 예수님을 만나고 삶이 완전히 변화된 것처럼 우리의 가정도 세상의 헛된 것들과 욕심들을 다 내려놓고 주님만을 바라보게 하여 주시옵소서. 우리의 영혼과 인생을 오직 주님으로 채울 수 있는 가정이 되도록 인도하여 주시옵소서. 예수님의 이름으로 기도드립니다. 아멘.

7. 함께 축복하기　　찬양하며 서로를 축복합니다

「 형제의 모습 속에 보이는 」

오늘의 암송구절

누가복음 19:10

인자가 온 것은 잃어버린 자를 찾아 구원하려 함이니라

우리집 가정예배 일지

일 시		참석자	
기도제목 • 응답내용			

영생을 얻게 하려 하심이라

1. 함께 찬양하기

찬송가 421장

〈 내가 예수 믿고서 〉

1) 내가 예수 믿고서 죄사함 받아 나의 모든 것 다 변했네
   지금 내가 가는 길 천국 길이요 주의 피로 내 죄가 씻겼네
2) 주님 밝은 빛 되사 어둠 헤치니 나의 모든 것 다 변했네
   지금 내가 주 앞에 온전케 됨은 주의 공로를 의지함일세
3) 내게 성령 임하고 그 크신 사랑 나의 맘에 가득 채우며
   모든 공포 내게서 물리치시니 내 맘 항상 주 안에 있겠네
후렴) 나의 모든 것 변하고 그 피로 구속받았네
   하나님은 나의 구원되시오니 내게 정죄함 없겠네

2. 함께 본문 읽기

요한복음 3:9-17

(9) 니고데모가 대답하여 이르되 어찌 그러한 일이 있을 수 있나이까

(10) 예수께서 그에게 대답하여 이르시되 너는 이스라엘의 선생으로서
   이러한 것들을 알지 못하느냐

(11) 진실로 진실로 네게 이르노니 우리는 아는 것을 말하고 본 것을 증

언하노라 그러나 너희가 우리의 증언을 받지 아니하는도다

(12) 내가 땅의 일을 말하여도 너희가 믿지 아니하거든 하물며 하늘의 일을 말하면 어떻게 믿겠느냐

(13) 하늘에서 내려온 자 곧 인자 외에는 하늘에 올라간 자가 없느니라

(14) 모세가 광야에서 뱀을 든 것 같이 인자도 들려야 하리니

(15) 이는 그를 믿는 자마다 영생을 얻게 하려 하심이니라

(16) 하나님이 세상을 이처럼 사랑하사 독생자를 주셨으니 이는 그를 믿는 자마다 멸망하지 않고 영생을 얻게 하려 하심이라

(17) 하나님이 그 아들을 세상에 보내신 것은 세상을 심판하려 하심이 아니요 그로 말미암아 세상이 구원을 받게 하려 하심이라

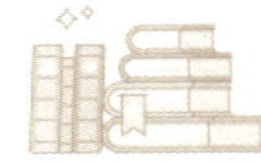

3. 함께 생각하기　　　　　　　

영국에 에드워드 모트라는 사람이 있었습니다. 그는 가구를 만드는 사람이었는데 날마다 망치를 두드리는 자신의 직업을 매우 못마땅하게 여겼습니다. 남들과 비교하면서 열등감을 많이 느끼며 살아가고 있었습니다. 그러던 어느 추운 겨울날, 길거리를 배회하던 에드워드는 추위를 피하고자 근처에 있는 작은 예배당에 들어가게 되었습니다. 그런데 그때 마침 목사님이 거듭남에 대해 설교하고 있었습니다. 가만히 설교를 듣던 에드워드는 '그렇다. 나는 거듭나야 한다!' 는 강한 마음이 일어났습니다.

그날 이후, 에드워드는 "나는 예수님을 영접했고 거듭났다. 내 망치는 이제 노래하며 춤을 춘다. 내 눈동자에는 생기가 돌고 내 마음속에

는 생수가 솟는다. 예수님이 내 마음에 오셨기 때문이다.”라고 고백하였습니다.

에드워드는 행복한 일꾼이 되었습니다. 그의 입에는 찬송이 끊이지 않았습니다. 일하는 보람이 생기자 능률도 오르고 수입도 좋아졌고 성공적인 사업가가 되었습니다. 그는 자신을 거듭나게 하신 주님께 감사하며 그가 소유한 재산을 교회를 짓는 데 아낌없이 드렸습니다. 그뿐만 아니라 그 자신도 목사가 되어 많은 사람에게 복음을 전하였습니다. 그는 자신을 향한 주님의 사랑에 감사하며 시를 한 곡 지었는데 그 시가 바로 찬송가 488장 〈이 몸의 소망 무언가 우리 주 예수뿐일세〉입니다.

에드워드처럼 우리도 예수님을 영접하여 구원을 얻었고 거듭난 사람이 되었습니다. 이 놀라운 은혜를 주신 하나님을 늘 찬양하며 살아갑시다.

4. 함께 관찰하기   성경 본문을 보며 빈칸을 채웁니다

① 이는 그를 ☐☐ 자마다 ☐☐을 얻게 하려 하심이니라

② 하나님이 ☐☐을 이처럼 ☐☐하사 ☐☐☐를 주셨으니 이는 그를 ☐☐ 자마다 ☐☐하지 않고 ☐☐을 ☐☐ 하려 하심이라

③ 하나님이 그 ☐☐을 세상에 보내신 것은 세상을 ☐☐하려 하심이 아니요 ☐로 말미암아 세상이 ☐☐을 받게 하려 하심이라

5. 함께 나누기 질문에 따라 묵상한 내용을 나눕니다

① 내가 예수님을 믿기 전의 모습과 믿은 후의 모습이 어떻게 변화되었는지 함께 나누어 봅시다.

② 내가 예수님을 믿고 거듭난 사람으로서 앞으로 구체적으로 어떻게 변화된 모습으로 살아갈 것인지 함께 나누어 봅시다.

밤에 예수님을 찾아온 니고데모는 하나님 나라에 대한 풀리지 않는 고민이 있었습니다. 그런 니고데모에게 예수님은 사람이 거듭나야 하나님의 나라를 볼 수 있다고 하셨습니다. 거듭난다는 말은 우리가 믿음의 삶으로 다시 태어나는 것을 말합니다. 결국 거듭남은 믿음의 문제입니다. 우리는 예수님을 믿음으로써 거듭나는 것이고, 예수님을 믿음으로써 성령께서 우리 안에 내주하시게 되는 것입니다. 그래서 요한복음은 우리가 진실로 거듭나기 위해서는 예수님을 확실히 믿어야 한다는 점을 강조하고 있습니다. 이 말씀이 바로 요한복음 3장 16절에 잘 나타나 있습니다.

요한복음 3장 16절은 신구약 성경 전체 중에서 가장 중요한 핵심 요절입니다. 이 요절 안에는 10개의 깊은 뜻이 들어있습니다. ① "하나님이" : 가장 크게 사랑하시는 분입니다. ② "세상을" : 가장 큰 무리의 사람들입니다. ③ "이처럼 사랑하사" : 가장 큰 사랑입니다. ④ "독생자를" : 가장 큰 선물입니다. ⑤ "주셨으니" : 가장 위대한 행위입니다. ⑥ "이는 그를" : 가장 위대하신 분입니다. ⑦ "믿는 자마다" : 가장 단순한 방법입니다. ⑧ "멸망하지 않고" : 가장 위대한 약속입니다. ⑨ "영

생을": 가장 값진 소유입니다. ⑩ "얻게 하려 하심이라": 가장 확고한 확신입니다.

이처럼 요한복음 3장 16절은 하나님의 구원의 도리를 다 담아내고 있는 말씀인데, 그 밑바탕은 바로 믿음입니다. 우리는 믿음으로 거듭나고, 믿음으로 구원받습니다. 그러므로 예수님을 잘 믿으시고 구원받는 성도들이 되시길 바랍니다.

6. 함께 기도하기　　　　마무리하며 함께 기도합니다

하나님 아버지! 우리에게 독생자 예수님을 보내주시고 예수님을 믿으면 영생을 얻는 은총을 허락해 주시니 진심으로 감사드립니다. 우리 가정이 예수님을 잘 믿고 믿음으로 거듭나는 복된 가정이 되게 하여 주시옵소서. 그래서 생명과 구원의 삶을 살아갈 수 있도록 은총 베풀어 주시옵소서. 예수님의 이름으로 기도드립니다. 아멘.

7. 함께 축복하기　　　　찬양하며 서로를 축복합니다

「 형제의 모습 속에 보이는 」

오늘의 암송구절

하나님이 세상을 이처럼 사랑하사 독생자를 주셨으니 이는 그를 믿는
자마다 멸망하지 않고 영생을 얻게 하려 하심이라

우리집 가정예배 일지

일 시		참석자	
기도제목 · 응답내용			

여기 한 아이가 있습니다

016

1. 함께 찬양하기　　　　찬송가 365장

〈 마음속에 근심 있는 사람 〉

1) 마음속에 근심 있는 사람 주 예수 앞에 다 아뢰어라
　슬픈 마음 있을 때에라도 주 예수께 아뢰라

2) 눈물 나며 깊은 한숨 쉴 때 주 예수 앞에 다 아뢰어라
　은밀한 죄 네게 있더라도 주 예수께 아뢰라

3) 괴로움과 두려움 있을 때 주 예수 앞에 다 아뢰어라
　내일 일을 염려하지 말고 주 예수께 아뢰라

4) 죽음 앞에 겁을 내는 자여 주 예수 앞에 다 아뢰어라
　하늘나라 바라보는 자여 주 예수께 아뢰라

후렴) 주 예수 앞에 다 아뢰어라 주 우리의 친구니
　무엇이나 근심하지 말고 주 예수께 아뢰라

2. 함께 본문 읽기　　　　요한복음 6:8-15

(8) 제자 중 하나 곧 시몬 베드로의 형제 안드레가 예수께 여짜오되

(9) 여기 한 아이가 있어 보리떡 다섯 개와 물고기 두 마리를 가지고 있
　나이다 그러나 그것이 이 많은 사람에게 얼마나 되겠사옵나이까

(10) 예수께서 이르시되 이 사람들로 앉게 하라 하시니 그 곳에 잔디가 많은지라 사람들이 앉으니 수가 오천 명쯤 되더라

(11) 예수께서 떡을 가져 축사하신 후에 앉아 있는 자들에게 나눠 주시고 물고기도 그렇게 그들의 원대로 주시니라

(12) 그들이 배부른 후에 예수께서 제자들에게 이르시되 남은 조각을 거두고 버리는 것이 없게 하라 하시므로

(13) 이에 거두니 보리떡 다섯 개로 먹고 남은 조각이 열두 바구니에 찼더라

(14) 그 사람들이 예수께서 행하신 이 표적을 보고 말하되 이는 참으로 세상에 오실 그 선지자라 하더라

(15) 그러므로 예수께서 그들이 와서 자기를 억지로 붙들어 임금으로 삼으려는 줄 아시고 다시 혼자 산으로 떠나 가시니라

 ## 3. 함께 생각하기　　　　인도자가 읽어줍니다

　　오래전 공산주의가 팽배했던 시절에 헝가리에 들어가서 성경을 전달하고 전도하는 일을 하던 선교사님이 계셨습니다. 세관을 통과할 때마다 성경을 들키지 않으려고 잘 숨겨야 했습니다. 그러던 어느 날, 하나님께서 이번에는 성경을 숨기지 말고 당당하게 가지고 들어가면 좋겠다는 마음을 주시는 것 같았습니다. 선교사님은 하나님께서 무슨 일을 하실 것이라 소망하는 마음이 생겼습니다. 그래서 가방에 성경을 잔뜩 집어넣었습니다.

　　세관을 통과하는데 세관원이 물었습니다.

　　"신고할 물품이 있으십니까?"

선교사님은 신고할 물품이 있다고 대답하였습니다. 신고할 물품이 뭐냐고 묻는 물음에 선교사님은 가방을 열면서 '성경'이라고 대답하였습니다. 그랬더니 세관원은 "이게 왜 신고할 물품입니까?"라고 되물었습니다. 선교사님은 침착하게 "이건 너무 비싸서 돈으로 환산할 수 없습니다. 왜냐하면 이 책 안에는 사람들에게 영원한 생명을 주고, 평화가 없던 사람들에게 평안을 주고, 죄에 빠진 사람들에게 용서와 구원을 주는 말씀이 들어있기 때문입니다."라며 당당하게 복음을 전하였습니다. 그러자 세관원은 "나에게도 그 책을 한 권 주시오."라고 하였고 나머지는 그냥 가지고 가라고 하였습니다.

하나님의 역사는 우리가 하나님을 소망할 때 일어납니다. 안드레가 예수님께 소망을 품고 한 어린아이를 데리고 왔을 때 예수님은 그 아이를 통하여 오병이어의 기적을 베푸셨습니다. 우리가 하나님께 소망을 둘 때 하나님은 크고 놀라운 일을 우리에게 행하십니다.

4. 함께 관찰하기 성경 본문을 보며 빈칸을 채웁니다

① 여기 ☐ ☐☐가 있어 ☐☐☐ ☐☐ 개와 ☐☐☐ ☐ 마리를 가지고 있나이다

② 예수께서 ☐을 가져 축사하신 후에 앉아 있는 자들에게 나눠 주시고 ☐☐☐도 그렇게 그들의 원대로 주시니라

③ 이에 거두니 보리떡 ☐☐ 개로 먹고 ☐☐ 조각이 ☐☐ ☐☐☐에 찼더라

5. 함께 나누기　질문에 따라 묵상한 내용을 나눕니다

① 어린아이처럼 하나님의 나라를 위하여 기쁨으로 내어드릴 떡과 물고기가 우리에게는 무엇이 있는지 생각해 보고 함께 나누어 봅시다.

② 주님께서 오병이어 사건을 통하여 우리에게 주시는 메시지가 무엇인지 가족들과 함께 나누어 봅시다.

사람들은 각자의 삶의 틀을 가지고 살아가고 있습니다. 그 삶의 틀을 다른 말로 '존재 양식'이라 할 수 있습니다. 오늘 본문인 오병이어 사건에 나오는 사람들의 존재 양식을 살펴보면 크게 4부류로 요약할 수 있습니다.

① 먼저 수많은 무리입니다. 이들은 아무 생각 없이 그저 기적만 바라고 예수님을 따라다니는 사람들입니다. 삶에 대한 고민도 없이 대충 살아가는 사람들입니다. ② 두 번째로 빌립과 같은 유형입니다. 어디서 떡을 사서 이 사람들로 먹게 할 수 있겠느냐는 예수님의 질문에 빌립은 사람들의 수를 세어서 값으로 따져 보았고, 그만한 돈이 없다고 대답하였습니다. 이는 현실적이고 계산적인 사람입니다. 조금이라도 비현실적이면 움직이지 않는 사람입니다. ③ 세 번째로 안드레와 같은 사람입니다. 그는 한 어린아이를 예수님께 데리고 왔습니다. 그 아이가 가지고 있는 것이 보잘것없다는 것을 알았지만 어린아이의 손을 잡고 주님 앞에 나아온 것입니다. 불가능할 것 같지만 믿음으로 바라보고, 하나님 안에 소망이 있다고 믿는 소망 원리를 품고 살아가는 사람입니다. ④ 마지막으로 어린아이입니다. 그 아이는 자신의 도시락으로 가지고 온

떡 다섯 개와 물고기 두 마리를 기꺼이 주님께 내어드렸습니다. 자신을 희생하여 하나님의 일을 이루는 사람입니다.

소망의 원리를 갖고 살아가는 안드레가 희생의 원리를 갖고 살아가는 한 어린아이의 손을 맞잡고 지금 주님 앞에 서 있습니다. 이 모습은 참 너무나 아름다운 장면이 아닐 수 없습니다. 주님께서는 놀랍게도 그들을 통해 5천 명을 먹이고도 남는 기적을 베풀어 주셨습니다.

6. 함께 기도하기   마무리하며 함께 기도합니다

떡 다섯 개와 물고기 두 마리로 모든 이를 배불리 먹이신 전능하신 하나님 아버지! 우리의 삶을 내어드릴 때 하나님께서 우리를 통하여 선한 일을 이루어 가실 줄 믿습니다. 이러한 믿음을 가지고 하나님을 기쁘시게 해 드리는 가정이 될 수 있도록 인도하여 주시옵소서. 예수님의 이름으로 기도드립니다. 아멘.

7. 함께 축복하기   찬양하며 서로를 축복합니다

[형제의 모습 속에 보이는]

오늘의 암송구절

요한복음 6:12-13

그들이 배부른 후에 예수께서 제자들에게 이르시되 남은 조각을 거두고 버리는 것이 없게 하라 하시므로 이에 거두니 보리떡 다섯 개로 먹고 남은 조각이 열두 바구니에 찼더라

우리집 가정예배 일지

일 시		참석자	
기도제목 · 응답내용			

나는 선한 목자라

017

1. 함께 찬양하기

찬송가 570장

〈 주는 나를 기르시는 목자요 〉

1) 주는 나를 기르시는 목자요 나는 주님의 귀한 어린 양
   푸른 풀밭 맑은 시냇물가로 나를 늘 인도하여 주신다
2) 예쁜 새들 노래하는 아침과 노을 비끼는 고운 황혼에
   사랑하는 나의 목자 음성이 나를 언제나 불러 주신다
3) 못된 짐승 나를 해치 못하고 거친 비 바람 상치 못하니
   나의 주님 강한 손을 펼치사 나를 주야로 지켜주신다
후렴) 주는 나의 좋은 목자 나는 그의 어린양
   철을 따라 꼴을 먹여 주시니 내게 부족함 전혀 없어라

2. 함께 본문 읽기

요한복음 10:7-18

(7) 그러므로 예수께서 다시 이르시되 내가 진실로 진실로 너희에게 말하노니 나는 양의 문이라 (8) 나보다 먼저 온 자는 다 절도요 강도니 양들이 듣지 아니하였느니라 (9) 내가 문이니 누구든지 나로 말미암아 들어가면 구원을 받고 또는 들어가며 나오며 꼴을 얻으리라 (10) 도둑이 오는 것은 도둑질하고 죽이고 멸망시키려는 것뿐이요 내가 온 것은 양

으로 생명을 얻게 하고 더 풍성히 얻게 하려는 것이라 (11) 나는 선한 목자라 선한 목자는 양들을 위하여 목숨을 버리거니와 (12) 삯꾼은 목자가 아니요 양도 제 양이 아니라 이리가 오는 것을 보면 양을 버리고 달아나나니 이리가 양을 물어 가고 또 헤치느니라 (13) 달아나는 것은 그가 삯꾼인 까닭에 양을 돌보지 아니함이나 (14) 나는 선한 목자라 나는 내 양을 알고 양도 나를 아는 것이 (15) 아버지께서 나를 아시고 내가 아버지를 아는 것 같으니 나는 양을 위하여 목숨을 버리노라 (16) 또 이 우리에 들지 아니한 다른 양들이 내게 있어 내가 인도하여야 할 터이니 그들도 내 음성을 듣고 한 무리가 되어 한 목자에게 있으리라 (17) 내가 내 목숨을 버리는 것은 그것을 내가 다시 얻기 위함이니 이로 말미암아 아버지께서 나를 사랑하시느니라 (18) 이를 내게서 빼앗는 자가 있는 것이 아니라 내가 스스로 버리노라 나는 버릴 권세도 있고 다시 얻을 권세도 있으니 이 계명은 내 아버지에게서 받았노라 하시니라

 3. 함께 생각하기 인도자가 읽어줍니다

팔레스타인의 들판에서 있었던 일입니다. 많은 양이 들판에서 풀을 뜯고 있었는데 갑자기 큰 독수리 한 마리가 하늘에서 쏜살같이 내려왔습니다. 그 독수리는 어린 양을 날카로운 발톱으로 채가려고 하였습니다.

그때 어미 양은 새끼 양을 지키기 위하여 독수리와 몸싸움을 시작하였습니다. 힘센 독수리는 자신의 날카로운 부리로 어미 양의 이곳저곳을 공격하였고, 얼마 지나지 않아 어미 양은 몸에 상처를 입고 피를 흘렸습니다. 저 멀리서 어려움에 처한 어미 양을 발견한 목자는 그 즉시 막대기를 휘두르면서 그곳으로 달려갔습니다. 목자는 서둘러서 독수리

를 멀리 쫓아버렸습니다. 그리고 상처 입은 어미 양을 치료하기 위하여 가까이 갔다가 그만 소스라치게 놀라고 말았습니다. 어미 양의 품 안에서 새끼 양 하나가 고개를 쏘옥 내밀고 나왔기 때문입니다. 어린 양은 조금도 다치지 않았습니다.

그때 목자는 어미 양이 독수리로부터 매서운 공격을 당하면서까지 왜 그 자리를 떠나지 않았는지를 알게 되었습니다. 그 어미 양은 새끼 양의 생명을 지키기 위하여 자신의 온몸으로 감싸 지켜주었던 것입니다.

미물의 짐승도 자기 새끼를 사랑하며 보호해줍니다. 큰 독수리 앞에서도 죽음을 두려워하지 않았던 어미 양의 희생적인 사랑과 같이 주님은 우리에게 선한 목자가 되어주십니다. 그래서 양과 같은 우리를 사랑하여 주시고 보호하여 주시며 풍성한 생명을 얻도록 인도하여 주십니다. 이러한 선한 목자 되신 주님의 음성을 따라 살아가는 가정이 되기를 소망합니다.

4. 함께 관찰하기　성경 본문을 보며 빈칸을 채웁니다

① 내가 □이니 누구든지 나로 말미암아 들어가면 □□을 받고 또는 들어가며 나오며 □을 얻으리라

② □□이 오는 것은 도둑질하고 죽이고 □□시키려는 것뿐이요 내가 온 것은 □으로 □□을 얻게 하고 더 □□히 얻게 하려는 것이라

③ □□□께서 나를 아시고 내가 아버지를 아는 것 같으니 나는 양을 위하여 □□을 버리노라

5. 함께 나누기   질문에 따라 묵상한 내용을 나눕니다

① 예수님은 '양의 문'이며, '선한 목자'이십니다. 예수님의 보호하심과 돌보심에 대한 경험을 함께 나누어 봅시다.

② 예수님을 믿기 전과 믿은 후의 삶이 어떻게 달라졌는지 생각해 보고 함께 나누어 봅시다.

요한복음은 예수님이 어떠한 분이신지 잘 보여주는 복음서입니다. 특별히 예수님께서 스스로 "나는 ~이다"(에고 에이미)라고 표현하시는 예수님의 자기 선언의 말씀이 무려 7번이나 등장합니다.

오늘 본문에는 예수님께서 자기를 표현하는 말씀이 두 가지가 나옵니다. 먼저는 '양의 문'입니다. 양의 문은 양들을 우리에 들여보낸 후에 그 양들을 보호하기 위해서 우리를 막는 출입문입니다. 즉 예수님께서는 양과 같은 우리를 보호해주시는 문이라는 말씀입니다. 만약 예수님을 통하지 않고 우리에 들어오려는 자는 도둑이며 마귀 사탄입니다. 예수님은 마귀 사탄으로부터 우리를 보호해주시는 든든한 문이 되십니다.

다른 하나는 '선한 목자'입니다. 선한 목자는 양들의 생명을 지켜주고 양들을 건강하게 해주는 존재입니다. 선한 목자이신 예수님이 오신 이유는 죄로 인해 죽을 수밖에 없는 우리를 살리기 위함입니다. 우리에게 생명을 주실뿐 아니라 더 풍성한 생명을 주시기 위하여 오신 것입니다.

예수님을 만나기 전 우리의 상태는 생명과는 거리가 멀었습니다. 꽃병에 꽂힌 꽃처럼 살아 있는 것처럼 보이지만 실상은 죽은 상태였습니다. 진정한 생명을 누리지 못한 채 죽음을 향해 한 걸음씩 나아가고 있

었습니다. 그러나 예수님을 만난 후로 우리는 거듭났고 새 생명을 얻었으며 생명력이 충만한 삶을 살고 있습니다. '양의 문'이며, '선한 목자'가 되신 주님을 의지하여 날마다 생명의 삶을 살아가는 가정이 되시기를 소망합니다.

6. 함께 기도하기　　마무리하며 함께 기도합니다

　　하나님 아버지! 양의 문이 되어 주셔서 양과 같은 우리를 지켜주시고 보호하여 주시니 감사드립니다. 또한 선한 목자가 되어주셔서 우리를 늘 푸른 초장과 쉴 만한 물가로 인도하여 주시니 감사드립니다. 이러한 선한 목자 되신 주님의 음성을 듣고 순종하는 복된 가정이 되게 하여 주시옵소서. 예수님의 이름으로 기도드립니다. 아멘.

7. 함께 축복하기　　찬양하며 서로를 축복합니다

「 형제의 모습 속에 보이는 」

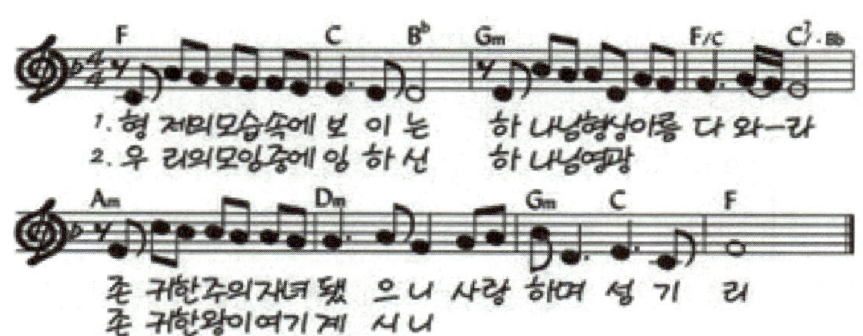

오늘의 암송구절

나는 선한 목자라 나는 내 양을 알고 양도 나를 아는 것이 아버지께서 나를 아시고 내가 아버지를 아는 것 같으니 나는 양을 위하여 목숨을 버리노라

우리집 가정예배 일지

일 시		참석자	
기도제목 • 응답내용			

다 이루었다

018

1. 함께 찬양하기　　　찬송가 321장

〈 날 대속하신 예수께 〉

1) 날 대속하신 예수께 내 생명 모두 드리니

　늘 진실하게 하소서 내 구주 예수여

2) 날 구원하신 예수를 일평생 의지하오니

　날 영접하여 주소서 내 구주 예수여

3) 주 십자가에 달리사 날 자유하게 했으니

　내 몸과 맘을 주 위해 다 쓰게 하소서

후렴) 나 구주 위해 살리라 내 기쁨 한량 없으리

　내 갈 길 인도하소서 내 구주 예수여 아멘

2. 함께 본문 읽기　　　요한복음 19:28-30

(28) 그 후에 예수께서 모든 일이 이미 이루어진 줄 아시고 성경을 응하

　게 하려 하사 이르시되 내가 목마르다 하시니

(29) 거기 신 포도주가 가득히 담긴 그릇이 있는지라 사람들이 신 포도
　　주를 적신 해면을 우슬초에 매어 예수의 입에 대니
(30) 예수께서 신 포도주를 받으신 후에 이르시되 다 이루었다 하시고
　　머리를 숙이니 영혼이 떠나가시니라

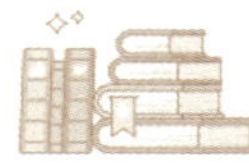

3. 함께 생각하기　　　　　　　인도자가 읽어줍니다

어느 나라 임금이 현인들을 모아놓고 명령하였습니다.

"모든 백성들이 다 잘 살 수 있는 성공비결을 적어오시오."

현인들은 열심히 연구하고 토론도 하여 국민들이 다 잘 살 수 있는
비결을 12권의 책으로 만들어 왔습니다.

"12권이나 되는 책을 백성들에게 다 나누어 줄 수 있겠는가. 간단하
게 줄여오라."

현인들은 그것을 6권으로 줄였는데 그것도 거절당하자 2권으로, 또
다시 1권으로 줄였습니다. 그런데 임금은 그것도 길다며 더 줄여오라
고 명령하였습니다.

현인들은 그 한 권의 책 중에서 가장 중요한 부분을 간추리고 간추려
서 한 페이지로 요약하였습니다. 그러나 임금은 여전히 못마땅해하였
습니다. 이윽고 현인들은 그중에서 가장 핵심적인 문장 하나를 적어서
임금님께 바쳤습니다. 그때야 임금은 "그래. 바로 이거야!" 하며 흡족
해하였습니다. 임금님이 기뻐했던 그 한마디, 백성들이 다 잘사는 비

결, 그것은 "공짜는 없다"는 말이었습니다.

　세상에 공짜는 없습니다. 하나님의 구속사역도 공짜가 아닙니다. 우리가 구원받은 것은 하나님의 독생자이신 예수 그리스도께서 먼저 값을 지불해 주셨기 때문입니다. 이 사실을 기억하면서 날마다 대속의 은혜를 찬양하는 성도가 되시기를 바랍니다.

4. 함께 관찰하기 　성경 본문을 보며 빈칸을 채웁니다

① 그 후에 예수께서 모든 일이 이미 □□□□ 줄 아시고 □

　□을 응하게 하려 하사 이르시되 내가 □□□□ 하시니

② 사람들이 신 □□□를 적신 해면을 □□□에 매어 예수

　의 □에 대니

③ □□께서 신 포도주를 받으신 후에 이르시되 □ □□□

　□하시고 머리를 숙이니 □□이 떠나가시니라

5. 함께 나누기 질문에 따라 묵상한 내용을 나눕니다

① 내가 저지른 잘못의 대가를 누군가가 대신 치러주었던 적이 있었다면 그때의 경험이 어떠하였는지 함께 나누어 봅시다.

② "다 이루었다!"고 말씀하신 예수님의 선언이 우리의 신앙에 어떤 영향을 끼치게 되었는지 함께 나누어 봅시다.

십자가 사건의 핵심 정신은 바로 대속의 개념입니다. 우리가 스스로 죗값을 치르고자 하면 결국 우리는 사망에 이를 수밖에 없습니다. 그런데 예수님께서 우리 대신 우리의 죄를 짊어지고 십자가에 달려 돌아가심으로 말미암아 우리의 모든 죗값을 다 치루어 주셨습니다. 바로 이 대속이 십자가 사건의 가장 핵심이 되는 개념이라 할 수 있습니다.

오늘 본문에서 "다 이루었다"는 말은 헬라어로 '테텔레스타이'라는 단어입니다. 이 헬라말은 '단번에 완전히 끝마치다.'라는 의미가 있습니다. 구약의 속죄제도는 불완전하였으며, 번번이 치러야만 했습니다. 그러나 예수님께서 십자가에서 죽으심으로 말미암아 우리의 모든 죄가 완전하게, 단번에, 다 해결되었습니다. 그러므로 이 선언은 하나님을 향한 구속사역 완성의 보고이기도 하고, 또 한편 죄의 권세와 악한 사탄에 대한 궁극적인 승리이기도 합니다.

그래서 예수님께서 십자가에서 죽으심으로 말미암아 우리를 대속하셨고, 이를 통하여 우리를 구원해 내셨습니다. 바로 이것이 우리 기독교의 핵심 정신이며, 우리가 붙들어야 할 원색의 복음이며, 우리가 전해야 할 가장 기쁜 소식입니다. "다 이루었다!"는 예수님의 선언 때문

에 우리는 죄의 문제를 해결 받았습니다. 이 구원의 은총을 기억하며 날마다 이 기쁜 소식을 전하며 살아가시기 바랍니다.

6. 함께 기도하기

마무리하며 함께 기도합니다

우리를 사랑하사 자신의 전부를 내주신 하나님 아버지! 십자가의 대속의 은혜로 말미암아 우리의 죄의 문제를 해결해주시고, 구원의 은총을 허락해 주셔서 진심으로 감사드립니다. 이 놀라운 은혜를 받았으니 이제는 그 은혜를 이웃에게 전하며 살아가는 우리 가족이 되게 하여 주옵소서. 예수님의 이름으로 기도드립니다. 아멘.

7. 함께 축복하기

찬양하며 서로를 축복합니다

[우리에게 향하신]

오늘의 암송구절

요한복음 19:30

예수께서 신 포도주를 받으신 후에 이르시되 다 이루었다 하시고 머리를 숙이니 영혼이 떠나가시니라

우리집 가정예배 일지

일 시		참석자	
기도제목 · 응답내용			

내가 주를 보았다

019

1. 함께 찬양하기

찬송가 96장

〈 예수님은 누구신가 〉

1) 예수님은 누구신가 우는 자의 위로와 없는 자의 풍성이며
　　천한 자의 높음과 잡힌 자의 놓임 되고 우리 기쁨 되시네
2) 예수님은 누구신가 약한 자의 강함과 눈먼 자의 빛이시며
　　병든 자의 고침과 죽은 자의 부활 되고 우리 생명 되시네
3) 예수님은 누구신가 추한 자의 정함과 죽을 자의 생명이며
　　죄인들의 중보와 멸망자의 구원 되고 우리 평화 되시네
4) 예수님은 누구신가 온 교회의 머리와 온 세상의 구주시며
　　모든 왕의 왕이요 심판하실 주님 되고 우리 영광 되시네

2. 함께 본문 읽기

요한복음 20:11-18

(11) 마리아는 무덤 밖에 서서 울고 있더니 울면서 구부려 무덤 안을 들여다보니

(12) 흰 옷 입은 두 천사가 예수의 시체 뉘었던 곳에 하나는 머리 편에, 하나는 발 편에 앉았더라

(13) 천사들이 이르되 여자여 어찌하여 우느냐 이르되 사람들이 내 주님

을 옮겨다가 어디 두었는지 내가 알지 못함이니이다

(14) 이 말을 하고 뒤로 돌이켜 예수께서 서 계신 것을 보았으나 예수이
신 줄은 알지 못하더라

(15) 예수께서 이르시되 여자여 어찌하여 울며 누구를 찾느냐 하시니 마
리아는 그가 동산지기인 줄 알고 이르되 주여 당신이 옮겼거든 어
디 두었는지 내게 이르소서 그리하면 내가 가져가리이다

(16) 예수께서 마리아야 하시거늘 마리아가 돌이켜 히브리 말로 랍오니
하니 (이는 선생님이라는 말이라)

(17) 예수께서 이르시되 나를 붙들지 말라 내가 아직 아버지께로 올라가
지 아니하였노라 너는 내 형제들에게 가서 이르되 내가 내 아버지 곧
너희 아버지, 내 하나님 곧 너희 하나님께로 올라간다 하라 하시니

(18) 막달라 마리아가 가서 제자들에게 내가 주를 보았다 하고 또 주께
서 자기에게 이렇게 말씀하셨다 이르니라

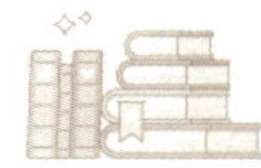

3. 함께 생각하기 인도자가 읽어줍니다

헨리 나우웬의 「죽음, 가장 큰 선물」이란 책에는 어머니의 자궁 안에
서 대화하는 이란성 쌍둥이에 관한 소설 같은 이야기가 나옵니다. 여동
생이 오빠에게 말하였습니다.

"난 말이지, 이곳 말고도 다른 세상이 있다고 믿어."

이러한 말에 오빠는 격렬하게 반대하였습니다.

"절대 그렇지 않아. 여기가 전부야. 여기서 우리를 먹여 주고 살려주
는 탯줄만 잘 붙들고 있으면 돼. 이곳 말고 다른 곳은 없어!"

잠시 침묵이 흐른 뒤 여동생은 또다시 오빠에게 말하였습니다.

“말해줄 게 또 있어. 오빠는 안 믿겠지만 말이야. 난 엄마가 있다고 생각해.”

그 순간 오빠는 무척 화가 났습니다.

“엄마라구?”

그는 소리를 꽥 질렀습니다.

“무슨 뚱딴지같은 소리야? 난 엄마를 한 번도 본 적이 없어. 너도 그렇고. 여기가 전부라니까. 왜 늘 자꾸 엉뚱한 생각을 하는 거야? 이곳도 알고 보면 괜찮은 곳이야. 우리에게 필요한 것은 다 있으니까. 그러니까 여기에 만족하도록 해!”

이 이야기에 나오는 쌍둥이 오빠처럼 세상 많은 사람은 자신의 이성과 경험만을 내세워서 이 세상 이외의 다른 세상을 믿지 않으려고 합니다. 그러나 우리는 이 세상 너머에 천국이 있음을 믿고 부활의 신앙으로 살아가는 그리스도인입니다.

4. 함께 관찰하기　성경 본문을 보며 빈칸을 채웁니다

① ☐☐들이 이르되 ☐☐여 어찌하여 ☐☐☐ 이르되 사람들이 내 ☐☐을 옮겨다가 어디 두었는지 내가 알지 못함이니이다

② 이 말을 하고 뒤로 돌이켜 ☐☐께서 ☐☐ ☐☐ 것을 보았으나 ☐☐이신 줄은 알지 못하더라

③ 막달라 마리아가 가서 ☐☐☐에게 내가 ☐를 보았다 하고 또 ☐께서 자기에게 이렇게 ☐☐하셨다 이르니라

5. 함께 나누기 질문에 따라 묵상한 내용을 나눕니다

① 예수님의 부활이 옛날이야기가 아니라 사실로 믿어졌을 때의 느낌이 어떠하였는지 함께 나누어 봅시다.

② 막달라 마리아처럼 부활의 증인이 되어 부활의 기쁜 소식을 담대히 전하였던 경험을 함께 나누어 봅시다.

예수님께서 십자가에 달려 돌아가시고 난 후에 모든 것이 다 끝난 것처럼 보였습니다. 하지만 이러한 상황 속에서도 막달라 마리아는 아직도 끝나지 않았다고 생각하였습니다. 막달라 마리아는 예수님께서 돌아가신 지 사흘째 되는 날 무덤을 찾았습니다. 그런데 그곳에서 깜짝 놀라게 됩니다. 왜냐하면 무덤 입구를 막은 큰 돌이 굴려져 있었기 때문입니다.

마리아는 주님의 시신이 사라져버린 것을 깨닫고 무덤에서 한참이나 울고 있었습니다. 그런데 그 순간 그곳에서 부활하신 예수님을 만나게 되었습니다. 이것은 부활하신 예수님께서 막달라 마리아에게 가장 먼저 부활의 몸을 보여주신 것입니다. 그러면서 주님은 제자들에게 가서 이 소식을 전하라고 하셨습니다. 마리아는 급히 달려가 사람들에게 "헤오라카 톤 퀴리온(내가 주를 보았다!)"라고 전하였습니다.

사실 살아생전에 주님께서는 세 번에 걸쳐서 수난 예고를 하셨습니다. 그리고 수난 예고의 끝에 "나는 삼 일 만에 살아나리라"는 부활 예고도 하셨습니다. 그러나 제자들을 비롯한 많은 사람은 예수님의 부활을 전혀 믿지 못한 채 두려움에 빠져 있었습니다. 하지만 부활의 주님

을 실제로 만나고 나서는 이제 그들도 믿지 않으려야 믿지 않을 수 없었습니다. 막달라 마리아와 제자들처럼 예수님의 부활을 마음 깊이 확신하고, 바로 지금부터 부활의 삶을 살아가는 성도들이 되시기를 간절히 소망합니다.

6. 함께 기도하기   마무리하며 함께 기도합니다

하나님 아버지! 십자가의 은총과 부활의 능력으로 우리를 구원하여 주시니 감사드립니다. 비록 힘든 일이 있다 할지라도 부활의 주님을 의지하여 모든 슬픔과 탄식을 이겨내게 하여 주옵소서. 그리고 이 부활의 기쁨을 많은 사람에게 증거하는 우리 가정이 되게 하여 주시옵소서. 예수 그리스도의 이름을 기도드립니다. 아멘.

7. 함께 축복하기   찬양하며 서로를 축복합니다

[우리에게 향하신]

오늘의 암송구절

막달라 마리아가 가서 제자들에게 내가 주를 보았다 하고 또 주께서 자기에게 이렇게 말씀하셨다 이르니라

우리집 가정예배 일지

일 시		참석자	
기도제목 · 응답내용			

역사서

내 증인이 되리라

020

🎵 1. 함께 찬양하기　　　찬송가 505장

〈 온 세상 위하여 〉

1) 온 세상 위하여 나 복음 전하리 만 백성 모두 나와서 주 말씀 들으라
　죄 중에 빠져서 헤매는 자들아 주님의 음성 듣고서 너 구원 받으라

2) 온 세상 위하여 이 복음 전하리 저 죄인 회개하고서 주 예수 믿으라
　이 세상 구하려 주 돌아가신 것 나 증거하지 않으면 그 사랑 모르리

3) 온 세상 위하여 주 은혜 임하니 주 예수 이름 힘입어 이 복음 전하자
　먼 곳에 나가서 전하지 못해도 나 어느 곳에 있든지 늘 기도 힘쓰리

후렴) 전하고 기도해 매일 증인되리라
　　세상 모든 사람 다 듣고 그 사랑 알도록

2. 함께 본문 읽기　　　사도행전 1:4-11

(4) 사도와 함께 모이사 그들에게 분부하여 이르시되 예루살렘을 떠나
　지 말고 내게서 들은 바 아버지께서 약속하신 것을 기다리라

(5) 요한은 물로 세례를 베풀었으나 너희는 몇 날이 못되어 성령으로 세
　례를 받으리라 하셨느니라

(6) 그들이 모였을 때에 예수께 여쭈어 이르되 주께서 이스라엘 나라를

회복하심이 이 때니이까 하니

(7) 이르시되 때와 시기는 아버지께서 자기의 권한에 두셨으니 너희가 알 바 아니요

(8) 오직 성령이 너희에게 임하시면 너희가 권능을 받고 예루살렘과 온 유대와 사마리아와 땅 끝까지 이르러 내 증인이 되리라 하시니라

(9) 이 말씀을 마치시고 그들이 보는데 올려져 가시니 구름이 그를 가리어 보이지 않게 하더라

(10) 올라가실 때에 제자들이 자세히 하늘을 쳐다보고 있는데 흰 옷 입은 두 사람이 그들 곁에 서서

(11) 이르되 갈릴리 사람들아 어찌하여 서서 하늘을 쳐다보느냐 너희 가운데서 하늘로 올려지신 이 예수는 하늘로 가심을 본 그대로 오시리라 하였느니라

3. 함께 생각하기

인도자가 읽어줍니다

전라남도 신안군에 있는 증도는 섬 주민의 90% 이상이 예수님을 믿는 곳입니다. 이 섬의 복음화는 문준경 전도사님으로부터 시작되었습니다. 문준경 전도사님은 1891년 신안군 암태도에서 태어나 17세에 증도로 시집을 왔습니다. 그러나 남편에게 버림을 받은 후 홀로 모진 삶을 살아가게 되었습니다. 그러던 중에 우연히 찾아온 전도부인에게 복음을 듣고 예수님을 믿게 되었습니다. 그리고 부흥회를 통해 많은 은혜를 받고 복음을 전하는 사람으로 살리라 다짐하였습니다.

이후 문준경 전도사님은 경성 성서학원에 입학하여 목회자의 길을 가게 되었습니다. 그분은 열심히 공부할 뿐만 아니라 틈나는 대로 고향

지역에 복음을 전하였습니다. 문준경 전도사님의 전도로 신안군의 여러 섬에 교회가 세워졌습니다. 전도사님으로부터 복음을 들은 청소년들 중에서 30여 명은 후에 훌륭한 목회자가 되어 한국교회에 큰 영향력을 끼치기도 하였습니다. 바로 김준곤, 이만신, 정태기, 신옥윤 목사님 등이 문준경 전도사님으로부터 복음을 들었던 분들입니다.

문준경 전도사님은 계속 복음을 전하다가 한국전쟁 때 공산당원의 총탄에 맞아 순교하였습니다. 그러나 그녀가 뿌린 전도의 씨앗은 아름다운 결실을 맺어 증도 주민의 90% 이상이 예수님을 믿게 되었습니다. 문준경 전도사님처럼 우리 각자가 삶의 자리에서 열심히 복음을 전하면 하나님께서 아름다운 구원의 역사를 이루실 것입니다.

4. 함께 관찰하기 성경 본문을 보며 빈칸을 채웁니다

① 사도와 함께 모이사 그들에게 분부하여 이르시되 ☐☐☐☐을 떠나지 말고 내게서 들은 바 아버지께서 ☐☐하신 것을 기다리라

② 이르시되 ☐와 ☐☐는 아버지께서 자기의 ☐☐에 두 셨으니 너희가 알 바 아니요

③ 오직 ☐☐이 너희에게 임하시면 너희가 ☐☐을 받고 예루살렘과 온 유대와 사마리아와 ☐ ☐☐☐ 이르러 내 ☐☐이 되리라 하시니라

5. 함께 나누기　질문에 따라 묵상한 내용을 나눕니다

① 그리스도의 복음이 우리 가정에 전해지기까지 어떤 분들의 수고와 헌신이 있었는지 찾아보고 함께 나누어 봅시다.

② 제자들은 예수님의 지상명령인 '전도'와 '선교'의 사역을 감당하기 위해서 어떤 삶을 살았는지 함께 나누어 봅시다.

마태복음은 모든 족속으로 제자를 삼아 열심히 전도하고 선교하라는 말씀으로 끝을 맺습니다. 마가복음의 마지막은 온 천하게 다니며 만민에게 복음을 전파하라고 하였습니다. 그리고 누가복음의 마지막은 "너희는 이 모든 일의 증인이라"고 말씀하고 있습니다. 이처럼 복음서의 마지막 부분들은 모두가 다 복음을 전하라는 예수님의 지상명령으로 끝을 맺고 있습니다. 그리고 이 지상명령을 온전히 실천한 기록이 바로 사도행전입니다.

주님께서는 십자가와 부활 후에 40일 동안 제자들에게 부활의 확실한 증거를 보여주셨고, 그들의 믿음을 굳건히 세워주셨습니다. 이와 같은 일련의 일들을 감당하시다가 예수님은 승천하셨는데, 그 직전에 제자들에게 "땅 끝까지 이르러 내 증인이 되리라"고 명령하셨습니다. 그러니까 이제 사도들에게 가장 중요한 사명은 예수 그리스도의 증인이 되는 일이고, 예수님의 증인이 되어서 복음을 전하는 일이었습니다. 이것이 바로 제자들이 받았던 최후의 명령, 바로 지상명령(The Great Commission)이었던 것입니다.

주님의 지상명령을 따라 제자들은 예루살렘을 떠나지 않았고 약속하

신 것을 간절히 기다렸더니 성령의 충만함을 받게 되었습니다. 그렇게 성령강림 사건으로 말미암아 시작된 교회 공동체는 무엇보다도 먼저 전도하고 선교하는 일에 최선을 다하였습니다. 전도는 해도 되고 안 해도 되는 것이 아닙니다. 그리스도인이라면 반드시 해야 하고, 주님 오실 때까지 감당해야만 하는 우리의 가장 큰 사명입니다.

6. 함께 기도하기　　마무리하며 함께 기도합니다

하나님 아버지! 우리에게 십자가와 부활을 통하여 구원의 큰 은혜를 베풀어 주셔서 너무나 감사드립니다. 이제 하나님의 자녀로서 구원의 기쁜 소식을 이웃에게 전하며 사는 가정이 되게 하여 주옵소서. '전도' 두 글자를 마음 깊이 새기고 '나도 한 영혼' 구원하는 일에 최선을 다하게 하여 주옵소서. 예수님의 이름으로 기도드립니다. 아멘.

7. 함께 축복하기　　찬양하며 서로를 축복합니다

[우리에게 향하신]

오늘의 암송구절

오직 성령이 너희에게 임하시면 너희가 권능을 받고 예루살렘과 온 유대와 사마리아와 땅 끝까지 이르러 내 증인이 되리라 하시니라

우리집 가정예배 일지

일 시		참석자	
기도제목 · 응답내용			

온 백성에게
칭송을 받으니라

021

1. 함께 찬양하기

찬송가 191장

〈 내가 매일 기쁘게 〉

1) 내가 매일 기쁘게 순례의 길 행함은 주의 팔이 나를 안보함이요
   내가 주의 큰 복을 받는 참된 비결은 주의 영이 함께 함이라

2) 전에 죄에 빠져서 평안함이 없을 때 예수 십자가의 공로 힘입어
   그 발아래 엎드려 참된 평화 얻음은 주의 영이 함께 함이라

3) 나와 동행하시고 모든 염려 아시니 나는 숲의 새와 같이 기쁘다
   내가 기쁜 맘으로 주의 뜻을 행함은 주의 영이 함께함이라

4) 세상 모든 욕망과 나의 모든 정욕은 십자가에 이미 못을 박았네
   어둔 밤이 지나고 무거운 짐 벗으니 주의 영이 함께 함이라

후렴) 성령이 계시네 할렐루야 함께 하시네
   좁은 길을 걸으며 밤낮 기뻐하는 것 주의 영이 함께 함이라

2. 함께 본문 읽기

사도행전 2:37-47

(37) 그들이 이 말을 듣고 마음에 찔려 베드로와 다른 사도들에게 물어 이르되 형제들아 우리가 어찌할꼬 하거늘 (38) 베드로가 이르되 너희가

회개하여 각각 예수 그리스도의 이름으로 세례를 받고 죄 사함을 받으라 그리하면 성령의 선물을 받으리니 (39) 이 약속은 너희와 너희 자녀와 모든 먼 데 사람 곧 주 우리 하나님이 얼마든지 부르시는 자들에게 하신 것이라 하고 (40) 또 여러 말로 확증하며 권하여 이르되 너희가 이 패역한 세대에서 구원을 받으라 하니 (41) 그 말을 받은 사람들은 세례를 받으매 이 날에 신도의 수가 삼천이나 더하더라 (42) 그들이 사도의 가르침을 받아 서로 교제하고 떡을 떼며 오로지 기도하기를 힘쓰니라 (43) 사람마다 두려워하는데 사도들로 말미암아 기사와 표적이 많이 나타나니 (44) 믿는 사람이 다 함께 있어 모든 물건을 서로 통용하고 (45) 또 재산과 소유를 팔아 각 사람의 필요를 따라 나눠 주며 (46) 날마다 마음을 같이하여 성전에 모이기를 힘쓰고 집에서 떡을 떼며 기쁨과 순전한 마음으로 음식을 먹고 (47) 하나님을 찬미하며 또 온 백성에게 칭송을 받으니 주께서 구원 받는 사람을 날마다 더하게 하시니라

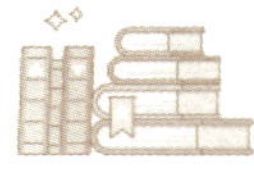

3. 함께 생각하기　　　　　　　인도자가 읽어줍니다

1907년 1월에 평양 장대현교회에서 부흥사경회가 있었습니다. 1,500명이 넘는 성도들이 모여서 예배를 드렸고, 이어서 성령 충만함을 위하여 기도회를 이어갔습니다.

그때 길선주 장로님이 회중들 앞에 나아가서 자신의 죄를 고백하였습니다. 그는 1년 전에 친구가 임종하면서 자신에게 부탁을 하나 했다고 하였습니다. 친구의 아내가 세상 물정에 무지하니까 그 집안의 재산을 관리해달라고 했다는 것입니다. 그런데 길선주 장로님은 죽은 친구

의 재산 중에서 미화 100달러 상당의 큰돈을 착복하였다며 친구 부인에게 용서를 구하고 다음 날 갚겠다고 하였습니다. 길선주 장로님의 뒤를 이어 성도들이 계속 일어나서 자신들의 죄를 낱낱이 고백하며 회개하였습니다. 그들의 회개는 밤이 새도록 이어졌습니다.

성도들은 서로 죄를 고백하고 용서하였으며 대가를 지불하고 배상하였습니다. 장대현교회의 이 놀라운 회심 사건은 세상 사람들을 감동시켰습니다. 그래서 교회마다 사람들이 몰려들었습니다. 한국교회에 큰 부흥이 일어났습니다. 100여 년 전 평양 대부흥의 비결은 하나입니다. 교회가 성령으로 충만하였다는 것입니다. 성령으로 충만하면 우리의 삶도 사회도 변화되고, 교회는 크게 부흥할 것입니다.

4. 함께 관찰하기 성경 본문을 보며 빈칸을 채웁니다

① 그들이 사도의 가르침을 받아 서로 ☐☐하고 ☐을 떼며 오로지 ☐☐하기를 힘쓰니라

② 믿는 사람이 다 함께 있어 모든 물건을 서로 ☐☐하고 또 ☐과 ☐☐를 팔아 각 사람의 필요를 따라 나눠 주며

③ 하나님을 ☐☐하며 또 온 백성에게 ☐☐을 받으니 주께서 ☐☐받는 사람을 날마다 더하게 하시니라

① 성령님의 은혜가 충만하였을 때 내 삶에 일어났었던 큰 변화는 무엇이 있었는지 함께 나누어 봅시다.

② 하나님의 말씀에 순종하여 나의 소유를 이웃과 나누었던 경험이 있으면 말해보고, 그때의 느낌을 함께 나누어 봅시다.

제자들은 예루살렘을 떠나지 말고 약속하신 것을 기다리라 하시는 예수님의 명령을 따라 열심히 기도하고, 말씀을 연구하고, 찬양하며, 간절히 사모하였습니다. 이렇게 약속하신 것을 기다렸을 때 마침내 그들이 모여 있던 마가의 다락방에 성령께서 임하셨습니다. 바로 그 순간 그들은 지금까지와는 완전히 다른 새로운 공동체가 되었습니다.

성령을 체험한 후에 제자 공동체는 사도의 가르침을 따라 서로 교제하며 떡을 떼며 오로지 기도하기에 최선을 다하였습니다. 그랬더니 사도들로 인하여 기사와 표적이 많이 일어났습니다. 믿는 사람들은 공동생활을 하며 모든 물건을 서로 통용하였습니다. 마음은 하나가 되었고, 날마다 성전에 모이기를 힘썼습니다. 집에서는 순전한 마음으로 음식을 먹고, 가정생활에 큰 기쁨이 충만하였습니다. 이런 생활로 온 백성들에게 칭찬을 들었고, 구원받는 사람들은 자꾸만 늘어났습니다. 지금까지와는 비교가 되지 않을 정도로 그 제자들의 공동체는 능력의 공동체, Power 공동체가 되었습니다.

이 사실은 오늘 우리에게 참으로 중요한 교훈을 전해주고 있습니다. 오늘날 우리도 진정으로 역동이 넘치고, 활력이 넘치고, 능력 있는 인

생을 살고 싶다면 성령 충만해야 한다는 사실입니다. 날마다 성령 충만하여 파워가 넘치는 인생을 살아가는 성도들이 되시기를 바랍니다.

 6. 함께 기도하기   마무리하며 함께 기도합니다

하나님 아버지! 우리를 고아와 같이 버려두지 않으시고, 성령을 보내주셔서 하나님을 아버지라 부르게 하시니 감사드립니다. 이 은혜를 붙잡고 늘 성령으로 충만하여져서 파워 있는 인생을 살아가게 하시며, 능력이 있고 참 아름다운 믿음의 가정을 이루어갈 수 있도록 인도하여 주시옵소서. 예수님의 이름으로 기도드립니다. 아멘.

 7. 함께 축복하기   찬양하며 서로를 축복합니다

[우리에게 향하신]

오늘의 암송구절

베드로가 이르되 너희가 회개하여 각각 예수 그리스도의 이름으로 세
례를 받고 죄 사함을 받으라 그리하면 성령의 선물을 받으리니

우리집 가정예배 일지

일 시	참석자
기도제목 • 응답내용	

나는 네가 박해하는 예수라

022

1. 함께 찬양하기

찬송가 336장

〈 환난과 핍박 중에도 〉

1) 환난과 핍박 중에도 성도는 신앙 지켰네
   이 신앙 생각할 때에 기쁨이 충만하도다
2) 옥 중에 매인 성도나 양심은 자유 얻었네
   우리도 고난받으면 죽어도 영광되도다
3) 성도의 신앙 본받아 원수도 사랑하겠네
   인자한 언어 행실로 이 신앙 전파하리라
후렴) 성도의 신앙 따라서 죽도록 충성하겠네

2. 함께 본문 읽기

사도행전 9:1-6

(1) 사울이 주의 제자들에 대하여 여전히 위협과 살기가 등등하여 대제
   사장에게 가서
(2) 다메섹 여러 회당에 가져갈 공문을 청하니 이는 만일 그 도를 따르
   는 사람을 만나면 남녀를 막론하고 결박하여 예루살렘으로 잡아오
   려 함이라

⑶ 사울이 길을 가다가 다메섹에 가까이 이르더니 홀연히 하늘로부터 빛이 그를 둘러 비추는지라

⑷ 땅에 엎드러져 들으매 소리가 있어 이르시되 사울아 사울아 네가 어찌하여 나를 박해하느냐 하시거늘

⑸ 대답하되 주여 누구시니이까 이르시되 나는 네가 박해하는 예수라

⑹ 너는 일어나 시내로 들어가라 네가 행할 것을 네게 이를 자가 있느니라 하시니

⑺ 같이 가던 사람들은 소리만 듣고 아무도 보지 못하여 말을 못하고 서 있더라

⑻ 사울이 땅에서 일어나 눈은 떴으나 아무 것도 보지 못하고 사람의 손에 끌려 다메섹으로 들어가서

⑼ 사흘 동안 보지 못하고 먹지도 마시지도 아니하니라

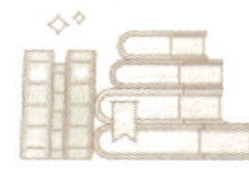

3. 함께 생각하기

인도자가 읽어줍니다

19세기 미국의 부흥사 무디 목사님은 수많은 사람을 주님께로 인도하였습니다. 그의 목표는 하루에 한 사람에게 반드시 복음을 전하는 것이었습니다. 그런데 하루는 아무에게도 전도하지 못한 날이 있었습니다. 그날 밤에 목사님은 잠자리에 들었지만 도무지 잠이 오지 않았습니다. 그래서 다시 옷을 입고 거리로 나갔습니다.

전도할 사람을 찾고 있던 목사님은 거리에서 한 술주정꾼을 만났습니다. 목사님은 그에게 다가가 "예수님을 아시나요?"라고 물었습니다. 그러자 그 술주정꾼은 버럭 화를 내면서 무디 목사님에게 욕을 하고 폭

행을 가하였습니다. 그리고 그 자리를 떠나갔습니다.

그 후 3개월이 지났을 때 무디 목사님은 누군가 현관문을 두드리는 소리에 나가 보았습니다. 그런데 그곳에는 3개월 전에 자신에게 폭행을 가했던 그 술주정꾼이 있었습니다. 술주정꾼이 고백하기를 그날 밤 예수님을 아느냐는 말에 크게 화를 냈으나 그 후로 계속 그 말이 귓전을 맴돌았다고 하였습니다. 그래서 결국 그는 예수님을 믿기로 하였다는 것이었습니다. 놀라운 하나님의 은혜였습니다.

우리가 예수님의 지상명령을 따라 힘써 복음을 전할 때, 하나님은 놀라운 은혜로 우리가 전한 복음이 열매를 맺게 해주십니다.

4. 함께 관찰하기　　성경 본문을 보며 빈칸을 채웁니다

① 사울이 주의 □□들에 대하여 여전히 □□과 살기가 등등하여 □□□□에게 가서

② 사울이 길을 가다가 □□□에 가까이 이르더니 홀연히 하늘로부터 □이 그를 둘러 비추는지라

③ 땅에 엎드러져 들으매 □□가 있어 이르시되 사울아 사울아 네가 어찌하여 나를 □□하느냐 하시거늘

① 그리스도인으로서 우리가 이웃에게 선한 영향력을 끼쳤던 경험을 생각해 보고 함께 나누어 봅시다.

② 초대교회 스데반 집사님의 순교가 사도 바울에게 어떠한 영향을 끼쳤는지 살펴보고 함께 이야기해 봅시다.

오순절 성령 강림사건 이후 초대교회는 크게 부흥하였고, 복음은 점점 흥왕하여 갔습니다. 교회의 사역이 많아지자 사도들을 도와서 구제와 봉사에 전념할 수 있는 지도자들이 필요하였습니다. 그래서 초대교회는 성령과 지혜가 충만하며 사람들에게 칭찬 듣고 존경받는 사람을 세웠는데, 그들이 바로 초대교회 일곱 집사들이었습니다.

그 일곱 집사 중에서 스데반 집사는 은혜와 권능이 충만하여 큰 기사와 표적까지도 행하는 사람이었습니다. 유대인들은 스데반 집사를 당할 수가 없어서 그를 성 밖으로 몰아내고 돌을 들어서 내리쳤습니다. 그런데 스데반 집사가 순교하는 그 현장에 사울이라는 청년이 있었습니다. 주 예수님께 자신의 영혼을 부탁하고, 이 죄를 그들에게 돌리지 말아 달라고 간구하는 스데반 집사의 순교 장면을 보면서 사울은 큰 영향을 받았습니다.

그 후에 사울은 기독교인들을 박해하기 위하여 다메섹으로 가던 중 하늘로부터 들려오는 음성을 들었습니다. "사울아 네가 어찌하여 나를 박해하느냐?" 그 음성은 부활하신 예수님의 부르심이었습니다. 그 순간 사울은 변화되었고, 이방인들에게 복음을 전하는 사도가 되었습니다.

스데반 집사의 순교는 사도 바울에게 깊이 각인되었고 큰 영향력을 끼쳤습니다. 그래서 나중에 사도 바울도 복음을 위해서라면 목숨까지도 아끼지 않는 위대한 전도자의 삶을 살아가게 되었습니다.

6. 함께 기도하기
마무리하며 함께 기도합니다

하나님 아버지! 부활하신 주님을 만나고 변화된 바울과 같이 우리도 날마다 주님을 만나 새롭게 변화되게 하여 주시옵소서. 나아가 이웃에게 선한 영향력을 끼치며 살아가게 하시고, 진실로 아름다운 전도자의 삶을 살아가는 믿음의 가정이 되게 하여 주옵소서. 예수 그리스도의 이름으로 기도드립니다. 아멘.

7. 함께 축복하기
찬양하며 서로를 축복합니다

[우리는 사랑의 띠로]

오늘의 암송구절

땅에 엎드려져 들으매 소리가 있어 이르시되 사울아 사울아 네가 어찌 하여 나를 박해하느냐 하시거늘 대답하되 주여 누구시니이까 이르시되 나는 네가 박해하는 예수라

우리집 가정예배 일지

일 시		참석자	
기도제목 • 응답내용			

큰 무리가 주께 더하여지더라

023

1. 함께 찬양하기　　　　　찬송가 212장

〈 겸손히 주를 섬길 때 〉

1) 겸손히 주를 섬길 때 괴로운 일이 많으나
　구주여 내게 힘주사 잘 감당하게 하소서
2) 인자한 말을 가지고 사람을 감화시키며
　갈 길을 잃은 무리를 잘 인도하게 하소서
3) 구주의 귀한 인내를 깨달아 알게 하시고
　굳건한 믿음 주셔서 늘 승리하게 하소서
4) 장래의 영광 비추사 소망이 되게 하시며
　구주와 함께 살면서 참 평강 얻게 하소서 (아멘)

2. 함께 본문 읽기　　　　　사도행전 11:19-26

(19) 그 때에 스데반의 일로 일어난 환난으로 말미암아 흩어진 자들이 베니게와 구브로와 안디옥까지 이르러 유대인에게만 말씀을 전하는데

(20) 그 중에 구브로와 구레네 몇 사람이 안디옥에 이르러 헬라인에게

도 말하여 주 예수를 전파하니

(21) 주의 손이 그들과 함께 하시매 수많은 사람들이 믿고 주께 돌아오
더라

(22) 예루살렘 교회가 이 사람들의 소문을 듣고 바나바를 안디옥까지
보내니

(23) 그가 이르러 하나님의 은혜를 보고 기뻐하여 모든 사람에게 굳건
한 마음으로 주와 함께 머물러 있으라 권하니

(24) 바나바는 착한 사람이요 성령과 믿음이 충만한 사람이라 이에 큰
무리가 주께 더하여지더라

(25) 바나바가 사울을 찾으러 다소에 가서

(26) 만나매 안디옥에 데리고 와서 둘이 교회에 일 년간 모여 있어 큰 무
리를 가르쳤고 제자들이 안디옥에서 비로소 그리스도인이라 일컬
음을 받게 되었더라

 ## 3. 함께 생각하기 인도자가 읽어줍니다

교부 크리소스톰(AD 347~407)에 관하여 전해지는 이야기가 있습
니다. 그는 로마 황제로부터 예수 그리스도를 믿는 신앙을 포기하라는
명을 받았습니다. 그러나 그는 자신이 죽을지언정 그리스도를 포기하
지 않겠다며 황제의 명을 거부하였습니다. 화가 난 황제가 그를 독방에
넣으라고 명하였습니다. 그러자 그의 신하가 "그는 그리스도인입니다.
예수 믿는 사람은 혼자 중얼거리면서 하나님과 대화한다고 합니다. 혼
자 두는 것은 좋은 일을 시키는 셈입니다."라고 말하였습니다.

이야기를 들은 황제는 "그러면 극악무도한 죄수들과 함께 두라"고 명하였습니다. 그러자 신하는 "그건 더욱 안됩니다. 오히려 전도할 기회가 생겼다고 좋아할 것이고, 얼마 지나지 않아 그 안의 사람들이 모두 크리스천이 될 것입니다"라고 대답하였습니다.

황제는 노발대발하면서 당장 목을 치라고 하였습니다. 그러자 신하는 사색이 되어서 말하길 "그리스도인의 가장 큰 상급은 순교입니다. 처형당하는 것을 오히려 기뻐합니다. 그것이야말로 그에게 제일 좋은 상을 안겨주는 셈입니다"라고 대답하였습니다.

그리스도인은 세상이 감당할 수 없는 사람입니다. 초대교회 성도들처럼 선한 영향력을 끼치는 그리스도인으로 살아가시기를 바랍니다.

4. 함께 관찰하기 성경 본문을 보며 빈칸을 채웁니다

① 그 때에 스데반의 일로 일어난 □□으로 말미암아 흩어진 자들이 베니게와 구브로와 □□□까지 이르러 유대인에게만 □□을 전하는데

② 바나바는 착한 사람이요 □□과 □□이 충만한 사람이라 이에 큰 □□가 주께 더하여지더라

③ 제자들이 안디옥에서 비로소 □□□□□이라 일컬음을 받게 되었더라

① 사람을 만나서 나 자신을 기독교인이라고 소개하였을 때 상대방이 어떻게 반응하였는지 서로 나누어 봅시다.

② 그리스도인이라 불리게 되었던 안디옥교회 성도들처럼 세상에서 우리가 어떻게 선한 영향력을 끼칠 수 있는지 서로 나누어 봅시다.

성령강림 사건 이후 처음 시작된 예루살렘교회는 교회의 본질적인 모습을 확실하게 보여주는 참 훌륭한 교회였습니다. 서로 교제하며 떡을 떼었고, 오로지 기도하기를 힘썼으며, 기사와 표적을 드러내고, 모든 물건을 서로 통용하여 재산과 소유를 팔아 각 사람의 필요를 채워주었습니다.

예루살렘 교회는 이렇게 아름다운 교회였지만 한 가지 문제가 있었습니다. 그것은 바로 예루살렘에만 안주하려 하는 경향이 있었습니다. 그래서 하나님은 예루살렘에만 머물러 있던 공동체를 온 세상에 흩으시기로 작정하셨고, 예루살렘 교회에 큰 박해가 임하도록 하셨습니다. 이렇게 박해로 흩어진 성도들이 다른 지역으로 가서 세운 첫 번째 이방인 교회가 바로 안디옥교회입니다. 안디옥교회는 기독교 역사 속에 아주 중요한 역할을 감당한 교회가 되었는데, 그 모습을 세 가지로 요약해 볼 수 있습니다.

첫째로, 바나바와 바울의 목회로 안디옥교회 성도들은 세상 사람들로부터 불멸의 칭호를 듣게 되었는데, 비로소 그리스도인이라 불리게 되었습니다. 둘째로, 안디옥교회는 예루살렘 교회가 흉년이 들어 어려

움을 겪었을 때 구제헌금을 모아 보내는 사랑의 교회였습니다. 셋째로, 안디옥교회는 이방 지역에 세워진 최초의 이방인 교회였고, 또 이방인에게 선교사를 가장 먼저 파송한 교회이기도 하였습니다. 안디옥교회의 이 아름다운 모습은 오늘날 우리가 꼭 본받아야 할 가장 아름다운 모습입니다.

6. 함께 기도하기

마무리하며 함께 기도합니다

하나님 아버지! 안디옥교회 성도들이 비로소 그리스도인이라 불리었던 것처럼 우리도 이 땅 가운데 진정한 그리스도인으로 살아가 선한 영향력을 끼치게 하여 주시옵소서. 그뿐만 아니라 복음에 대한 확신을 가지고 세상에 주의 복음을 온전히 전파하는 우리 가정이 되도록 인도하여 주시옵소서. 예수님의 이름으로 기도드립니다. (아멘)

7. 함께 축복하기

찬양하며 서로를 축복합니다

[우리는 사랑의 띠로]

오늘의 암송구절

사도행전 11:26

만나매 안디옥에 데리고 와서 둘이 교회에 일 년간 모여 있어 큰 무리를 가르쳤고 제자들이 안디옥에서 비로소 그리스도인이라 일컬음을 받게 되었더라

우리집 가정예배 일지

일 시		참석자	
기도제목 · 응답내용			

건너와서 우리를 도우라

024

1. 함께 찬양하기

찬송가 505장

〈 온 세상 위하여 〉

1) 온 세상 위하여 나 복음 전하리 만백성 모두 나와서 주 말씀 들으라
   죄 중에 빠져서 헤매는 자들아 주님의 음성 듣고서 너 구원 받으라
2) 온 세상 위하여 이 복음 전하리 저 죄인 회개하고서 주 예수 믿으라
   이 세상 구하려 주 돌아가신 것 나 증거하지 않으면 그 사랑 모르리
3) 온 세상 위하여 주 은혜 임하니 주 예수 이름 힘입어 이 복음 전하자
   먼 곳에 나가서 전하지 못해도 나 어느 곳에 있든지 늘 기도 힘쓰리
후렴) 전하고 기도해 매일 증인 되리라
   세상 모든 사람 다 듣고 그 사랑 알도록

2. 함께 본문 읽기

사도행전 16:6-10

(6) 성령이 아시아에서 말씀을 전하지 못하게 하시거늘 그들이 브루기아와 갈라디아 땅으로 다녀가

(7) 무시아 앞에 이르러 비두니아로 가고자 애쓰되 예수의 영이 허락하지 아니하시는지라

(8) 무시아를 지나 드로아로 내려갔는데

(9) 밤에 환상이 바울에게 보이니 마게도냐 사람 하나가 서서 그에게 청
하여 이르되 마게도냐로 건너와서 우리를 도우라 하거늘

(10) 바울이 그 환상을 보았을 때 우리가 곧 마게도냐로 떠나기를 힘쓰
니 이는 하나님이 저 사람들에게 복음을 전하라고 우리를 부르신
줄로 인정함이러라

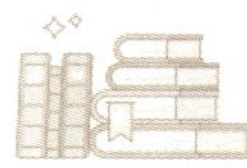

3. 함께 생각하기 인도자가 읽어줍니다

시카고의 명문 휘튼대학을 수석으로 졸업한 짐 엘리엇은 남미 에콰
도르에 있는 아마존 유역에 선교사로 자원하였습니다. 선교훈련을 마
친 짐 엘리엇과 4명의 동료는 악명 높기로 유명한 아우카 부족이 사는
곳으로 들어갔습니다. 하지만 그곳에 들어가자마자 그와 친구들은 원
주민의 창에 찔려 순교하였습니다. 촉망받던 인재들이 선교지에서 복
음을 전해보지도 못하고 목숨을 잃자, 신문들은 '이 얼마나 불필요한
낭비인가?' 라며 비판하는 기사를 썼습니다. 그때 그의 아내 엘리자베
스는 이렇게 말하였습니다.

"말씀을 삼가십시오. 낭비라니요? 제 남편의 죽음은 낭비가 아닙니
다!"

이후 엘리자베스는 간호 훈련을 받고 남편을 죽인 아우카 부족의 마
을로 들어갔습니다. 그녀는 그곳에서 생활하면서 그들에게 복음을 전

하였습니다. 5년 후 그곳을 떠나는 엘리자베스에게 아우카 부족 추장이 물었습니다.

"도대체 당신들은 누구입니까?"

그때 엘리자베스가 대답하였습니다.

"우리는 당신들이 5년 전에 죽였던 남자들의 아내들입니다. 남편들이 당신들을 향해 가지고 있던 하나님의 사랑을 우리가 대신 전하기 위하여 이곳에 온 것입니다."

그로부터 수십 년이 지난 후에 아우카 부족의 마을에는 수백 개의 교회가 세워졌고 목회자도 나오게 되었습니다. 영원한 것을 위하여 영원하지 않은 것을 버리는 것은 결코 낭비가 아닙니다.

4. 함께 관찰하기   성경 본문을 보며 빈칸을 채웁니다

① □□이 아시아에서 □□을 전하지 못하게 하시거늘 그들이 브루기아와 갈라디아 땅으로 다녀가

② 밤에 □□이 바울에게 보이니 마게도냐 사람 하나가 서서 그에게 청하여 이르되 마게도냐로 □□□□ 우리를 □□□ 하거늘

③ 바울이 그 환상을 보았을 때 우리가 곧 □□□□로 떠나기를 힘쓰니 이는 하나님이 저 사람들에게 □□을 전하라고 우리를 부르신 줄로 □□함이러라

① 바울은 자신의 계획을 막으신 하나님에게 어떻게 반응하였는지 함께 나누어 봅시다.

② 우리 가정에 '복음'이 어떻게 건너오게 되었는지 나누어 보고, 그 '복음'을 전해주고 싶은 사람은 누구인지 함께 나누어 봅시다.

안디옥교회는 바나바와 바울을 안수하여 이방 지역에 최초의 선교사로 파송하였습니다. 첫 번째 전도여행을 마친 바울은 다시 정비하여 2차 전도여행을 떠나게 되었습니다. 그런데 이 여행 중에 아주 이상한 현상이 일어났습니다. 그것은 성령께서 아시아 지역에서 전도하려는 바울의 앞길을 자꾸 가로막는 것이었습니다. 그래서 바울은 하나님의 뜻을 구하며 아시아 땅의 끝자락인 드로아에 가서 성령의 지시를 기다렸습니다.

드로아에서 밤에 바울에게 환상이 임하였는데 마게도냐 사람 하나가 "마게도냐로 건너와서 우리를 도우라"고 바울에게 간청하는 것이었습니다. 바울은 그 환상을 성령의 지시로 받아들였습니다. 그래서 배를 타고 마게도냐로 건너갔습니다. 그리고 그 땅의 첫 성인 빌립보에서 복음을 전하며 교회를 세웠는데 그 교회가 유럽 땅에 최초로 세워진 빌립보교회입니다.

복음은 그냥 우연히 전해진 것이 아니라 성령의 역사로 말미암아 '건너감'을 통하여 전파되었습니다. 예루살렘에서 시작된 복음은 건너감을 통하여 안디옥교회로, 그리고 건너감을 통하여 빌립보교회로 전

해진 것입니다. 그 후로도 오랜 역사 동안 복음은 서쪽으로 계속 전해졌는데 로마로, 유럽으로, 영국으로, 미국으로, 그리고 오늘 우리에게까지 건너오게 된 것입니다.

이것을 보면 복음의 역사는 '건너감'의 역사입니다. 누군가 나에게로 건너옴을 통하여 복음이 전해졌다면 이제 나도 누구에게로 건너가 주님의 복음을 전하는 통로가 되어야 하겠습니다.

6. 함께 기도하기　　마무리하며 함께 기도합니다

하나님 아버지! 바울이 성령의 인도하심을 따라 나아갔던 것처럼, 우리도 성령의 음성에 귀를 기울이며 나아가게 하여 주시옵소서. 누군가의 건너옴으로 말미암아 복음을 받아들인 우리 가정을 기억하여 주시고, 우리도 누군가에게 건너가 복음을 전하는 귀하고 복된 삶이 되도록 인도하여 주시옵소서. 예수님의 이름으로 기도드립니다. 아멘.

7. 함께 축복하기　　찬양하며 서로를 축복합니다

[우리는 사랑의 띠로]

오늘의 암송구절

밤에 환상이 바울에게 보이니 마게도냐 사람 하나가 서서 그에게 청하여 이르되 마게도냐로 건너와서 우리를 도우라 하거늘

우리집 가정예배 일지

일 시	참석자	
기도제목 • 응답내용		

PART 3

바울서신

믿음으로 말미암아 살리라

025

1. 함께 찬양하기　　　　　찬송가 421장

〈 내가 예수 믿고서 〉

1) 내가 예수 믿고서 죄사함 받아 나의 모든 것 다 변했네

　　지금 내가 가는 길 천국 길이요 주의 피로 내 죄가 씻겼네

2) 주님 밝은 빛 되사 어둠 헤치니 나의 모든 것 다 변했네

　　지금 내가 주 앞에 온전케 됨은 주의 공로를 의지함일세

3) 내게 성령 임하고 그 크신 사랑 나의 맘에 가득 채우며

　　모든 공포 내게서 물리치시니 내 맘 항상 주 안에 있겠네

후렴) 나의 모든 것 변하고 그 피로 구속받았네

　　하나님은 나의 구원되시오니 내게 정죄함 없겠네

2. 함께 본문 읽기　　　　　로마서 1:11-17

(11) 내가 너희 보기를 간절히 원하는 것은 어떤 신령한 은사를 너희에게 나누어 주어 너희를 견고하게 하려 함이니

(12) 이는 곧 내가 너희 가운데서 너희와 나의 믿음으로 말미암아 피차 안위함을 얻으려 함이라

(13) 형제들아 내가 여러 번 너희에게 가고자 한 것을 너희가 모르기를

원하지 아니하노니 이는 너희 중에서도 다른 이방인 중에서와 같이 열매를 맺게 하려 함이로되 지금까지 길이 막혔도다

(14) 헬라인이나 야만인이나 지혜 있는 자나 어리석은 자에게 다 내가 빚진 자라

(15) 그러므로 나는 할 수 있는 대로 로마에 있는 너희에게도 복음 전하기를 원하노라

(16) 내가 복음을 부끄러워하지 아니하노니 이 복음은 모든 믿는 자에게 구원을 주시는 하나님의 능력이 됨이라 먼저는 유대인에게요 그리고 헬라인에게로다

(17) 복음에는 하나님의 의가 나타나서 믿음으로 믿음에 이르게 하나니 기록된 바 오직 의인은 믿음으로 말미암아 살리라 함과 같으니라

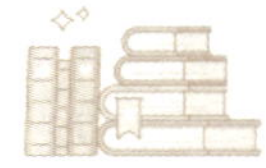 ## 3. 함께 생각하기　　　　　　　인도자가 읽어줍니다

　　영국 캠브리지대학의 학장이었던 모건 박사가 광산촌에서 전도대회를 열었을 때의 일입니다. 그날 저녁 모건 박사는 구원은 오직 믿음으로만 가능하다는 내용으로 설교를 하였습니다. 그런데 집회가 끝난 후에 광부 한 사람이 찾아와서 이렇게 말하였습니다.

　　"박사님! 저도 그리스도인이 되고 싶습니다. 하지만 그냥 믿기만 한다고 해서 하나님이 저의 죄를 용서해 주실지 믿을 수가 없어요. 그렇게 해서 얻은 구원은 너무 값이 싼 것 같아서 받아들이기가 어렵습니다."

　　그러자 모건 박사가 광부에게 물었습니다.

　　"당신은 오늘 어떻게 땅속에서 나왔습니까?"

　　광부는 "늘 하던 대로 엘리베이터를 타고 나왔습니다."라고 대답하

였습니다. 이에 다시 모건 박사가 물었습니다.

"그럼 그 엘리베이터를 타는데 얼마를 내셨습니까?"

광부는 정색하며 대답하였습니다.

"돈을 내다니요? 안 냅니다. 회사에서 엘리베이터를 설치해 주었기 때문에 우리는 그냥 타기만 하면 됩니다."

그러자 모건 박사가 말했습니다.

"땅속 깊은 곳에 들어가도 회사가 돈을 들여 설치한 엘리베이터만 타면 밖으로 나올 수 있듯이 하나님의 아들인 예수님이 당신의 죄를 사하기 위하여 아주 비싼 값을 치러주셨습니다. 그렇기에 예수님만 믿으면 구원을 받을 수 있습니다."

우리의 신분이나 공로에 상관없이 오직 예수님을 믿음으로써 우리는 의롭게 되고 구원을 받습니다. 이 사실을 꼭 기억하며 삽시다.

4. 함께 관찰하기   성경 본문을 보며 빈칸을 채웁니다

① 그러므로 나는 할 수 있는 대로 ☐☐ 에 있는 너희에게도 ☐ ☐ 전하기를 원하노라

② 내가 ☐☐ 을 부끄러워하지 아니하노니 이 복음은 모든 ☐☐ 자에게 ☐☐ 을 주시는 하나님의 ☐☐ 이 됨이라 먼저는 ☐ ☐☐ 에게요 그리고 ☐☐☐ 에게로다

③ 복음에는 하나님의 ☐ 가 나타나서 믿음으로 ☐☐ 에 이르게 하나니 기록된 바 오직 ☐☐ 은 ☐☐ 으로 말미암아 살리라 함과 같으니라

① 기독교의 구원관과 다른 종교의 구원관은 현격한 차이가 있습니다. 과연 어떠한 차이가 있는지 함께 나누어 봅시다.

② 바울이 로마서에서 말씀하고 있는 '이신칭의' (以信稱義)의 사상은 무엇을 의미하고 있는지 함께 나누어 봅시다.

로마서의 핵심 주제는 우리가 오직 믿음을 통해서 하나님의 은혜로 의롭게 된다는 것입니다. 이것이 바로 '이신칭의(以信稱義)' 의 사상입니다. 바울은 로마서를 시작하자마자 1장 17절에서 이 사실을 선포하고 있습니다. "복음에는 하나님의 의가 나타나서 믿음으로 믿음에 이르게 하나니 기록된 바 오직 의인은 믿음으로 말미암아 살리라 함과 같으니라." 하나님의 구원이 우리에게 임하게 되는 것은 온통 믿음으로 말미암습니다. 또한 믿음으로 구원이 완성됩니다. 바로 이것이 복음이며, 바로 이 사상이 로마서 전체 말씀의 핵심 주제입니다.

17절의 "기록된 바 오직 의인은 믿음으로 말미암아 살리라 함과 같으니라"는 말씀은 하박국 2장 4절의 "보라 그의 마음은 교만하며 그 속에서 정직하지 못하나 의인은 그의 믿음으로 말미암아 살리라"는 말씀을 인용한 것입니다. 믿음으로 의로워진 자가 진정으로 살게 된다는 말씀입니다.

그런데 이 이신칭의(以信稱義)의 사상은 창세기 15장 6절의 "아브람이 여호와를 믿으니 여호와께서 이를 그의 의로 여기시고"라는 말씀에서 아브라함에게 이미 나타났습니다. 아브라함이 하나님의 약속을 믿

지 못할 때 하나님은 뭇별을 보여주시며 아브라함에게 교훈하셨습니다. 그때 아브라함이 하나님의 말씀을 믿었고, 그 믿음을 하나님께서 그의 의(義)로 여겨주셨습니다. 그러므로 오직 믿음입니다. 우리는 오직 믿음으로 의로워지고 오직 믿음으로 구원받는 것입니다.

6. 함께 기도하기   마무리하며 함께 기도합니다

하나님 아버지! 죄로 인하여 죽을 수밖에 없는 우리에게 구원의 은혜를 베풀어 주셔서 참으로 감사드립니다. 우리의 행위와 노력이 아닌 오직 믿음을 통하여 하나님 앞에 의로워지고 구원받을 수 있음을 늘 기억하게 하여 주시옵소서. 또한 이 은혜에 늘 감사 감격하며 살아가게 인도하여 주시옵소서. 예수님의 이름으로 기도드립니다. 아멘.

7. 함께 축복하기   찬양하며 서로를 축복합니다

[우리는 사랑의 띠로]

오늘의 암송구절

로마서 1:17

복음에는 하나님의 의가 나타나서 믿음으로 믿음에 이르게 하나니 기록된 바 오직 의인은 믿음으로 말미암아 살리라 함과 같으니라

우리집 가정예배 일지

일 시		참석자	
기도제목 · 응답내용			

생명의 성령의 법

026

1. 함께 찬양하기

찬송가 268장

〈 죄에서 자유를 얻게 함은 〉

1) 죄에서 자유를 얻게 함은 보혈의 능력 주의 보혈
　시험을 이기고 승리하니 참 놀라운 능력이로다
2) 육체의 정욕을 이길 힘은 보혈의 능력 주의 보혈
　정결한 마음을 얻게 하니 참 놀라운 능력이로다
3) 눈보다 더 희게 맑히는 것 보혈의 능력 주의 보혈
　부정한 모든 것 맑히시니 참 놀라운 능력이로다
4) 구주의 복음을 전할 제목 보혈의 능력 주의 보혈
　날마다 나에게 찬송 주니 참 놀라운 능력이로다
후렴) 주의 보혈 능력 있도다 주의 피 믿으오
　　주의 보혈 그 어린양의 매우 귀중한 피로다

2. 함께 본문 읽기

로마서 8:1-11

(1) 그러므로 이제 그리스도 예수 안에 있는 자에게는 결코 정죄함이 없
나니 (2) 이는 그리스도 예수 안에 있는 생명의 성령의 법이 죄와 사망
의 법에서 너를 해방하였음이라 (3) 율법이 육신으로 말미암아 연약하

여 할 수 없는 그것을 하나님은 하시나니 곧 죄로 말미암아 자기 아들을 죄 있는 육신의 모양으로 보내어 육신에 죄를 정하사 (4) 육신을 따르지 않고 그 영을 따라 행하는 우리에게 율법의 요구가 이루어지게 하려 하심이니라 (5) 육신을 따르는 자는 육신의 일을, 영을 따르는 자는 영의 일을 생각하나니 (6) 육신의 생각은 사망이요 영의 생각은 생명과 평안이니라 (7) 육신의 생각은 하나님과 원수가 되나니 이는 하나님의 법에 굴복하지 아니할 뿐 아니라 할 수도 없음이라 (8) 육신에 있는 자들은 하나님을 기쁘시게 할 수 없느니라 (9) 만일 너희 속에 하나님의 영이 거하시면 너희가 육신에 있지 아니하고 영에 있나니 누구든지 그리스도의 영이 없으면 그리스도의 사람이 아니라 (10) 또 그리스도께서 너희 안에 계시면 몸은 죄로 말미암아 죽은 것이나 영은 의로 말미암아 살아 있는 것이니라 (11) 예수를 죽은 자 가운데서 살리신 이의 영이 너희 안에 거하시면 그리스도 예수를 죽은 자 가운데서 살리신 이가 너희 안에 거하시는 그의 영으로 말미암아 너희 죽을 몸도 살리시리라

3. 함께 생각하기　　　　　　　인도자가 읽어줍니다

　「천로역정」의 작가 존 번연(John Bunyan) 목사님은 신실한 청교도 신앙인이었습니다. 그런데 당시 영국의 국왕은 청교도인들을 심하게 박해하였습니다. 존 번연 목사님도 잡혀서 감옥에 갇히고 말았습니다. 풀려날 가망성이 없이 하루하루 지내던 어느 날 간수 중 한 사람이 아무도 모르게 옥문을 열어주면서 집에 가서 식구들을 잠깐 만나고 오라고 하였습니다. 하지만 목사님은 간수에게 "당신의 호의는 고마우나 그것은 성령님이 인도하시는 길이 아닙니다."라고 거절하였습니다.

그로부터 한 시간 후에 국왕이 그 감옥을 방문하였습니다. 국왕은 존 번연 목사님이 감옥에 잘 있는지 확인하려고 들른 것이었습니다. 국왕이 떠나자 간수는 목사님에게 "목사님 감사드립니다. 목사님께서 제 말을 따르지 않고 성령님의 인도하심을 따라 행동하셨기에 목사님도 살고 저도 살았습니다. 목사님을 보고 성령님을 따르는 것이 어떤 것인지 제가 알게 되었습니다. 정말 고맙습니다."라고 하였습니다.

우리가 인생을 살아가노라면 선택의 기로에 설 때가 참 많습니다. 그 선택의 순간에 결코 내 고집이나 내 방법대로 선택하지 말고, 오직 성령님의 인도하심을 따라야 합니다. 양심에 비쳐오는 주의 음성에 귀를 기울이고, 마음에 비쳐오는 성령님의 지시하심을 따라 살아감으로 날마다 성령 충만한 삶을 살아가시기를 바랍니다.

4. 함께 관찰하기　　성경 본문을 보며 빈칸을 채웁니다

① 이는 그리스도 예수 안에 있는 □□의 □□의 법이 □와 □□의 법에서 너를 해방하였음이라

② □□의 생각은 □□이요 □의 생각은 □□과 □□이니라

③ 만일 너희 속에 □□□의 □이 거하시면 너희가 □□에 있지 아니하고 □에 있나니 누구든지 □□□□의 □이 없으면 □□□의 사람이 아니라

5. 함께 나누기　질문에 따라 묵상한 내용을 나눕니다

① 나는 육신을 따르는 '육의 사람'인가요? 영을 따르는 '영의 사람'인가요? 육에 속한 것과 영에 속한 것이 무엇인지 생각해 봅시다.

② 내 안에 성령님이 함께하심을 믿습니까? 성령님과 동행하기 위해서 나는 어떻게 해야 하는지 서로 나누어 봅시다.

로마서는 우리가 의롭게 되는 것은 율법에 따라서가 아니라 오직 하나님을 믿음으로 말미암는다는 사실을 강조하고 있습니다. 이것이 바로 우리 기독교 신앙의 뿌리인 '이신칭의'(以信稱義) 사상입니다. 그리고 이것이 바울 신학의 핵심이자 로마서의 근간을 이루는 말씀입니다.

로마서 1~6장까지는 우리가 어떻게 구원을 얻고 성화에 이르게 되는지를 설명하고 있으며, 7장에서는 어떤 의지나, 선한 행동이나, 율법으로도, 다시 말하면 그 어떤 인간적인 노력으로도 성화를 이룰 수 없었던 자신의 모습을 바라보며 깊이 탄식하는 모습을 바라볼 수 있습니다. 바울은 구원과 성화를 이루는 그 능력은 우리 안에서 비롯되는 것이 아니라 오직 성령님으로 말미암는다는 사실을 선포하고 있습니다.

로마서 8장은 바로 이 사실에 대하여 집중적으로 알려주고 있는데, "이는 그리스도 예수 안에 있는 생명의 성령의 법이 죄와 사망의 법에서 너를 해방하였음이라"(2절)고 선포하고 있습니다. 이것은 놀라운 선언이며 복음입니다. 우리는 오직 '생명의 성령의 법'으로 말미암아 '죄와 사망의 법'을 이기고 진정한 자유를 얻을 수 있습니다. 우리의 모든 영적인 삶은 성령님과 밀접히 연관되어 있습니다. 그러므로 성령님 없

이는 우리가 승리할 수가 없습니다. 구원과 성화를 이루는 길은 오직 '생명의 성령의 법'에 순종할 때 가능한 것임을 기억하며 날마다 성령 충만하시기를 바랍니다.

6. 함께 기도하기　　마무리하며 함께 기도합니다

하나님 아버지! 그리스도 예수 안에 있는 생명의 성령의 법이 죄와 사망의 법에서 우리를 해방시켜 주신 은혜에 감사드립니다. 늘 성령님과 동행할 수 있도록 인도하여 주시고, 생명의 성령의 법에 순종하며 나아가는 우리 가정이 되도록 역사하여 주시옵소서. 예수님의 이름으로 기도합니다. 아멘.

7. 함께 축복하기　　찬양하며 서로를 축복합니다

[우리는 사랑의 띠로]

오늘의 암송구절

그러므로 이제 그리스도 예수 안에 있는 자에게는 결코 정죄함이 없나니 이는 그리스도 예수 안에 있는 생명의 성령의 법이 죄와 사망의 법에서 너를 해방하였음이라

우리집 가정예배 일지

일 시		참석자	
기도제목 • 응답내용			

선으로 악을 이기라

027

1. 함께 찬양하기

찬송가 300장

〈 내 맘이 낙심되며 〉

1) 내 맘이 낙심되며 근심에 눌릴 때 주께서 내게 오사
　위로해 주시네 가는 길 캄캄하고 괴로움 많으나
　주께서 함께하며 내 짐을 지시네

2) 희망이 사라지고 친구 날 버릴 때 주 내게 속삭이며
　새 희망 주시네 싸움이 맹렬하여 두려워 떨 때에
　승리의 왕이 되신 주 음성 들리네

3) 번민이 가득 차고 눈물이 흐를 때 주 나의 곁에 오사
　위로해 주시네 환난이 닥쳐와서 어려움 당할 때
　주님의 능력 입어 원수를 이기네

후렴) 그 은혜가 내게 족하네 그 은혜가 족하네
　이 괴로운 세상 지날 때 그 은혜가 족하네

2. 함께 본문 읽기

로마서 12:14-21

(14) 너희를 박해하는 자를 축복하라 축복하고 저주하지 말라

(15) 즐거워하는 자들과 함께 즐거워하고 우는 자들과 함께 울라

(16) 서로 마음을 같이하며 높은 데 마음을 두지 말고 도리어 낮은 데 처하며 스스로 지혜 있는 체하지 말라

(17) 아무에게도 악을 악으로 갚지 말고 모든 사람 앞에서 선한 일을 도모하라

(18) 할 수 있거든 너희로서는 모든 사람과 더불어 화목하라

(19) 내 사랑하는 자들아 너희가 친히 원수를 갚지 말고 하나님의 진노하심에 맡기라 기록되었으되 원수 갚는 것이 내게 있으니 내가 갚으리라고 주께서 말씀하시니라

(20) 네 원수가 주리거든 먹이고 목마르거든 마시게 하라 그리함으로 네가 숯불을 그 머리에 쌓아 놓으리라

(21) 악에게 지지 말고 선으로 악을 이기라

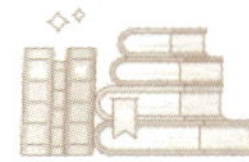

3. 함께 생각하기
인도자가 읽어줍니다

안데르센의 동화 중에 〈미운 오리 새끼〉라는 작품이 있습니다. 엄마 오리가 오랫동안 알을 품고 있다가 새끼들이 알을 깨고 나왔는데, 아무리 봐도 이상하게 생긴 새끼 하나가 섞여 있었습니다. 다른 오리 새끼들은 그 이상하게 생긴 형제를 미워하였습니다. 그래서 그는 미운 오리 새끼로 자라나야만 하였습니다.

그러던 어느 날 혼자 쓸쓸히 호수 위를 헤엄치던 미운 오리 새끼는 자기와 똑같이 생긴 백조라는 새를 만났습니다. 바로 그때 미운 오리 새끼는 자신이 아름다운 백조라는 사실을 깨닫게 되었습니다.

그리스도인인 우리가 이 세상에서 믿음을 지키고 살아가려고 하면 꼭 미운 오리 새끼와 같은 취급을 받기 쉽습니다. 그러나 우리가 세상에서 미운 오리 새끼처럼 미움을 받는다고 할지라도 똑같이 그들을 저주하거나 미워해서는 안 됩니다. 사도 바울은 로마서에서 "박해하는 자를 축복하라 축복하고 저주하지 말라"고 성도들을 권면하였습니다. 그렇게 살아가는 것이 바로 그리스도인의 삶입니다.

우리가 선한 삶을 살아갈 때 하나님께서는 선한 방법으로 우리의 삶을 인도하십니다. 세상에서 미움받고 어려움이 있다 할지라도 선한 삶을 살아가고 선으로 악을 이기는 성도가 되기를 바랍니다.

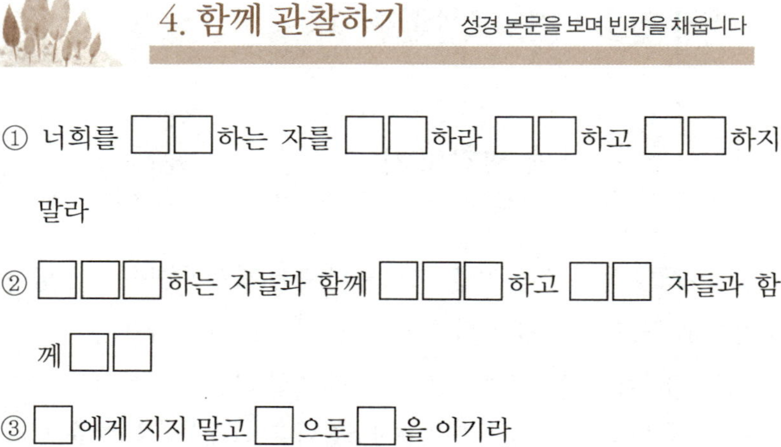

4. 함께 관찰하기 성경 본문을 보며 빈칸을 채웁니다

① 너희를 □□하는 자를 □□하라 □□하고 □□하지 말라

② □□□하는 자들과 함께 □□□하고 □□ 자들과 함께 □□

③ □에게 지지 말고 □으로 □을 이기라

① 나를 미워하고 힘들게 하는 사람과 좋은 관계를 유지하는 것은 참 힘든 일인데, 이를 위해 어떤 지혜를 발휘할 수 있을지 나눠보세요.

② 선으로 악을 이기며 이 세상을 선하게 만들기 위하여 우리가 믿음 안에서 어떻게 노력해야 하는지 서로 나누어 봅시다.

기독교의 핵심 교리가 담긴 로마서는 크게 두 부분으로 나눌 수 있습니다. 1~8장의 교리편은 이신칭의와 성령을 통한 성화에 대해 알려주고, 9~16장의 실천편은 구원받은 그리스도인들이 어떻게 살아야 하는지에 대해 알려주고 있습니다. 그런데 실천편 중에 가장 많이 다루는 내용은 '관계'에 관한 말씀입니다. 우리가 이 사회 속에서 그리스도인으로서 어떤 관계를 맺으며 살아가야 하는지에 대해 알려주고 있습니다. 특별히 로마서 12장이 그 내용을 가장 함축적으로 드러내고 있습니다.

그리스도인의 관계의 공식, 그 첫 번째는 "핍박하는 자를 축복하라"는 것입니다. 이 일은 우리의 힘으로 하기에는 너무 힘이 듭니다. 예수님의 은혜를 통해서만 실천할 수 있습니다. 두 번째 공식은 "즐거워하는 자들과 함께 즐거워하고 우는 자들로 함께 울라"는 것입니다. 상대방의 상황을 살펴서 공감하고, 그를 위하여 사랑을 베풀라는 것입니다. 세 번째 공식은 "낮은 데 처하며 스스로 지혜있는 체하지 말라"는 것입니다. 겸손한 사람이 되라는 것입니다. 그리고 네 번째 공식은 "악으로 악을 갚지 말고 모든 사람 앞에서 선한 일을 도모하라"는 것입니다. 이것은 착하게 살라는 것입니다. 그 후에 마지막에 이렇게 권면합니다.

"악에게 지지 말고 선으로 악을 이기라" 이렇게 이웃과 좋은 관계를 맺고 그 관계를 통하여 복음을 전파하는 것이 바로 그리스도인이 살아가는 삶의 모습입니다.

6. 함께 기도하기   마무리하며 함께 기도합니다

하나님 아버지! 우리를 하나님의 자녀 삼아주시고 그리스도인으로 살아가게 하시니 참으로 감사드립니다. 선으로 악을 이기라는 말씀을 따라 선한 삶을 살아가며, 세상 사람들에게 사랑으로 그리스도를 나타내는 아름다운 가정이 될 수 있도록 인도하여 주시옵소서. 예수님의 이름으로 기도드립니다. 아멘.

7. 함께 축복하기   찬양하며 서로를 축복합니다

[좋으신 하나님]

오늘의 암송구절

네 원수가 주리거든 먹이고 목마르거든 마시게 하라 그리함으로 네가 숯불을 그 머리에 쌓아 놓으리라 악에게 지지 말고 선으로 악을 이기라

우리집 가정예배 일지

일 시		참석자	
기도제목 · 응답내용			

너희는 그리스도의 몸이라

028

1. 함께 찬양하기　　　　찬송가 218장

〈 네 맘과 정성을 다하여서 〉

1) 네 맘과 정성을 다하여서 주 너의 하나님을 사랑하라
　　네 몸을 아끼고 사랑하듯 형제와 이웃을 사랑하라
　　주께서 우리게 명하시니 그 명령 따라서 살아가리
2) 널 미워 해치는 원수라도 언제나 너그럽게 사랑하라
　　널 핍박하는 자 위해서도 신실한 맘으로 복을 빌라
　　속죄의 큰 사랑 받은 이 몸 내 생명 다 바쳐 살아가리
3) 나 항상 주님을 멀리하고 형제를 사랑하지 못하였다
　　이러한 죄인을 사랑하사 주께서 몸 버려 죽으셨다
　　속죄의 큰 사랑 받은 이 몸 내 생명 다 바쳐 충성하리

2. 함께 본문 읽기　　　　고린도전서 12:18-27

(18) 그러나 이제 하나님이 그 원하시는 대로 지체를 각각 몸에 두셨으니
(19) 만일 다 한 지체뿐이면 몸은 어디냐
(20) 이제 지체는 많으나 몸은 하나라

(21) 눈이 손더러 내가 너를 쓸 데가 없다 하거나 또한 머리가 발더러 내가 너를 쓸 데가 없다 하지 못하리라

(22) 그뿐 아니라 더 약하게 보이는 몸의 지체가 도리어 요긴하고

(23) 우리가 몸의 덜 귀히 여기는 그것들을 더욱 귀한 것들로 입혀 주며 우리의 아름답지 못한 지체는 더욱 아름다운 것을 얻느니라 그런즉

(24) 우리의 아름다운 지체는 그럴 필요가 없느니라 오직 하나님이 몸을 고르게 하여 부족한 지체에게 귀중함을 더하사

(25) 몸 가운데서 분쟁이 없고 오직 여러 지체가 서로 같이 돌보게 하셨느니라

(26) 만일 한 지체가 고통을 받으면 모든 지체가 함께 고통을 받고 한 지체가 영광을 얻으면 모든 지체가 함께 즐거워하느니라

(27) 너희는 그리스도의 몸이요 지체의 각 부분이라

3. 함께 생각하기

인도자가 읽어줍니다

인도양의 외딴섬에 '도도'라고 불리는 새들이 살고 있었습니다. 도도새는 모양새도 우스꽝스럽고 냄새도 고약하였습니다. 게다가 도도새의 고기는 너무 질기고 맛이 없었습니다. 그래서 사람들은 도도새를 아무짝에도 쓸모없다고 생각하여 마을에서 쫓아내 버렸습니다. 그런데 도도새가 사라진 것을 기점으로 해서 그 섬에서 잘 자라던 '갈바리야'라는 나무가 더 이상 번식하지 않게 되었습니다. 마을 사람들이 모여서 그 원인을 조사하였는데 놀라운 사실을 발견하였습니다. 갈 바리야 나무의 씨앗은 단단한 껍질로 둘러싸여 있어서 도도새가 쪼아서 껍질을

벗겨야만 싹이 틀 수 있었던 것입니다. 이 사실을 알게 된 마을 사람들은 도도새를 다시 마을로 데려왔습니다.

하나님께서 창조하신 모든 만물은 각기 그 나름의 존재 가치가 있습니다. 사람은 더더욱 그렇습니다. 쓸모없는 사람은 이 세상에 단 한 사람도 없습니다. 한 사람 한 사람이 모두 하나님 앞에서 귀하고 가치 있는 존재입니다. 그러므로 나의 존재 가치를 발견하고 또한 다른 사람의 존재 가치를 인정해 주며 살아야 합니다. 교회와 가정 안에서 이렇게 서로 사랑으로 대하는 삶이야말로 지체 의식을 가지고 그리스도의 몸을 이루는 참 귀하고 아름다운 삶입니다.

4. 함께 관찰하기 성경 본문을 보며 빈칸을 채웁니다

① 그러나 이제 □□□이 그 원하시는 대로 □□를 각각 □에 두셨으니

② 우리의 아름다운 □□는 그럴 필요가 없느니라 오직 □□□이 몸을 고르게 하여 부족한 지체에게 □□□을 더하사

③ 만일 한 지체가 □□을 받으면 모든 지체가 함께 □□을 받고 한 지체가 □□을 얻으면 모든 지체가 함께 즐거워하느니라

5. 함께 나누기 질문에 따라 묵상한 내용을 나눕니다

① 유기체적인 하나의 몸에 존재하는 다양성과 통일성에 관하여 서로 이야기를 나누어 봅시다.

② 가정과 교회 안에서 지체 의식을 가지려고 하면 어떻게 노력해야 하는지 서로 나누어 봅시다.

고린도전서는 하나님의 교회가 어떤 모습을 갖추어야 하는지 알려주는 교회론에 관한 말씀입니다. 당시 고린도는 로마제국 내에서 크게 번성한 항구도시였습니다. 그래서 로마의 세속문화가 왕성하였고, 그리스 로마 신화의 만신 숭배가 만연하였으며, 각종 철학 사상이 온 땅에 가득하였습니다. 이런 도시에 세워진 고린도교회는 복음을 쉽게 받아들이기는 하였지만 혼합주의와 성적 문란, 무절제, 경박함 등의 세상 문화를 그대로 답습하고 있었습니다. 그 결과 고린도교회 안에는 파당이 형성되어 분열이 일어났습니다. 그리고 성찬식 문제, 우상숭배 문제, 은사 문제로 인하여 많은 다툼이 일어나기도 하였습니다.

이런 상황 속에서 바울은 고린도교회를 향해서 교회는 어떤 공동체이어야 하는지 우리의 몸에 비유하여 교훈하고 있습니다. 우리의 몸은 하나이지만 많은 지체가 서로 긴밀한 관계를 유지하는 유기체입니다. 이 유기체적인 몸 안에는 '다양성' 과 '통일성' 의 개념이 함께 존재합니다. 그래서 우리의 유기체적인 몸 안에서는 절대로 분쟁이 일어나지 않습니다. 강한 지체만 살아남는 것이 아니라 약한 지체가 더 요긴하기도 합니다. 한 지체가 고통을 받으면 모든 지체가 함께 고통을 받고, 한

지체가 영광을 얻으면 모든 지체가 함께 즐거워합니다. 이렇게 서로 지체 의식을 가지고 대할 때 하나님께서 기뻐하시는 아름다운 가정과 교회가 되는 것입니다.

6. 함께 기도하기

마무리하며 함께 기도합니다

하나님 아버지! 우리를 그리스도의 몸 된 교회의 지체로 불러주셔서 감사드립니다. 우리의 몸 안에 다양성과 통일성이 있듯이 각 지체를 존중하고 사랑하게 하여 주시옵소서. 또한 각 지체의 서로 약한 부분을 돌보아 주어 사랑으로 하나가 되는 아름다운 교회와 가정이 되게 하여 주시옵소서. 예수님의 이름으로 기도드립니다. 아멘.

7. 함께 축복하기

찬양하며 서로를 축복합니다

[좋으신 하나님]

오늘의 암송구절

만일 한 지체가 고통을 받으면 모든 지체가 함께 고통을 받고 한 지체가 영광을 얻으면 모든 지체가 함께 즐거워하느니라 너희는 그리스도의 몸이요 지체의 각 부분이라

우리집 가정예배 일지

일 시	참석자
기도제목 · 응답내용	

내가 약한 그때에 강함이라

029

1. 함께 찬양하기   찬송가 380장

〈 나의 생명 되신 주 〉

1) 나의 생명 되신 주 주님 앞에 나아갑니다
   주의 흘린 보혈로 정케하사 받아 주소서
2) 괴론 세상 지낼 때 나를 인도하여 주소서
   주를 믿고 나가면 나의 길을 잃지 않겠네
3) 세상 살아갈 때에 주를 더욱 사랑합니다
   밝고 빛난 천국에 나의 영혼 들어가겠네
후렴) 날마다 날마다 주를 찬송하겠네
   주의 사랑 줄로써 나를 굳게 잡아 매소서 아멘

2. 함께 본문 읽기   고린도후서 12:1-10

(1) 무익하나마 내가 부득불 자랑하노니 주의 환상과 계시를 말하리라
(2) 내가 그리스도 안에 있는 한 사람을 아노니 그는 십사 년 전에 셋째
하늘에 이끌려 간 자라 (그가 몸 안에 있었는지 몸 밖에 있었는지 나는
모르거니와 하나님은 아시느니라) (3) 내가 이런 사람을 아노니 (그가
몸 안에 있었는지 몸 밖에 있었는지 나는 모르거니와 하나님은 아시느

니라) (4) 그가 낙원으로 이끌려 가서 말로 표현할 수 없는 말을 들었으니 사람이 가히 이르지 못할 말이로다 (5) 내가 이런 사람을 위하여 자랑하겠으나 나를 위하여는 약한 것들 외에 자랑하지 아니하리라 (6) 내가 만일 자랑하고자 하여도 어리석은 자가 되지 아니할 것은 내가 참말을 함이라 그러나 누가 나를 보는 바와 내게 듣는 바에 지나치게 생각할까 두려워하여 그만두노라 (7) 여러 계시를 받은 것이 지극히 크므로 너무 자만하지 않게 하시려고 내 육체에 가시 곧 사탄의 사자를 주셨으니 이는 나를 쳐서 너무 자만하지 않게 하려 하심이라 (8) 이것이 내게서 떠나가게 하기 위하여 내가 세 번 주께 간구하였더니 (9) 나에게 이르시기를 내 은혜가 네게 족하도다 이는 내 능력이 약한 데서 온전하여짐이라 하신지라 그러므로 도리어 크게 기뻐함으로 나의 여러 약한 것들에 대하여 자랑하리니 이는 그리스도의 능력이 내게 머물게 하려 함이라 (10) 그러므로 내가 그리스도를 위하여 약한 것들과 능욕과 궁핍과 박해와 곤고를 기뻐하노니 이는 내가 약한 그 때에 강함이라

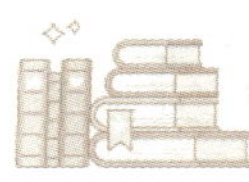

3. 함께 생각하기　　　　　　　인도자가 읽어줍니다

　세계적인 명 지휘자 토스카니니(Arturo Toscanini)는 원래 첼로 연주자였습니다. 18세에 교향악단 단원이 되었는데 시력이 나빠 연주 때마다 악보를 볼 수 없어 어려움을 겪었습니다. 그래서 늘 악보를 외워야 했고, 오케스트라 특성상 조화로운 연주를 위해 다른 파트의 악보까지 외우곤 하였습니다.

　그러던 어느 날 하루는 연주를 앞두고 지휘자가 나타나지 않았습니다. 부득이 단원들 가운데 한 사람이 지휘할 수밖에 없었습니다. 단원

들은 의논 끝에 악보를 모두 외우고 있는 토스카니니에게 지휘를 맡기게 되었습니다. 놀랍게도 토스카니니는 어렵지 않게 모든 곡을 잘 소화하고 연주를 마쳤습니다. 이 일이 바로 토스카니니가 세계적인 지휘자로 발돋움하는 계기가 되었습니다. 근시라는 육체의 가시가 없었다면 일어날 수 없었던 일이었습니다.

이후에 토스카니니는 이렇게 간증하였습니다.

"어려울 때 힘이 되신 하나님께 감사합니다. 좋은 환경이 아니라고 불평하지 마십시오. 좋은 환경만이 좋은 결과를 가져오는 것은 아닙니다. 눈물이 나도 감사하십시오. 눈물 있는 눈으로 하나님을 바라볼 때 더 분명하게 하나님이 보이기 때문입니다."

하나님 앞에서는 약함이 강함입니다.

4. 함께 관찰하기 성경 본문을 보며 빈칸을 채웁니다

① 무익하나마 내가 부득불 ☐☐하노니 주의 ☐☐과 ☐☐를 말하리라

② 내 육체에 ☐☐ 곧 ☐☐의 사자를 주셨으니 이는 나를 쳐서 너무 ☐☐하지 않게 하려 하심이라

③ 내가 그리스도를 위하여 ☐☐것들과 능욕과 궁핍과 박해와 곤고를 ☐☐하노니 이는 내가 약한 그 때에 ☐☐이라

5. 함께 나누기
질문에 따라 묵상한 내용을 나눕니다

① 오랫동안 나를 아프고 괴롭게 만드는 '육체의 가시'와 같은 일이 있다면 함께 나누어 보고, 서로 격려해 줍시다.

② "내가 약한 그 때에 강함이라"고 하는 바울의 고백은 오늘날 나의 신앙에 무엇을 말하고 있는지 각자의 느낌을 말해봅시다.

오늘 본문은 바울이 자신의 사도권을 적극적으로 해명하는 가운데, 신비 체험으로 인한 자랑과 더불어 자신의 고난과 수고를 함께 언급하는 내용입니다. 이렇게 바울이 자신의 신비 체험을 언급하는 것은 단순한 인간적 자랑이 아니라 사도권의 정통성을 입증하는 차원의 자랑입니다.

바울은 영적 체험에 대한 자랑을 한 후에 자신이 교만해지지 않도록 하나님께서 '육체의 가시'를 주셨다고 고백하고 있습니다. 육체의 가시는 영적인 유혹이나 반대와 박해로 보기도 하고, 욕정의 유혹이나 육체적인 외모의 열등감으로 보기도 합니다. 하지만 가장 진실에 가까운 주장은 '안질' 때문에 당하는 고통으로 보는 견해입니다. 그런데 그것이 어떤 것이든 그 육체의 가시는 바울에게 아주 심각한 고통을 가져다주었고, 바울은 그 고통이 너무 커서 이것을 벗어나게 해달라고 하나님께 간절히 기도하였습니다.

그런데 하나님의 응답은 참으로 특이한 응답이었습니다. 바울의 기도에 하나님은 "내 은혜가 네게 족하도다"라고 응답해 주셨습니다. 이러한 응답을 통해 바울은 하나님의 능력이 약한 데서 온전하여지는 것임을 깨달았고, 도리어 크게 기뻐하였습니다. 그리고 바울은 이제 나의

약한 것들을 자랑하겠다고 고백하였는데, 이것은 그리스도의 능력이 내게 머물게 하기 위한 것임을 깨달았던 것입니다. 그래서 바울은 "내가 약한 그때에 강함이라"고 고백하였습니다. 바울의 체험을 통하여 고통에 직면하는 법과 하나님의 관점을 배워서 더욱 성숙한 그리스도인의 삶을 살아가시기를 바랍니다.

6. 함께 기도하기　　　마무리하며 함께 기도합니다

하나님 아버지! 약할 때 강하게 하시는 놀라운 은혜와 사랑에 감사드립니다. 그 은혜를 신뢰함으로 육체의 가시를 직면하게 하옵소서. 어떤 고난이 찾아와도 겸손하게 하나님만 바라보게 하옵소서. 우리도 바울처럼 그 은혜가 내게 족하다는 확신으로 믿음의 삶을 힘차게 살아가게 하옵소서. 예수님의 이름으로 기도드립니다. 아멘.

7. 함께 축복하기　　　찬양하며 서로를 축복합니다

[좋으신 하나님]

오늘의 암송구절

그러므로 내가 그리스도를 위하여 약한 것들과 능욕과 궁핍과 박해와
곤고를 기뻐하노니 이는 내가 약한 그 때에 강함이라

우리집 가정예배 일지

일 시		참석자	
기도제목 · 응답내용			

사랑으로
서로 종노릇 하라

030

1. 함께 찬양하기　　　　　　　　찬송가 459장

〈 누가 주를 따라 〉

1) 누가 주를 따라 섬기려는가 누가 죄를 떠나 주만 따를까

　　누가 주를 섬겨 남을 구할까 누가 주의 뒤를 따라 가려나

　　부르심을 받아 주의 은혜로 주를 따라 가네 주만 따르네

2) 세상 영광 위해 따름 아니요 크신 사랑 인해 주만 따르고

　　주가 내려주신 은혜 힘입어 주의 뒤를 따라 힘써 일하네

　　부르심을 받아 주의 은혜로 주를 따라 가네 주만 따르네

3) 환난 핍박 많고 원수 강하나 주의 용사 더욱 힘이 강하니

　　누가 능히 이겨 넘어뜨리랴 변함없는 진리 승리하리라

　　기쁜 찬송하며 주의 은혜로 주를 따라 가네 주만 따르네

2. 함께 본문 읽기　　　　　　　　갈라디아서 5:6-15

(6) 그리스도 예수 안에서는 할례나 무할례나 효력이 없으되 사랑으로

　　써 역사하는 믿음뿐이니라

(7) 너희가 달음질을 잘 하더니 누가 너희를 막아 진리를 순종하지 못하

게 하더냐

(8) 그 권면은 너희를 부르신 이에게서 난 것이 아니니라

(9) 적은 누룩이 온 덩이에 퍼지느니라

(10) 나는 너희가 아무 다른 마음을 품지 아니할 줄을 주 안에서 확신하
    노라 그러나 너희를 요동하게 하는 자는 누구든지 심판을 받으리라

(11) 형제들아 내가 지금까지 할례를 전한다면 어찌하여 지금까지 박해
    를 받으리요 그리하였으면 십자가의 걸림돌이 제거되었으리니

(12) 너희를 어지럽게 하는 자들은 스스로 베어 버리기를 원하노라

(13) 형제들아 너희가 자유를 위하여 부르심을 입었으나 그러나 그 자유
    로 육체의 기회를 삼지 말고 오직 사랑으로 서로 종 노릇 하라

(14) 온 율법은 네 이웃 사랑하기를 네 자신 같이 하라 하신 한 말씀에서
    이루어졌나니

(15) 만일 서로 물고 먹으면 피차 멸망할까 조심하라

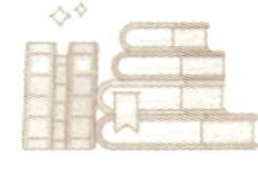

3. 함께 생각하기 인도자가 읽어줍니다

어느 군대 중대에서 한 이등병이 추운 겨울날 밖에서 손을 녹여가며
찬물로 빨래를 하고 있었습니다. 마침 그곳을 지나가던 소대장이 그것
을 보고 안쓰러워하며 한마디를 건넸습니다.

"김 이병! 저기 취사장에 가서 뜨거운 물 좀 얻어다가 해."

그 이등병은 소대장의 말을 듣고 취사장으로 가서 뜨거운 물을 얻으
려고 하였지만, 고참에게 군기가 빠졌다는 핀잔과 함께 고된 얼차려를
받아야만 했습니다.

그렇게 계속 빨래를 하고 있는데, 이번에는 군대생활을 오래 한 중년의 인사계 부사관이 그 곁을 지나다가 인사계 이등병이 찬물로 열심히 빨래하는 모습을 보았습니다. 그런데 그는 걸음을 멈추고 이렇게 말했습니다.

"김 이병! 내가 세수를 좀 하려고 하니까, 지금 취사장에 가서 큰 대야에 뜨거운 물 좀 받아 와라!"

이등병은 취사장으로 뛰어가서 취사병에게 말했습니다. 그리고 금방 뜨거운 물을 한가득 받아 왔습니다. 그러자 부사관은 "김 이병! 그 물로 언 손을 녹여가며 해라. 양이 충분하지는 않겠지만 동상은 피할 수 있을 거야."라면서 사랑을 베풀어 주었습니다. 사랑은 상대방의 입장에서 생각하고 도움을 주어야 합니다. 사랑하는 마음을 가진 것도 중요하지만 그것을 넘어서서 사랑의 실천자가 되어야 하겠습니다.

4. 함께 관찰하기　성경 본문을 보며 빈칸을 채웁니다

① 그리스도 예수 안에서는 ☐☐나 ☐☐☐나 효력이 없으되 ☐☐으로써 역사하는 ☐☐뿐이니라

② 형제들아 너희가 ☐☐를 위하여 부르심을 입었으나 그러나 그 자유로 ☐☐의 ☐☐를 삼지 말고 오직 ☐☐으로 서로 ☐ 노릇 하라

③ 만일 ☐☐ 물고 먹으면 피차 ☐☐할까 ☐☐하라

① 바울이 갈라디아서에서 강력하게 선언하였던 이신칭의(以信稱義) 사상은 무엇인지 함께 나누어 봅시다.

② 자유의 종으로서 교회와 가정 안에서 구체적으로 어떻게 섬김을 실천할 수 있을지 함께 나누어 봅시다.

바울이 갈라디아 교회를 떠난 후에 큰 문제가 발생하였습니다. 율법주의자들이 교회 안에서 다른 복음을 전하였기 때문입니다. 율법주의자들은 믿음으로만 구원받기에는 부족하고 율법을 준수해야 한다고 주장하였습니다. 그래서 율법의 가르침대로 절기를 지키고 할례를 받아야 한다고 했습니다. 이런 상황을 알게 된 바울은 편지를 통하여 다른 복음을 전하는 이들을 강력하게 비판하였고 성도들을 올바른 길로 인도하고자 하였습니다.

바울은 다른 복음을 전하는 율법주의자들을 비판하면서 사람이 의롭게 되는 것은 율법의 행위를 통해서가 아니라 오직 그리스도를 믿음으로 가능하다고 다시 한 번 강력하게 선언하였습니다. 오직 믿음으로 말미암아 구원을 얻는다는 이신칭의(以信稱義)의 사상을 강조한 것입니다.

그러면서 바울은 서신을 통하여 믿음으로 말미암아 의로워진 자들은 어떤 죄로부터도, 어떤 율법으로부터도, 완전한 자유를 얻은 존재임을 선포하였습니다. 그러나 이렇게 해서 얻은 자유를 가지고 육체의 기회로 삼지 말라고 강조하였습니다. 오히려 그 자유를 가지고 스스로 종이 되어서 서로 섬기고 봉사하고 사랑하는 삶을 살아야 한다고 하였습니

다. 바로 이것이 그 유명한 '자유의 종(The Servant of Freedom)' 의 개념입니다. 예수님은 하나님의 본체이십니다. 그러나 하나님과 동등됨을 취하지 아니하시고 오히려 자기를 비워 종의 형체를 가져 사람들과 같이 되셨습니다. 이러한 예수님을 본받아 우리들도 자유의 종이 되어야 하겠습니다.

6. 함께 기도하기　　마무리하며 함께 기도합니다

　　하나님 아버지! 우리를 사랑하셔서 이 땅에 독생자 예수님을 보내 주시고 십자가의 보혈의 은총으로 말미암아 죄와 율법으로부터 자유케 하시니 감사드립니다. 주님이 우리에게 주신 고귀한 자유를 가지고 육체의 기회로 삼지 않게 하여 주시고, 사랑으로 서로 종노릇 하게 하여 주시옵소서. 예수 그리스도의 이름으로 기도드립니다. 아멘.

7. 함께 축복하기　　찬양하며 서로를 축복합니다

[좋으신 하나님]

오늘의 암송구절

갈라디아서 5:13

형제들아 너희가 자유를 위하여 부르심을 입었으나 그러나 그 자유로 육체의 기회를 삼지 말고 오직 사랑으로 서로 종노릇 하라

우리집 가정예배 일지

일 시		참석자	
기도제목 · 응답내용			

하나 되게 하신 것을 힘써 지키라

031

1. 함께 찬양하기

찬송가 208장

〈 내 주의 나라와 〉

1) 내 주의 나라와 주 계신 성전과

　피 흘려 사신 교회를 늘 사랑합니다

2) 내 주의 교회는 천성과 같아서

　눈동자 같이 아끼사 늘 보호하시네

3) 이 교회 위하여 눈물과 기도로

　내 생명 다하기까지 늘 봉사합니다

4) 성도의 교제와 교회의 위로와

　구주와 맺은 언약을 늘 기뻐합니다 (아멘)

2. 함께 본문 읽기

에베소서 4:1-10

(1) 그러므로 주 안에서 갇힌 내가 너희를 권하노니 너희가 부르심을 받은 일에 합당하게 행하여

(2) 모든 겸손과 온유로 하고 오래 참음으로 사랑 가운데서 서로 용납하고

(3) 평안의 매는 줄로 성령이 하나 되게 하신 것을 힘써 지키라

(4) 몸이 하나요 성령도 한 분이시니 이와 같이 너희가 부르심의 한 소망 안에서 부르심을 받았느니라

(5) 주도 한 분이시요 믿음도 하나요 세례도 하나요

(6) 하나님도 한 분이시니 곧 만유의 아버지시라 만유 위에 계시고 만유를 통일하시고 만유 가운데 계시도다

(7) 우리 각 사람에게 그리스도의 선물의 분량대로 은혜를 주셨나니

(8) 그러므로 이르기를 그가 위로 올라가실 때에 사로잡혔던 자들을 사로잡으시고 그 사람들에게 선물을 주셨다 하였도다

(9) 올라가셨다 하였은즉 땅 아래 낮은 곳으로 내리셨던 것이 아니면 무엇이냐

(10) 내리셨던 그가 곧 모든 하늘 위에 오르신 자니 이는 만물을 충만하게 하려 하심이라

3. 함께 생각하기   인도자가 읽어줍니다

탈무드에 이런 이야기가 나옵니다. 머리가 두 개 달린 아이가 태어났습니다. 시간이 지나 사람들은 몸은 하나인데 머리가 두 개인 아이를 한 사람으로 보아야 할지, 두 사람으로 보아야 할지 궁금해졌습니다. 그래서 랍비를 찾아갔습니다.

"랍비여, 이 아이의 몸은 하나인데 머리가 두 개입니다. 두 아이로 보아야 합니까? 아니면 한 아이로 보아야 합니까?"

이 질문을 들은 랍비는 다음과 같이 대답하였습니다.

"미안하지만, 한 아이의 머리를 살짝 때려보시기 바랍니다. 만약에 둘 다 울면 분명 그들은 한 아이일 것이고, 한 아이만 운다면 그들은 두 아이일 것입니다."

이 예화는 한 몸이 어떤 의미가 있는지를 우리에게 가르쳐 주고 있습니다. 우리가 한 몸이라면 함께 아파하고 함께 즐거워할 수 있어야 한다는 이야기입니다.

교회는 하나입니다. 예수님을 주로 모시고 그분께 대하여 신앙을 고백하고, 예수님께서 하시던 일을 하고, 한 목적을 향해 나아가는 하나의 교회라는 사실을 기억해야 합니다. 그래서 우리 교회와 곁에 있는 교회도 하나입니다. 이 세상의 모든 교회는 이단이 아니라면 예수님이 세우신 하나의 교회입니다. 그리스도의 몸으로 온전히 세워지기 위해 유기적으로 연합하여 하나 됨을 이루어야 합니다.

4. 함께 관찰하기　　성경 본문을 보며 빈칸을 채웁니다

① 모든 ☐☐과 ☐☐로 하고 오래 참음으로 ☐☐ 가운데서 서로 ☐☐하고

② 몸이 ☐☐요 ☐☐도 한 분이시니 이와 같이 너희가 부르심의 한 ☐☐ 안에서 부르심을 받았느니라

③ 주도 한 분이시요 ☐☐도 하나요 ☐☐도 하나요

 5. 함께 나누기 질문에 따라 묵상한 내용을 나눕니다

① 교회론의 가장 큰 명제는 "교회는 하나이다."입니다. 교회의 하나 됨을 위해서 우리가 무엇을 해야 하는지 함께 나누어 봅시다.

② 교회와 가정에서 사랑으로 서로 용납하며 하나 됨을 이루기 위하여 우리가 어떻게 해야 하는지 생각해 보고 함께 나누어 봅시다.

에베소서에서 중요한 내용은 교회론에 관한 말씀입니다. 에베소서는 교회의 본질과 목적에 대해 알려주시는 교회론에 대해 말씀합니다. 바울은 가이사랴에서 죄수의 신분으로 로마로 압송되어갔는데, 거기서 약 2년간 1차로 로마 감옥생활을 하던 중 에베소서 말씀을 기록하여 보냈습니다.

그래서 전반부인 1장부터 3장까지는 교회가 어떻게 비롯되었는지 근원을 밝혀주고, 교회를 설립하신 하나님의 목적은 무엇이며, 교회는 어떤 공동체인지 본질에 대해 상세하게 기록하였습니다. 그리고 후반부인 4장부터 6장까지는 실천적인 교훈을 우리에게 전해주고 있는데, 교회 공동체의 성도들 간에는 어떤 경우에라도 일치와 연합을 이루어야 하고, 또한 성도는 가정생활에서도 주님의 뜻을 따라 잘 감당해야 함을 알려주고 있습니다.

그중에서 오늘 본문의 말씀은 에베소서 후반부의 첫 말씀인데, 그 내용은 교회는 일치와 연합을 이루어야 한다는 아주 중요한 교훈을 전해주고 있습니다. 몸도 하나요 성령도 한 분이시고, 우리는 소망 안에서 부르심을 받았고, 주도 믿음도 세례도 하나이며, 하나님도 한 분이시기

때문에 모든 교회는 하나라고 말씀하고 있습니다. 이렇게 하나 된 교회는 하나님께서 사명의 수행을 위하여 각각의 성도들에게 주신 은사를 따라 충성하고 봉사하며 유기적인 연합을 이루어야 합니다. 교회론의 대명제는 "교회는 하나이다."라는 것입니다. 이것은 한 교회가 그 안에서 하나가 되어야 함과 동시에 모든 교회가 하나라는 숭고한 뜻까지 포함하고 있습니다.

6. 함께 기도하기

마무리하며 함께 기도합니다

하나님 아버지! 은혜와 사랑을 감사드립니다. 우리를 믿음의 자녀들로 삼아주시고, 교회 안에서 신앙생활할 수 있도록 인도하여 주시니 감사드립니다. 교회의 하나 됨을 기억하며 일치와 연합을 이루게 하여 주시옵소서. 또한 우리에게 주어진 가정을 사랑으로 섬기게 하여 주시옵소서. 예수 그리스도의 이름으로 기도드립니다. 아멘.

7. 함께 축복하기

찬양하며 서로를 축복합니다

[좋으신 하나님]

오늘의 암송구절

에베소서 4:2-3

모든 겸손과 온유로 하고 오래 참음으로 사랑 가운데서 서로 용납하고
평안의 매는 줄로 성령이 하나 되게 하신 것을 힘써 지키라

우리집 가정예배 일지

일 시	참석자
기도제목 · 응답내용	

너희 안에 이 마음을 품으라

032

1. 함께 찬양하기　　　찬송가 455장

〈 주님의 마음을 본받는 자 〉

1) 주님의 마음을 본받는 자 그 맘에 평강이 찾아옴은
　험악한 세상을 이길 힘이 하늘로부터 임함이로다
2) 주 모습 내 눈에 안 보이며 그 음성 내 귀에 안 들려도
　내 영혼 날마다 주를 만나 신령한 말씀 늘 배우도다
3) 가는 길 거칠고 험하여도 내 맘에 불평이 없어짐은
　십자가 고난을 이겨내신 주님의 마음 본받음이라
후렴) 주님의 마음 본받아 살면서 그 거룩하심 나도 이루리
　(아멘)

2. 함께 본문 읽기　　　빌립보서 2:1-11

(1) 그러므로 그리스도 안에 무슨 권면이나 사랑의 무슨 위로나 성령의
　무슨 교제나 긍휼이나 자비가 있거든
(2) 마음을 같이하여 같은 사랑을 가지고 뜻을 합하며 한마음을 품어
(3) 아무 일에든지 다툼이나 허영으로 하지 말고 오직 겸손한 마음으로
　각각 자기보다 남을 낮게 여기고

(4) 각각 자기 일을 돌볼뿐더러 또한 각각 다른 사람들의 일을 돌보아 나의 기쁨을 충만하게 하라

(5) 너희 안에 이 마음을 품으라 곧 그리스도 예수의 마음이니

(6) 그는 근본 하나님의 본체시나 하나님과 동등됨을 취할 것으로 여기지 아니하시고

(7) 오히려 자기를 비워 종의 형체를 가지사 사람들과 같이 되셨고

(8) 사람의 모양으로 나타나사 자기를 낮추시고 죽기까지 복종하셨으니 곧 십자가에 죽으심이라

(9) 이러므로 하나님이 그를 지극히 높여 모든 이름 위에 뛰어난 이름을 주사

(10) 하늘에 있는 자들과 땅에 있는 자들과 땅 아래에 있는 자들로 모든 무릎을 예수의 이름에 꿇게 하시고

(11) 모든 입으로 예수 그리스도를 주라 시인하여 하나님 아버지께 영광을 돌리게 하셨느니라

3. 함께 생각하기

인도자가 읽어줍니다

뉴욕의 회사원이었던 폴은 동료들과 함께 공항으로 가고 있었습니다. 때는 주말 오후 시간이었고 택시를 잡기가 쉽지 않았습니다. 겨우 택시를 잡게 된 폴과 동료들은 너무 기뻐서 택시가 멈춘 곳으로 달려갔습니다. 그 바람에 동료 중 한 사람이 길가에 있던 노점상 할머니의 과일 바구니를 넘어뜨리고 말았습니다.

동료들은 서둘러 택시에 올라탔습니다. 그러나 폴은 택시에 오를 수가 없었습니다. 노점상 할머니가 너무 당황해하는 모습을 보았기 때문입니다. 폴은 미안한 마음에 할머니에게 다가갔습니다. 그런데 놀랍게도 그 할머니는 앞을 보지 못하는 시각장애인이었습니다. 폴은 어쩔 줄 몰라 하는 할머니에게 미안하다는 말씀을 드리고 바닥에 떨어진 과일들을 하나씩 줍기 시작하였습니다. 그때 할머니는 폴에게 "혹시 예수님이 아니신가요?"라고 물었습니다. 폴이 왜 그렇게 생각하시냐고 여쭈니까 할머니는 조금 전 과일 바구니가 넘어질 때 예수님께 기도했다고 하였습니다.

"예수님 저에게 오셔서 저를 좀 도와주세요!"

그 기도가 끝나자마자 폴이 와서 할머니를 도와주니까 할머니는 폴을 예수님이라고 생각했다는 것입니다.

그날 밤 폴은 할머니가 자신에게 던진 질문이 계속 기억났습니다. 누군가 자신을 보며 예수님처럼 생각할 수도 있겠다는 마음이 강하게 들었고, 그래서 꼭 그렇게 살아야겠다고 깊이 다짐하였습니다.

4. 함께 관찰하기   성경 본문을 보며 빈칸을 채웁니다

① ☐☐을 같이하여 같은 사랑을 가지고 뜻을 합하며 한 ☐☐을 품어

② 각각 ☐☐ 일을 돌볼뿐더러 또한 각각 다른 사람들의 일을 돌보아 나의 ☐☐을 충만하게 하라

③ 너희 안에 이 ☐☐을 품으라 곧 그리스도 ☐☐의 ☐☐이니

① 우리가 스스로 낮은 자리에 있을 때 주변 사람들이 오히려 우리를 높여 주었던 경험을 서로 나누어 봅시다.

② 바울은 빌립보교회를 향해 예수님의 마음을 닮으라고 하였습니다. 우리가 닮아야 할 예수님의 마음은 무엇인지 서로 나누어 봅시다.

빌립보교회는 바울이 2차 전도여행 중에 세운 유럽 최초의 교회입니다. 그래서인지 바울은 빌립보교회에 깊은 애정을 품고 있었습니다. 빌립보교회 성도들은 자신들의 삶이 넉넉하지 않음에도 바울의 선교사역을 돕기 위하여 여러 번에 걸쳐 헌금을 보내는 등 바울과 아주 친밀한 관계 속에 있었습니다. 반면에 빌립보교회 안에는 몇 가지 문제도 있었습니다. 성도들이 하나 되지 못한 모습을 보였습니다. 다툼이나 허세를 부리는 사람도 있었습니다. 또한 서로 섬기지 못하는 이기적인 모습들도 있었습니다.

빌립보교회 안에 여러 가지 문제들이 있음을 잘 알고 있던 바울은 빌립보교회의 성도들에게 예수님을 본받으라고 권면하였습니다. 그러면서 예수님이 우리에게 어떻게 오셨는지 소개해 주었습니다. 예수님은 ① 하나님의 본체이시지만 ② 자기를 비우셨고 ③ 종의 형체를 취하셨으며 ④ 사람이 되셨습니다. ⑤ 그리고 자기를 낮추시고 ⑥ 십자가에 죽으셨습니다. 이렇게 예수님은 자신을 비하(卑下)하셔서 우리 가운데 오신 분이십니다.

이렇게 자기를 비워 내시고 한없이 낮아지신 예수님을 하나님께서는

한없이 높여주셨습니다. 본문 9절 말씀부터는 예수님의 승귀(昇貴)를 소개해 주고 있는데 ① 하나님께서 예수님을 높여주시고 ② 모든 무릎을 예수님의 이름에 꿇게 하시고 ③ 모든 입으로 예수님을 주라 시인하게 하셨습니다.

예수님처럼 우리도 하나님의 뜻에 순종하여서 스스로 낮추고 섬기면 하나님께서 우리를 반드시 높여주실 것입니다.

6. 함께 기도하기　　마무리하며 함께 기도합니다

하나님 아버지! 예수님의 비하와 승귀를 깨닫게 해주시니 진심으로 감사드립니다. 우리 가정이 하늘 영광 버리고 자신을 낮추심으로 이 땅에 오신 예수님을 본받아 사는 가정이 되게 하여 주옵소서. 그래서 나보다 남을 낮게 여기며 겸손하게 살아가는 가정이 되게 하여 주시옵소서. 예수님의 이름으로 기도드립니다. 아멘.

7. 함께 축복하기　　찬양하며 서로를 축복합니다

[사랑의 주님이]

오늘의 암송구절

너희 안에 이 마음을 품으라 곧 그리스도 예수의 마음이니 그는 근본 하나님의 본체시나 하나님과 동등 됨을 취할 것으로 여기지 아니하시고

우리집 가정예배 일지

일 시	참석자
기도제목 · 응답내용	

주께 하듯 하라

1. 함께 찬양하기

찬송가 559장

〈 사철에 봄바람 불어 잇고〉

1) 사철에 봄바람 불어 잇고 하나님 아버지 모셨으니
　　믿음의 반석도 든든하다 우리 집 즐거운 동산이라

2) 어버이 우리를 고이시고 동기들 사랑에 뭉쳐 있고
　　기쁨과 설움도 같이하니 한 간의 초가도 천국이라

3) 아침과 저녁에 수고하여 다 같이 일하는 온 식구가
　　한 상에 둘러서 먹고 마셔 여기가 우리의 낙원이라

후렴) 고마워라 임마누엘 예수만 섬기는 우리 집
　　고마워라 임마누엘 복되고 즐거운 하루하루

2. 함께 본문 읽기

골로새서 3:8-25

(18) 아내들아 남편에게 복종하라 이는 주 안에서 마땅하니라

(19) 남편들아 아내를 사랑하며 괴롭게 하지 말라

(20) 자녀들아 모든 일에 부모에게 순종하라 이는 주 안에서 기쁘게 하
　　는 것이니라

(21) 아비들아 너희 자녀를 노엽게 하지 말지니 낙심할까 함이라

(22) 종들아 모든 일에 육신의 상전들에게 순종하되 사람을 기쁘게 하는 자와 같이 눈가림만 하지 말고 오직 주를 두려워하여 성실한 마음으로 하라

(23) 무슨 일을 하든지 마음을 다하여 주께 하듯 하고 사람에게 하듯 하지 말라

(24) 이는 기업의 상을 주께 받을 줄 아나니 너희는 주 그리스도를 섬기느니라

(25) 불의를 행하는 자는 불의의 보응을 받으리니 주는 사람을 외모로 취하심이 없느니라

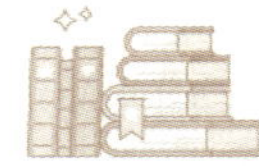

3. 함께 생각하기　　　　　　　　인도자가 읽어줍니다

　한 화가가 이 세상에서 가장 아름다운 그림을 그려보고 싶어서 길을 떠났습니다. 매우 아름다운 저택을 본 화가는 그 문 앞에 서 있는 예쁜 신부에게 질문하였습니다.

　"이 세상에서 제일 아름다운 것은 무엇이라고 생각하시나요?"

　신부는 "그거야 사랑이지요."라고 대답하였습니다. 화가는 즉시 신부의 얼굴과 그 얼굴에 서려 있는 사랑을 그렸습니다. 그러나 화가는 그 그림에 만족하지는 못하였습니다.

　다시 길을 떠난 화가는 전쟁터에서 이제 막 돌아온 군인을 만나서 세상에서 제일 아름다운 것이 무엇인지 물었습니다. 그 군인은 "이 세상에서 제일 아름다운 것은 평화입니다."라고 하였습니다. 그 순간 화가

는 무서운 싸움터가 변해서 논과 밭을 이루고, 그곳에 곡식이 누렇게 익고, 농부들이 노래를 부르며 추수하는 장면을 그렸습니다. 그러나 그 그림 역시 화가에게 만족감을 주지 못하였습니다.

세상을 돌고 돌다가 지친 화가는 결국 집으로 돌아왔습니다. 그때 어린 자녀들이 "아빠!" 하고 소리 지르며 달려와 그에게 안기며 입을 맞춰주었습니다. 그의 아내도 따뜻한 웃음으로 그를 맞이해 주었습니다. 잠시 후 온 가족이 식탁에 둘러앉아 식사 기도를 하였습니다. 그때 화가는 아내와 아이들의 얼굴에서 사랑과 평화를 발견하였습니다.

"아! 세상에서 가장 아름다운 그림이 바로 여기 있었구나!"

그 후에 화가는 세상에서 가장 아름다운 그림, '가정'을 그렸습니다.

4. 함께 관찰하기   성경 본문을 보며 빈칸을 채웁니다

① 아내들아 ☐☐에게 ☐☐하라 이는 ☐ 안에서 마땅하니라

남편들아 ☐☐를 ☐☐하며 괴롭게 하지 말라

② 자녀들아 모든 일에 ☐☐에게 ☐☐하라 이는 주 안에서 ☐

☐☐ 하는 것이니라

③ 무슨 일을 하든지 ☐☐을 다하여 ☐☐ 하듯 하고 ☐☐에

게 하듯 하지 말라

① 부모가 자녀를 노엽게 하지 말라는 말씀과 자녀는 부모에게 순종하라는 말씀을 어떻게 실천할지 서로 나누어 봅시다.

② 가족 구성원들이 서로 주께 하듯 하면 우리 가정 안에 어떤 현상이 나타날지 생각해 보고, 이를 실천하는 방법들을 떠올려 보세요.

골로새서는 기독론에 관해서 잘 설명해 주고 있는 책입니다. 1~2장에서 만물의 으뜸이 되시는 예수님을 알려주고, 3~4장에서는 그리스도인의 실천적인 내용을 다루고 있습니다. 실천편 중에서 오늘 본문은 그리스도인으로서 가정생활을 어떻게 해야 하는지 잘 알려주고 있습니다.

하나님께서 우리에게 참으로 행복하고 즐거운 삶을 살도록 허락하여 주신 기관이 있는데 그것이 곧 가정입니다. 그런데 우리의 가정이 행복하고 건강하려면 가족 구성원들과 좋은 관계를 유지해야 합니다. 가정에는 부부 관계, 부모 자녀 관계, 형제 관계 등 여러 관계가 있습니다. 이런 관계들이 원만하게 잘 이루어지는 것이 하나님의 뜻입니다.

먼저 아내들은 남편에게 복종하라고 권면합니다. 이것은 가정의 질서를 위한 권면으로써 남편 힘(power)을 존중해주라는 말씀입니다. 다음으로 남편들은 아내를 사랑하고 괴롭게 하지 말라고 합니다. 이것은 친밀감(intimacy)으로 아내를 대하라는 말씀입니다. 그리고 자녀들은 부모에게 순종하라고 하였습니다. 자녀가 부모에게 순종하는 것은 마땅히 지켜야 할 천륜(天倫)입니다. 한편 부모들은 자녀를 노엽게 하지 말라고 강권합니다. 이 말은 자녀를 자신의 소유물로 생각하지 말고 인격

적으로 대하라는 교훈입니다. 이 말씀대로 실천하여 가족들과 아름다운 관계를 이루고 행복하고 건강한 가정을 만들어가시기를 바랍니다.

6. 함께 기도하기

마무리하며 함께 기도합니다

하나님 아버지! 우리에게 가정이란 기관을 허락하여 주심에 감사드립니다. 우리 가정을 주 안에서 더욱더 아름답고 행복하게 만들어갈 수 있도록 도와주시옵소서. 특히 우리 가족은 서로가 서로에게 주께 하듯 하여 사랑과 섬김을 실천하게 하여 주시옵소서. 예수 그리스도의 이름을 기도드립니다. 아멘.

7. 함께 축복하기

찬양하며 서로를 축복합니다

[사랑의 주님이]

오늘의 암송구절

골로새서 3:23

무슨 일을 하든지 마음을 다하여 주께 하듯 하고 사람에게 하듯 하지
말라

우리집 가정예배 일지

일 시		참석자	
기도제목 · 응답내용			

믿는 자의 본이 되었느니라

034

1. 함께 찬양하기

찬송가 455장

〈 주님의 마음을 본받는 자 〉

1) 주님의 마음을 본받는 자 그 맘에 평강이 찾아옴은
   험악한 세상을 이길 힘이 하늘로부터 임함이로다
2) 주 모습 내 눈에 안 보이며 그 음성 내 귀에 안 들려도
   내 영혼 날마다 주를 만나 신령한 말씀 늘 배우도다
3) 가는 길 거칠고 험하여도 내 맘에 불평이 없어짐은
   십자가 고난을 이겨내신 주님의 마음 본받음이라
후렴) 주님의 마음 본받아 살면서 그 거룩하심 나도 이루리
   (아멘)

2. 함께 본문 읽기

데살로니가전서 1:2-10

(2) 우리가 너희 모두로 말미암아 항상 하나님께 감사하며 기도할 때에
너희를 기억함은 (3) 너희의 믿음의 역사와 사랑의 수고와 우리 주 예수
그리스도에 대한 소망의 인내를 우리 하나님 아버지 앞에서 끊임없이
기억함이니 (4) 하나님의 사랑하심을 받은 형제들아 너희를 택하심을
아노라 (5) 이는 우리 복음이 너희에게 말로만 이른 것이 아니라 또한

능력과 성령과 큰 확신으로 된 것임이라 우리가 너희 가운데서 너희를 위하여 어떤 사람이 된 것은 너희가 아는 바와 같으니라 (6) 또 너희는 많은 환난 가운데서 성령의 기쁨으로 말씀을 받아 우리와 주를 본받은 자가 되었으니 (7) 그러므로 너희가 마게도냐와 아가야에 있는 모든 믿는 자의 본이 되었느니라 (8) 주의 말씀이 너희에게로부터 마게도냐와 아가야에만 들릴 뿐 아니라 하나님을 향하는 너희 믿음의 소문이 각처에 퍼졌으므로 우리는 아무 말도 할 것이 없노라 (9) 그들이 우리에 대하여 스스로 말하기를 우리가 어떻게 너희 가운데에 들어갔는지와 너희가 어떻게 우상을 버리고 하나님께로 돌아와서 살아 계시고 참되신 하나님을 섬기는지와 (10) 또 죽은 자들 가운데서 다시 살리신 그의 아들이 하늘로부터 강림하실 것을 너희가 어떻게 기다리는지를 말하니 이는 장래의 노하심에서 우리를 건지시는 예수시니라

3. 함께 생각하기
인도자가 읽어줍니다

인도의 지도자였던 '마하트마 간디'의 일화입니다. 어느 날, 한 여인이 아들을 데리고 간디를 찾아왔습니다. 여인은 간디 앞에 무릎을 꿇고 아들을 도와주기를 간청하였습니다.

"선생님, 제 아들을 도와주세요. 아들이 설탕을 너무 좋아합니다. 건강에 나쁘다고 아무리 타일러도 듣지 않습니다. 그런데 아들이 간디 선생님을 존경해서 설탕을 끊으라고 하면 끊겠다고 합니다."

간디는 소년의 눈을 바라보며 그의 어머니에게 말하였습니다.

"도와드릴 테니 보름 뒤에 다시 아드님을 데려오십시오."

그러자 그 여인은 "저희는 선생님을 뵈러 아주 먼 길을 왔습니다. 그

냥 돌려보내지 마시고, 제 아들에게 설탕을 먹지 말라고 한마디만 해주십시오."라고 간청하였습니다.

간디는 다시 한번 소년을 바라보며 말하였습니다.

"보름 뒤에 다시 아드님을 데려오십시오."

어쩔 수 없이 여인은 아들을 데리고 돌아갔습니다. 보름 뒤 그 여인은 다시 간디를 찾아왔습니다. 간디는 소년에게 말하였습니다.

"아이야! 설탕을 많이 먹으면 건강을 해치니 먹지 않는 것이 좋겠구나."

그러자 여인은 간디에게 감사를 표하면서 물었습니다.

"선생님, 궁금한 것이 있습니다. 보름 전에 제가 아들을 데리고 선생님을 뵈었을 때 왜 보름 후에 다시 찾아오라고 하셨습니까?"

간디가 대답하였습니다.

"실은 저도 설탕을 좋아합니다. 보름 전 그날도 저는 설탕을 먹고 있었거든요. 아이에게 설탕을 먹지 말라고 하기 전에 제가 먼저 설탕을 끊어야 했습니다."

4. 함께 관찰하기   성경 본문을 보며 빈칸을 채웁니다

① 너희의 □□의 역사와 □□의 수고와 우리 주 예수 그리스도에 대한 □□의 인내를 우리 하나님 아버지 앞에서 끊임없이 □□함이니

② 또 너희는 많은 □□ 가운데서 □□의 □□으로 □□을 받아 우리와 주를 □□□ □가 되었으니

③ 그러므로 너희가 □□□□□와 □□□에 있는 모든 □□ 자의 □이 되었느니라

5. 함께 나누기 질문에 따라 묵상한 내용을 나눕니다

① 믿음의 선한 행실로 인하여 교회의 덕을 세우고 하나님께 영광이 되었던 경험을 함께 나누어 봅시다.

② 데살로니가교회 교인들이 신앙생활을 잘 감당한 것을 보고, 우리는 어떻게 훌륭한 믿음의 삶을 살아갈 수 있을지 서로 나눠봅시다.

데살로니가교회는 바울이 2차전도 여행 중에 유럽 지역에 두 번째로 세운 교회입니다. 데살로니가교회 교인들은 아주 훌륭한 신앙생활을 감당하고 있었는데, 바울은 데살로니가전서를 기록하여 보내면서 너희의 믿음의 역사와 사랑의 수고와 소망의 인내에 감사한다고 고백하였습니다.

바울은 5~8절에서는 너희는 많은 환난 가운데서 성령의 기쁨으로 말씀을 받아 우리와 주를 본받은 자가 되었다고 크게 칭찬하였습니다 (6절). 이렇게 예수님을 본받는 자가 되었더니, 데살로니가교회 교인들은 그 지역 마게도냐와 아가야에 있는 모든 믿는 자들의 본이 되었고(7절), 이로써 하나님을 향하는 데살로니가교회 교인들의 믿음의 소문이 각처에 퍼졌다(8절)고 크게 칭찬하였습니다. 이런 것을 보면 데살로니가교회는 먼저 예수님을 깊이 본받는 교회였고, 이로써 지역사회 많은 사람에게 참 본이 되었고, 나아가 믿음의 좋은 소문을 온누리에 펼쳐내는 참 훌륭한 교회였던 것입니다.

데살로니가교회는 우상을 버리고 하나님께로 돌아왔으며, 살아계시고 참되신 하나님을 잘 섬겼다고 말씀하고 있습니다. 또한 예수님께서

하늘로부터 재림하실 것을 간절히 기다렸다고 말씀하고 있습니다. 바울은 데살로니가교회 성도들로 인하여 하나님께 감사하였고, 그들의 참된 신앙의 모습에 대하여 크게 칭찬하였습니다. 오늘날 한국교회가 심히 어려운 가운데 있습니다. 이러한 때에 우리도 데살로니가교회 성도들의 신앙을 온전히 본받아서 참된 교회의 모습을 회복해야 하겠습니다.

6. 함께 기도하기   마무리하며 함께 기도합니다

하나님 아버지! 우리에게 본이 되어주신 예수님을 따라 살아가길 간절히 소망합니다. 우리 가정이 믿음의 역사와 사랑의 수고와 소망의 인내를 감당하기에 부족함이 없도록 인도하여 주시옵소서. 또한 믿음의 본이 되어 하나님 앞에 영광 올려드리고 이웃에게 칭송받게 하여 주시옵소서. 예수 그리스도의 이름으로 기도드립니다. 아멘.

7. 함께 축복하기   찬양하며 서로를 축복합니다

[사랑의 주님이]

오늘의 암송구절

또 너희는 많은 환난 가운데서 성령의 기쁨으로 말씀을 받아 우리와 주를 본받은 자가 되었으니 그러므로 너희가 마게도냐와 아가야에 있는 모든 믿는 자의 본이 되었느니라

우리집 가정예배 일지

일 시		참석자	
기도제목 · 응답내용			

그날에 그가 강림하시리라

035

1. 함께 찬양하기 찬송가 391장

〈 오 놀라운 구세주 예수 〉

1) 오 놀라운 구세주 예수 내 주 참 능력의 주시로다

　큰 바위 밑 안전한 그곳으로 내 영혼을 숨기시네

2) 오 놀라운 구세주 예수 내 주 내 모든 짐 벗기시네

　죄악에서 날 끌어 올리시며 또 나에게 힘 주시네

3) 측량 못할 은혜로 채우시며 늘 성령의 감화주사

　큰 기쁨 중 주님을 찬양토록 내 믿음을 도우시네

4) 주 예수님 공중에 임하실 때 나 일어나 맞이하리

　그 구원이 은총을 노래하리 저 천군과 천사 함께

후렴) 메마른 땅을 종일 걸어가도 나 피곤치 아니하며 저 위험한 곳

　내가 이를 때면 큰 바위에 숨기시고 주 손으로 덮으시네

2. 함께 본문 읽기 데살로니가후서 1:6-12

(6) 너희로 환난을 받게 하는 자들에게는 환난으로 갚으시고

(7) 환난을 받는 너희에게는 우리와 함께 안식으로 갚으시는 것이 하나
님의 공의시니 주 예수께서 자기의 능력의 천사들과 함께 하늘로부

터 불꽃 가운데에 나타나실 때에

(8) 하나님을 모르는 자들과 우리 주 예수의 복음에 복종하지 않는 자들에게 형벌을 내리시리니

(9) 이런 자들은 주의 얼굴과 그의 힘의 영광을 떠나 영원한 멸망의 형벌을 받으리로다

(10) 그 날에 그가 강림하사 그의 성도들에게서 영광을 받으시고 모든 믿는 자들에게서 놀랍게 여김을 얻으시리니 이는 (우리의 증거가 너희에게 믿어졌음이라)

(11) 이러므로 우리도 항상 너희를 위하여 기도함은 우리 하나님이 너희를 그 부르심에 합당한 자로 여기시고 모든 선을 기뻐함과 믿음의 역사를 능력으로 이루게 하시고

(12) 우리 하나님과 주 예수 그리스도의 은혜대로 우리 주 예수의 이름이 너희 가운데서 영광을 받으시고 너희도 그 안에서 영광을 받게 하려 함이라

3. 함께 생각하기

인도자가 읽어줍니다

아프리카에는 '뱀잡이수리' 라고 하는 이름을 가진 특이한 새가 살고 있습니다. 이 새는 비서새(Secretary Bird)라고도 불리는데, 귀 뒤에 펜을 꽂고 있는 것 같아서 붙여진 이름입니다. 뱀잡이수리는 맹금류로서 몸집이 크며 다른 맹금류보다 긴 다리와 목을 가지고 있습니다. 또한 눈매가 무섭고 사납습니다. 이 뱀잡이수리는 주로 공중을 활공하다가 모래사막에 두더지나 뱀 같은 것을 발견하면 쏜살같이 내려가 낚아채고 그 자리에서 쪼아 먹습니다. 평상시에는 여느 독수리와 마찬가지

로 민첩하게 잘 날아다닙니다.

그런데 뱀잡이수리에게도 약점은 있습니다. 그 약점은 표범이나 사자와 같은 맹수가 먹이를 먹고 있는 자신에게 갑자기 달려들면 매우 당황한다는 것입니다. 그래서 자신이 새라는 사실을 까마득히 잊어버리며 행동합니다. 그래서 맹수의 공격에 날아서 피하지 못하고 들짐승처럼 '걸음아 나 살려라' 하고 걸으면서 내빼고 맙니다. 그러다가 결국 얼마 못 가서 맹수에게 잡아먹히고 맙니다. 안타깝게도 날짐승이 땅의 맹수에게 잡히는 것입니다.

이 이야기는 우리에게 중요한 교훈을 제공해주고 있습니다. 모든 사람은 죽음 앞에 서게 됩니다. 이 세상에서 죽음을 피할 수 있는 사람은 단 한 사람도 없습니다. 안타깝게도 많은 사람이 이 중요한 사실을 잊어버린 채 당황하며 불행한 결말을 맞이한다는 것입니다. 우리는 누구나 죽는다는 것을 꼭 기억하여 주어진 삶에 최선을 다해야 하겠습니다.

4. 함께 관찰하기　성경 본문을 보며 빈칸을 채웁니다

① □□을 받는 너희에게는 □□와 함께 □□으로 갚으시는 것이 하나님의 □□시니

② 그 날에 그가 □□하사 그의 □□□에게서 □□을 받으시고 모든 □□ 자들에게서 놀랍게 여김을 얻으시리니

③ 우리 □□□과 주 □□ 그리스도의 은혜대로 우리 주 예수의 □□이 너희 가운데서 □□을 받으시고 너희도 그 안에서 □□을 받게 하려 함이라

5. 함께 나누기   질문에 따라 묵상한 내용을 나눕니다

① 시한부 종말론처럼 잘못된 종말 신앙과 주님의 재림을 사모하는 참된 종말 신앙의 모습을 비교해 보고 그 차이점을 나누어 봅시다.

② 건강한 종말론적 신앙을 가지고 구체적으로 어떻게 참된 믿음의 삶을 살아갈 수 있는지 생각해 보고 함께 나누어 봅시다.

데살로니가교회는 여러모로 훌륭한 교회였습니다. 그러나 약 2~3개월 전에 보낸 데살로니가전서의 내용을 곡해하는 사람들이 생겨났고, 재림에 관해서는 앞서 전서를 보낼 때보다 더 혼란된 상태를 나타내고 있었습니다.

이러한 상황 속에서 바울은 데살로니가후서를 통하여 종말의 징조를 착각하여 극단적 현실도피 경향을 보이지 말아야 하고, 참된 그리스도인에게는 종말이 두려운 것이 아니라 오히려 소망의 기쁜 날임을 가르쳤습니다. 특히 종말의 때에는 배교하는 일이 일어나고 불법의 사람이 나타나므로 절대로 현혹되지 말고, 기독교의 본래적인 전통과 전승을 잘 지켜서 규모있는 믿음의 삶을 살아가라고 강력히 권면하였습니다. 특히 종말이 온다고 무위도식하며 절대로 게으른 삶을 살아서는 안 되고, 종말이 언제 오든지 간에 끝까지 참된 믿음 생활을 잘해 나갈 것을 가르쳤습니다.

기독교의 신앙은 애초부터 종말론적인 신앙입니다. 예수님의 재림을 기다리며, 하나님의 나라를 사모하며, 참믿음의 삶을 살아가는 것이 기독교의 첫 신앙입니다. 우리는 두 가지 종말을 앞에 두고 살아가고 있

습니다. 하나는 개인의 종말(죽음)이요, 또 하나는 역사의 종말(주님의 재림)입니다. 그러므로 우리는 종말 앞에 겸허히 옷깃을 여미고, 무엇보다 참된 믿음의 삶을 살아가고, 지나친 욕심과 자기중심적인 교만을 버리고, 진실로 의연한 삶을 살아가야 합니다. 건강한 종말 신앙을 가지고 참된 믿음의 삶을 살아가는 성도들이 되시기를 간절히 바랍니다.

6. 함께 기도하기　　마무리하며 함께 기도합니다

하나님 아버지! 이 땅에 오셔서 죽으시고 부활하시고 승천하신 예수님이 하나님의 때에 재림하신다는 사실을 기억하며 살아가게 하여 주시옵소서. 그리하여 이 땅에 사는 동안 하나님의 나라를 꿈꾸고 사모하며 주어진 삶 속에서 최선을 다하는 아름다운 가정이 되게 하여 주시옵소서. 예수 그리스도의 이름으로 기도드립니다. 아멘.

7. 함께 축복하기　　찬양하며 서로를 축복합니다

[사랑의 주님이]

오늘의 암송구절

데살로니가후서 1:10

> 그 날에 그가 강림하사 그의 성도들에게서 영광을 받으시고 모든 믿는 자들에게서 놀랍게 여김을 얻으시리니 이는(우리의 증거가 너희에게 믿어졌음이라)

우리집 가정예배 일지

일 시		참석자
기도제목 • 응답내용		

036

경건은 범사에 유익하니

1. 함께 찬양하기
찬송가 488장

〈 이 몸의 소망 무언가 〉

1) 이 몸의 소망 무언가 우리 주 예수뿐일세
    우리 주 예수밖에는 믿을 이 아주 없도다

2) 무섭게 바람 부는 밤 물결이 높이 설렐 때
    우리 주 크신 은혜에 소망의 닻을 주리라

3) 세상에 믿던 모든 것 끊어질 그날 되어도
    구주의 언약 믿사와 내 소망 더욱 크리라

4) 바라던 천국 올라가 하나님 앞에 뵈올 때
    구주의 의를 힘입어 어엿이 바로 서리라

후렴) 주 나의 반석이시니
    그 위에 내가 서리라 그 위에 내가 서리라

2. 함께 본문 읽기
디모데전서 4:6-16

(6) 네가 이것으로 형제를 깨우치면 그리스도 예수의 좋은 일꾼이 되어
믿음의 말씀과 네가 따르는 좋은 교훈으로 양육을 받으리라 (7) 망령되
고 허탄한 신화를 버리고 경건에 이르도록 네 자신을 연단하라 (8) 육체

의 연단은 약간의 유익이 있으나 경건은 범사에 유익하니 금생과 내생에 약속이 있느니라 (9) 미쁘다 이 말이여 모든 사람들이 받을 만하도다 (10) 이를 위하여 우리가 수고하고 힘쓰는 것은 우리 소망을 살아 계신 하나님께 둠이니 곧 모든 사람 특히 믿는 자들의 구주시라 (11) 너는 이것들을 명하고 가르치라 (12) 누구든지 네 연소함을 업신여기지 못하게 하고 오직 말과 행실과 사랑과 믿음과 정절에 있어서 믿는 자에게 본이 되어 (13) 내가 이를 때까지 읽는 것과 권하는 것과 가르치는 것에 전념하라 (14) 네 속에 있는 은사 곧 장로의 회에서 안수 받을 때에 예언을 통하여 받은 것을 가볍게 여기지 말며 (15) 이 모든 일에 전심 전력하여 너의 성숙함을 모든 사람에게 나타나게 하라 (16) 네가 네 자신과 가르침을 살펴 이 일을 계속하라 이것을 행함으로 네 자신과 네게 듣는 자를 구원하리라

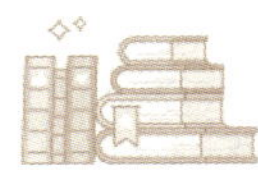

3. 함께 생각하기　　　　　인도자가 읽어줍니다

영국의 작가 맥스 비어봄이 쓴 작품 중에서 '행복한 위선자' 라는 책이 있습니다. 이 책에는 얼굴이 험악하게 생기고 성격이 비뚤어진 한 사나이가 등장합니다. 바로 '조지 헬' 이라는 사람입니다. 이 책에서 조지 헬은 그의 이름처럼 정말 나쁜 사람으로 잘못된 행동을 하면서 살아갑니다.

그러던 중에 헬은 한 여인을 사랑하게 되었습니다. 그 여인은 매우 아름답고 좋은 품성을 지닌 사람이었습니다. 헬은 그 여인을 사랑하였고 청혼하였습니다. 그러나 그 여인에게 "당신처럼 험악하게 생긴 사람의 아내로서는 살 수가 없어요."라는 말로 거절을 당하였습니다. 그

러자 헬은 고심 끝에 한 가지 결정을 하였습니다. 바로 인자하게 생긴 모습의 가면을 쓰는 것이었습니다. 이 결정은 성공적이었습니다. 여인은 헬의 청혼을 받아주었습니다. 이에 둘은 결혼을 해서 행복한 가정을 이루게 되었습니다.

그런데 어느 날 헬과 결혼하여 행복해하는 아내를 보고 질투를 느낀 한 여인이 있었습니다. 그는 예전에 헬과 사귀었던 여인이었습니다. 이 여인은 헬의 아내에게 찾아와서 남편의 과거를 폭로하였습니다. 그리고 그 자리에서 헬의 가면은 벗겨지게 되었습니다. 그러나 거기에는 험악한 얼굴이 아닌, 인자한 모습으로 변한 얼굴이 있었습니다. 이 이야기는 소설이지만 우리에게 좋은 교훈을 제공해 줍니다. 사람은 노력하는 만큼 더 좋은 성품을 갖게 된다는 것입니다. 인격은 하루아침에 이루어지는 것이 아닙니다.

4. 함께 관찰하기 성경 본문을 보며 빈칸을 채웁니다

① 네가 이것으로 ☐☐를 깨우치면 그리스도 예수의 좋은 일꾼이 되어 믿음의 ☐☐과 네가 따르는 좋은 ☐☐으로 ☐☐을 받으리라

② ☐☐되고 허탄한 ☐☐를 버리고 ☐☐에 이르도록 네 자신을 ☐☐하라

③ 육체의 ☐☐은 약간의 ☐☐이 있으나 ☐☐은 범사에 유익하니 금생과 내생에 ☐☐이 있느니라

① 오늘날 우리의 신앙을 위협하는 무익하고 거짓된 교훈은 어떠한 것이 있는지 생각해 보고 함께 나누어 봅시다.

② 경건에 이르기 위하여 구체적으로 매일의 삶 속에서 어떤 것을 실천해야 하는지 생각해 보고 함께 나누어 봅시다.

디모데전서는 바울이 로마 1차 투옥에서 풀려나 마게도냐 전도여행 중에 당시 에베소교회에서 목회하고 있던 사랑하는 동역자요, 믿음의 아들인 디모데에게 보낸 두 통의 편지 가운데 첫 번째 편지입니다. 당시 디모데가 목회하던 에베소교회는 초대교회의 양대 이단인 유대주의적 율법주의와 영지주의의 위협을 받고 있었고, 또 다른 여러 도전에 직면해 있었습니다.

바울은 이에 대한 대책의 필요성을 절감하고 디모데에게 목회적 지침을 전해주고자 편지를 써서 지혜롭게 마찰을 줄이는 방법을 알려주었고, 남녀 간의 교회생활 질서유지와 성도 간의 일치에 관하여 권면하였고, 이런 때에 교회 조직을 공고히 하여 교회가 든든히 서 가도록 지도하였습니다. 오늘 본문인 4장에서는 특별히 경건 생활에 대해 크게 강조하고 있는데, 이 교훈은 오늘 우리도 역시 반드시 귀 기울여야 할 참 중요한 내용입니다.

"망령되고 허탄한 신화를 버리고 경건에 이르도록 네 자신을 연단하라"고 말씀하고 있는데, 무익하고 거짓된 교훈을 경계하고 경건에 이르도록 연단해야 한다는 것입니다. 여기서 '연단하라' 는 것은 운동선

수가 경기에 출전하기에 앞서 열심히 훈련하는 것을 의미하는 말입니다. 이와 같이 경건에 이르도록 자신을 연단하는 것은 믿음의 삶에 있어서 가장 중요한 기초로서, 매일의 삶 속에서 개인적으로 실천하는 묵상이 참 중요하고, 공동체적으로 실천하는 예배가 중요한 것입니다. 경건에 이르도록 자신을 연단하여서 금생과 내생에 약속이 있는 삶을 꼭 살아가시기를 바랍니다.

6. 함께 기도하기　　마무리하며 함께 기도합니다

사랑의 하나님 아버지! 우리를 하나님의 자녀로 불러주시고, 그리스도의 좋은 일꾼이 되게 하여 주시니 참 감사합니다. 경건에 이르도록 나 자신을 잘 연단하여서 이 땅에서 그리스도의 좋은 일꾼으로 살아가게 도와주시고, 우리 가족 전체가 하나님께 쓰임 받는 가정이 되게 하여 주시옵소서. 예수님의 이름으로 기도드립니다. 아멘.

7. 함께 축복하기　　찬양하며 서로를 축복합니다

사랑의 주님이

 # 오늘의 암송구절

> 망령되고 허탄한 신화를 버리고 경건에 이르도록 네 자신을 연단하라
> 육체의 연단은 약간의 유익이 있으나 경건은 범사에 유익하니 금생과
> 내생에 약속이 있느니라

 # 우리집 가정예배 일지

일 시		참석자	
기도제목 · 응답내용			

나의 떠날 시각이 가까웠도다

037

1. 함께 찬양하기

찬송가 321장

〈 날 대속하신 예수께 〉

1) 날 대속하신 예수께 내 생명 모두 드리니

　늘 진실하게 하소서 내 구주 예수여

2) 날 구원하신 예수를 일평생 의지하오니

　날 영접하여 주소서 내 구주 예수여

3) 주 십자가에 달리사 날 자유하게 했으니

　내 몸과 맘을 주 위해 다 쓰게 하소서

(후렴) 나 구주 위해 살리라 내 기쁨 한량없으리

　내 갈 길 인도 하소서 내 구주 예수여 (아멘)

2. 함께 본문 읽기

디모데후서 4:1-8

(1) 하나님 앞과 살아 있는 자와 죽은 자를 심판하실 그리스도 예수 앞에서 그가 나타나실 것과 그의 나라를 두고 엄히 명하노니

(2) 너는 말씀을 전파하라 때를 얻든지 못 얻든지 항상 힘쓰라 범사에 오래 참음과 가르침으로 경책하며 경계하며 권하라

(3) 때가 이르리니 사람이 바른 교훈을 받지 아니하며 귀가 가려워서 자기의 사욕을 따를 스승을 많이 두고

(4) 또 그 귀를 진리에서 돌이켜 허탄한 이야기를 따르리라

(5) 그러나 너는 모든 일에 신중하여 고난을 받으며 전도자의 일을 하며 네 직무를 다하라

(6) 전제와 같이 내가 벌써 부어지고 나의 떠날 시각이 가까웠도다

(7) 나는 선한 싸움을 싸우고 나의 달려갈 길을 마치고 믿음을 지켰으니

(8) 이제 후로는 나를 위하여 의의 면류관이 예비되었으므로 주 곧 의로우신 재판장이 그 날에 내게 주실 것이며 내게만 아니라 주의 나타나심을 사모하는 모든 자에게도니라

3. 함께 생각하기

스웨덴의 한 청년이 20세의 나이에 성공의 꿈을 안고 미국으로 이민을 떠났습니다. 당시 미국은 경제 상황이 좋지 않았습니다. 그렇기에 이 청년은 일자리를 구할 수가 없었습니다. 그러던 중에 이 청년에게 한 소식이 들려왔습니다. 미국 서부에는 일자리가 많이 있다는 것입니다. 이 청년은 이 풍문만 믿고 서부로 가기 위하여 몰래 기차에 숨어 탑승하였습니다. 그러나 도중에 발견되어 두들겨 맞고 어딘지도 모르는 강가에 내버려졌습니다.

청년은 강물에 비친 초라한 자신의 모습을 보면서 더욱 큰 실의에 빠졌습니다. 그래서 차라리 이대로 강에 빠져 삶을 마감하는 것이 더 나을 수 있다는 생각을 하게 되었습니다. 그렇게 자신도 모르게 강물에

몸을 던지려는 순간에 그는 어려서부터 읽었던 성경의 한 말씀이 떠올랐습니다. "나는 선한 싸움을 싸우고 나의 달려갈 길을 마치고 믿음을 지켰으니"(딤후 4:7)

청년은 그 순간 이 말씀에 힘을 얻게 되었습니다. 그리고 자신이 잘못된 길을 걸어가고 있음을 깨닫게 되었습니다. 그러면서 선한 싸움을 끝까지 싸울 수 있도록 힘을 주시는 주님을 의지하며 새롭게 출발하기로 다짐하였습니다. 이것은 미국 정유회사의 중직을 거쳐 몬타나 주의 주지사가 된 존경받는 정치인이었던 휴고 애런슨(J. Hugo Aronson)의 이야기입니다. 언제나 나를 떠나지 않으시고 믿음의 선한 싸움을 함께 하시는 주님을 의지하며 오늘도 나의 달려갈 길을 묵묵히 걸어가시기를 바랍니다.

4. 함께 관찰하기　성경 본문을 보며 빈칸을 채웁니다

① 너는 □□을 전파하라 □를 얻든지 □ 얻든지 □□ 힘쓰라 범사에 □□ □□과 가르침으로 □□하며 □□하며 권하라

② 때가 이르리니 사람이 바른 □□을 받지 아니하며 □가 가려워서 자기의 □□을 따를 □□을 많이 두고

③ 나는 □□ 싸움을 싸우고 나의 □□□ □을 마치고 □을 지켰으니

① 오늘날 내가 복음 전파를 실천하려고 하였을 때 그것을 가로막는 것들은 무엇이 있는지 생각해 보고 함께 나누어 봅시다.

② 마지막 때에 하나님 앞에서 나는 어떤 고백을 하며 내 인생을 마감하면 좋겠는지 생각해 보고 함께 나누어 봅시다.

디모데후서는 2차로 로마 감옥에 투옥된 바울이 자신의 순교를 앞두고 젊은 목회자 디모데에게 보낸 두 번째 서신이자, 바울이 기록한 최후의 서신입니다. 디모데후서를 기록할 당시 교회 밖으로는 AD 64년, 네로 황제 때 시작된 로마 대화재로 인한 기독교 박해가 확산되었습니다. 박해로 인해 배교하는 사람들과 이단들의 준동으로 참 어려운 상황에 놓였습니다.

이런 때에 바울은 하나님의 진리 가운데 굳건히 서서 어떤 박해에도 굴복하지 말고 "너는 말씀을 전파하라 때를 얻든지 못 얻든지 항상 힘쓰라"고 당부하면서 마지막 공적인 권면을 하였습니다. 그 후에 바울은 "나는 선한 싸움을 싸우고 나의 달려갈 길을 마치고 믿음을 지켰으니"라고 말하며 인생의 마지막 순간 앞에서 최후의 고백을 하였습니다. 당대 최고의 목회자요 신학자요 전도자로인 바울의 이 엄숙한 고백은 모든 하나님의 사역자들이 천국에서 의의 면류관을 받는 그날까지 자신의 직무에 어떤 태도로 임해야 하는지를 알려주는 숭고한 고백이 아닐 수 없습니다.

누구에게나 마지막 순간은 다가옵니다. 바로 그때 하나님 앞에서 나

는 어떤 최후의 고백을 할지 깊이 생각해 보아야 합니다. 선한 싸움을 싸우고, 달려갈 길을 마치고, 믿음을 지키는 삶을 살다가 주님께서 부르실 때 우리도 바울과 같이 아름다운 고백을 남기고 하나님 나라에 들어갈 수 있어야 하겠습니다. 이제부터 나머지 인생을 살아갈 때 전도하는 일과 믿음을 지키는 일에 최선을 다하며 살아가시기를 바랍니다.

6. 함께 기도하기   마무리하며 함께 기도합니다

사랑의 하나님 아버지! 우리를 복음 전파의 일꾼으로 삼아주시니 감사합니다. 삶의 모든 순간에서 때를 얻든지 못 얻든지 항상 복음을 전파하는 삶을 살게 하시고, 마지막 순간에 하나님 나라에서 의의 면류관을 받아 쓸 수 있도록 진리를 따라 믿음을 지키는 가정이 되게 하여 주시옵소서. 예수 그리스도의 이름으로 기도드립니다. 아멘.

7. 함께 축복하기   찬양하며 서로를 축복합니다

[형제의 모습 속에 보이는]

오늘의 암송구절

전제와 같이 내가 벌써 부어지고 나의 떠날 시각이 가까웠도다 나는 선한 싸움을 싸우고 나의 달려갈 길을 마치고 믿음을 지켰으니

우리집 가정예배 일지

일 시		참석자	
기도제목 · 응답내용			

자기 백성이
되게 하려 하심이라

038

1. 함께 찬양하기

찬송가 325장

〈 예수가 함께 계시니 〉

1) 예수가 함께 계시니 시험이 오나 겁 없네
　　기쁨의 근원 되시는 예수를 위해 삽시다
2) 이 세상 사는 동안에 주 이름 전파하면서
　　무한한 복락 주시는 예수를 위해 삽시다
3) 이 세상 친구 없어도 예수는 나의 친구니
　　불의한 일을 버리고 예수를 위해 삽시다
4) 주께서 심판하실 때 잘했다 칭찬하리니
　　이러한 상급 받도록 예수를 위해 삽시다
후렴) 날마다 주를 섬기며 언제나 주를 기리고
　　그 사랑 안에 살면서 딴 길로 가지 맙시다

2. 함께 본문 읽기

디도서 2:1-14

(1) 오직 너는 바른 교훈에 합당한 것을 말하여 (2) 늙은 남자로는 절제하며 경건하며 신중하며 믿음과 사랑과 인내함에 온전하게 하고 (3) 늙은 여자로는 이와 같이 행실이 거룩하며 모함하지 말며 많은 술의 종이 되지 아니하며 선한 것을 가르치는 자들이 되고 (4) 그들로 젊은 여자들을

교훈하되 그 남편과 자녀를 사랑하며 (5) 신중하며 순전하며 집안 일을 하며 선하며 자기 남편에게 복종하게 하라 이는 하나님의 말씀이 비방을 받지 않게 하려 함이라 (6) 너는 이와 같이 젊은 남자들을 신중하도록 권면하되 (7) 범사에 네 자신이 선한 일의 본을 보이며 교훈에 부패하지 아니함과 단정함과 (8) 책망할 것이 없는 바른 말을 하게 하라 이는 대적하는 자로 하여금 부끄러워 우리를 악하다 할 것이 없게 하려 함이라 (9) 종들은 자기 상전들에게 범사에 순종하여 기쁘게 하고 거슬러 말하지 말며 (10) 훔치지 말고 오히려 모든 참된 신실성을 나타내게 하라 이는 범사에 우리 구주 하나님의 교훈을 빛나게 하려 함이라 (11) 모든 사람에게 구원을 주시는 하나님의 은혜가 나타나 (12) 우리를 양육하시되 경건하지 않은 것과 이 세상 정욕을 다 버리고 신중함과 의로움과 경건함으로 이 세상에 살고 (13) 복스러운 소망과 우리의 크신 하나님 구주 예수 그리스도의 영광이 나타나심을 기다리게 하셨으니 (14) 그가 우리를 대신하여 자신을 주심은 모든 불법에서 우리를 속량하시고 우리를 깨끗하게 하사 선한 일을 열심히 하는 자기 백성이 되게 하려 하심이라

3. 함께 생각하기　　　　　인도자가 읽어줍니다

　　오늘날 미국의 상징이 된 '자유의 여신상'은 프랑스의 조각가 바르톨디의 작품입니다. 원래는 프랑스에서 미국에 선물로 주기로 하면서 프랑스 정부가 400만 달러를 지원하기로 약속하였습니다. 그러나 그 약속이 잘 지켜지지 않자 바르톨디는 자신의 전 재산을 투자하였고, 20년이나 걸려 이 작품을 조각하였습니다. 그런데 그에게 한 가지 문제가 있었습니다. '자유의 여신상'의 얼굴을 누구로 모델을 삼아서 조

각할지가 문제였습니다. 여러 유명한 사람들이 물망에 올랐지만, 바르톨디는 자신의 인생에서 가장 많은 영향을 준 인생의 롤모델을 택하였습니다. 그 모델은 바로 자신의 어머니였습니다.

사람은 누구나 다른 사람으로부터 영향을 받으며 살아갑니다. 그 사람의 좋은 면을 본받고 닮아가려고 합니다. 우리에게 본을 끼치는 가장 가까운 대상은 부모님입니다. 자녀들은 부모님을 본받으면서 가정의 분위기를 배우고 가풍을 익히게 되면서 사회와 국가의 구성원으로서 성장하게 됩니다. 신앙생활에도 부모님처럼 본을 끼치는 사람이 있습니다. 바로 먼저 믿은 사람입니다. 새로 교회에 온 사람들은 먼저 믿은 사람들을 보면서 신앙을 배워갑니다. 그러므로 신앙의 선배가 되었으면 신앙의 후배들에게 좋은 본을 끼쳐줄 수 있어야 합니다. 그리고 먼저 믿은 사람들도 반드시 본받아야 할 모델이 있습니다. 바로 예수 그리스도입니다. 우리는 모두 예수 그리스도를 본받아 살아야 하며, 또 서로 아름다운 본을 끼치면서 살아야 합니다.

4. 함께 관찰하기　성경 본문을 보며 빈칸을 채웁니다

① 늙은 남자로는 ☐☐하며 ☐☐하며 ☐☐하며 믿음과 사랑과 인내함에 ☐☐하게 하고

② 늙은 여자로는 이와 같이 행실이 ☐☐하며 ☐☐하지 말며 많은 ☐의 ☐이 되지 아니하며

③ 너는 이와 같이 젊은 남자들을 ☐☐하도록 권면하되 범사에 네 자신이 선한 일의 ☐을 보이며 교훈에 ☐☐하지 아니함과 ☐☐함과 ☐☐할 것이 없는 바른 ☐을 하게 하라

5. 함께 나누기   질문에 따라 묵상한 내용을 나눕니다

① 신앙생활을 하면서 나에게 일어난 거룩한 변화들이 있었다면 그것을 떠올려보고 서로 함께 나누어 봅시다.

② 바울이 각 사람들에게 권면하는 여러 말씀 중에서 특별히 나의 마음을 움직이는 말씀은 무엇인지 생각해 보고 함께 나누어 봅시다.

디도는 바울의 전도를 받아 회심한 사람으로서 그레데 섬에 있는 그레데교회를 맡아 목회를 하였습니다. 이런 디도에게 바울은 편지를 보냄으로써 교회의 문제점들을 해결하고 힘써 목회하도록 격려하였습니다. 특별히 교회 안의 여러 유형의 성도들에게 올바른 신앙생활을 위해 어떤 점에 최선을 다해야 하는지 신앙생활의 지침에 대하여 권면을 하였습니다.

가장 먼저 늙은 남자는 절제하며 경건하며 신중하고 믿음과 사랑과 인내함에 있어 온전하게 하라고 하였습니다. 늙은 여자는 행실이 거룩하며 모함하지 말며 술의 종이 되지 말고 선한 것을 가르치는 자들이 되라고 하였습니다. 젊은 여자들은 남편과 자녀를 사랑하며 신중하며 순전하며 집안일을 하며 선하며 자기 남편에게 복종하게 하라고 하였습니다. 젊은 남자들은 신중하며 선한 일에 본을 보이며 교훈에 부패하지 않고 단정하며 책망할 것이 없는 바른말을 하게 하라고 하였습니다. 이렇듯 성도들은 참된 믿음의 삶을 살아가며 날마다 '성화'를 이루어 나가야 합니다.

그런데 바울은 이와 같은 성화의 동기와 목적에 대해서도 알려주고

있는데, 먼저 성화의 동기는 마지막 날에 진정으로 소망이 있는 자가 되게 하려 하심입니다. 그리고 성화의 목적은 우리를 구원하시고 깨끗하게 하셔서 선한 일을 열심히 하는 자기 백성이 되게 하려 하심이라고 밝혀주고 있습니다. 이와 같은 성화의 동기와 목적을 분명히 깨달아서 진정으로 하나님의 뜻을 이루어 드리는 성도들이 되시기를 바랍니다.

6. 함께 기도하기 마무리하며 함께 기도합니다

사랑의 아버지 하나님! 일시적인 것에 마음이 붙들려 우리 인생을 허비하지 않게 하시고, 나를 하나님의 일꾼 삼아주신 부르심과 은혜를 기억하며 날마다 성화의 삶을 살게 하여 주시옵소서. 세상의 것을 욕망하지 않고, 날마다 하나님께만 소망을 두며 믿음의 길을 가게 하여 주시옵소서. 예수 그리스도의 이름으로 기도드립니다. 아멘.

7. 함께 축복하기 찬양하며 서로를 축복합니다

「 형제의 모습 속에 보이는 」

오늘의 암송구절

디도서 2:14

그가 우리를 대신하여 주심은 모든 불법에서 우리를 속량하시고 우리를 깨끗하게 하사 선한 일을 열심히 하는 자기 백성이 되게 하려 하심이라

우리집 가정예배 일지

일 시		참석자	
기도제목 · 응답내용			

사랑으로써 간구하노라

039

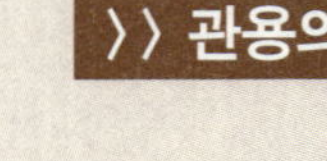

1. 함께 찬양하기

찬송가 310장

〈 아 하나님의 은혜로 〉

1) 아 하나님의 은혜로 이 쓸데없는 자

　왜 구속하여 주는지 난 알 수 없도다

2) 왜 내게 굳센 믿음과 또 복음 주셔서

　내 맘이 항상 편한지 난 알 수 없도다

3) 왜 내게 성령 주셔서 내 마음 감동해

　주 예수 믿게 하는지 난 알 수 없도다

후렴) 내가 믿고 또 의지함은 내 모든 형편 아시는 주님

　늘 보호해 주실 것을 나는 확실히 아네

2. 함께 본문 읽기

빌레몬서 1:8-19

(8) 이러므로 내가 그리스도 안에서 아주 담대하게 네게 마땅한 일로 명할 수도 있으나 (9) 도리어 사랑으로써 간구하노라 나이가 많은 나 바울은 지금 또 예수 그리스도를 위하여 갇힌 자 되어 (10) 갇힌 중에서 낳은 아들 오네시모를 위하여 네게 간구하노라 (11) 그가 전에는 네게 무익하였으나 이제는 나와 네게 유익하므로 (12) 네게 그를 돌려 보내노니 그

는 내 심복이라 (13) 그를 내게 머물러 있게 하여 내 복음을 위하여 갇힌 중에서 네 대신 나를 섬기게 하고자 하나 (14) 다만 네 승낙이 없이는 내가 아무 것도 하기를 원하지 아니하노니 이는 너의 선한 일이 억지 같이 되지 아니하고 자의로 되게 하려 함이라 (15) 아마 그가 잠시 떠나게 된 것은 너로 하여금 그를 영원히 두게 함이리니 (16) 이 후로는 종과 같이 대하지 아니하고 종 이상으로 곧 사랑 받는 형제로 둘 자라 내게 특별히 그러하거든 하물며 육신과 주 안에서 상관된 네게랴 (17) 그러므로 네가 나를 동역자로 알진대 그를 영접하기를 내게 하듯 하고 (18) 그가 만일 네게 불의를 하였거나 네게 빚진 것이 있으면 그것을 내 앞으로 계산하라 (19) 나 바울이 친필로 쓰노니 내가 갚으려니와 네가 이 외에 네 자신이 내게 빚진 것은 내가 말하지 아니하노라

3. 함께 생각하기　　　　인도자가 읽어줍니다

　　미국의 뉴욕에서 발행되던 시사 화보 잡지 가운데 하나인 〈라이프〉에는 '아름다운 참사랑의 모습' 이라는 제목의 기사와 함께 늙은 노부부의 모습을 사진으로 담았던 적이 있습니다. 이 잡지사의 사진기자는 어느 날 영국을 방문하던 중에 지하철 대합실 식당에서 아침 식사를 하게 되었습니다. 그런데 바로 앞자리에 한 노부부가 서로 부축하면서 남편은 비스킷을 주문하고 아내는 차 한 잔을 주문하는 것이었습니다. 이들은 옷차림으로 보아 가난한 부부인 것 같았는데, 그들은 주변을 신경 쓰지 않고 서로를 마주 보면서 손을 잡고 조용히 앉아서 주문한 것이 나오기를 기다리고 있었습니다.

　　마침내 주문한 비스킷과 차가 나왔는데 남편은 비스킷을 천천히 먹

기 시작하였고, 아내는 뜨거운 차를 몇 모금 마시고 나서 남편의 모습을 물끄러미 바라보고 있었습니다. 그런데 잡지사 기자의 눈에 신기한 모습이 나타났습니다. 남편은 비스킷을 반쯤 먹고 나더니 틀니를 뽑아 깨끗이 닦고서는 아내에게 건네주었고 아내는 그 틀니를 받아 자연스럽게 입에 넣고는 비스킷을 천천히 먹기 시작하였습니다. 그리고 남편은 아내가 마시던 차를 마시며 아내의 모습을 물끄러미 바라보고 앉아 있었습니다.

참된 사랑은 서로를 아껴 주고 기다려 주고 서로가 가진 것을 나누려는 마음입니다. 이런 사랑을 지닌 사람들은 비록 가난하다 할지라도 그것이 큰 문제가 되지는 않는 것입니다. 이들에게는 시대와 연령이 문제가 될 수도 없습니다. 이들에게는 주위의 사물과 사람들의 시선을 두려워하는 체면 따위는 더더욱 문제가 되지 않습니다. 이들은 모든 것을 초월할 수 있는 참된 사랑을 지니고 있기 때문입니다. 그래서 외롭지 않고 행복합니다.

4. 함께 관찰하기　성경 본문을 보며 빈칸을 채웁니다

① 도리어 ☐☐으로써 간구하노라 나이가 많은 나 ☐☐은 지금 또 ☐☐☐☐☐를 위하여 ☐☐☐ 되어

② ☐☐☐에서 낳은 아들 ☐☐☐☐를 위하여 네게 ☐☐ 하노라

③ 그가 전에는 네게 ☐☐하였으나 이제는 나와 네게 ☐☐하므로 네게 그를 돌려 보내노니 그는 내 ☐☐이라

① 나와 내 주위에서 오네시모처럼 예수님을 믿은 후에 무익한 사람에서 유익한 사람으로 변화된 현상이 있다면 함께 나누어 봅시다.

② 빌레몬서에 나오는 인물들의 사랑의 모습을 바라보면서, 내가 할 수 있는 사랑의 실천에는 어떤 것이 있는지 함께 나누어 봅시다.

빌레몬서는 바울이 골로새교회의 성도인 빌레몬에게 보낸 개인적인 서신입니다. 오늘 빌레몬서에는 아름다운 사랑의 모습을 보여준 세 사람의 인물이 등장하고 있습니다. 첫 번째로 빌레몬은 본문 1절에서 바울이 "우리의 사랑을 받는 자요, 동역자"라고 부르고 있는데, 이것을 보면 그는 사랑을 줄줄 알고 받을 줄 아는 '사랑의 사람'이었습니다. 또한 능력과 재물이 있는 유력자이지만 따뜻한 마음으로 사랑과 친절을 베풀 줄 알고, 믿음도 출중하여서 하나님의 뜻을 받들어 겸손히 섬기는 사람이었습니다.

두 번째로 오네시모는 오래전에 그 주인 빌레몬의 돈을 훔쳐서 로마에까지 도망가 버렸습니다. 그런데 그렇게 좋지 못한 삶을 살았던 그는 회개하고 예수님을 믿게 되었고, 그 뒤로 바울을 돕는 아주 신실한 동역자가 되어 있었습니다. 한때는 큰 잘못을 저질렀지만 자기를 돌아보며 자신의 잘못된 점을 뉘우치고 회개할 줄 아는 사람이었습니다.

세 번째로 바울은 너그럽게 사람의 마음을 얻을 줄 아는 사람이었고, 종을 형제로 대할 줄 아는 사람이었고, 사람을 변화시키는 영적 영향력이 있는 사람이었습니다. 바울은 얼마든지 빌레몬에게 부탁이 아닌 명

령을 할 수도 있었습니다. 그러나 8~9절에서 "네게 마땅한 일로 명할 수도 있으나 도리어 사랑으로써 간구하노라"고 말하고 있습니다. 13~14절에서도 바울은 "다만 네 승낙이 없이는 내가 아무것도 하기를 원하지 아니하노니"라고 말하며 정중하게 부탁을 하는 것입니다. 우리도 이와 같이 겸손히 섬기며, 회개하며, 너그러운 사람이 되어서 참된 사랑의 본이 되어주신 예수님을 온전히 닮아가는 성도들이 되어야 하겠습니다.

6. 함께 기도하기　　마무리하며 함께 기도합니다

사랑의 아버지 하나님! 우리에게 사랑의 본이 되어주신 예수님을 보내주심에 감사드립니다. 연약하고 부족하지만 주님의 마음으로 사랑의 삶을 살아가길 소망합니다. 빌레몬과 오네시모, 바울과 같이 겸손하고 회개하며 따뜻한 마음으로 사랑과 친절을 베풀며 살아갈 수 있도록 인도해 주시옵소서. 예수님의 이름으로 기도드립니다. 아멘.

7. 함께 축복하기　　찬양하며 서로를 축복합니다

「 형제의 모습에 보이는 」

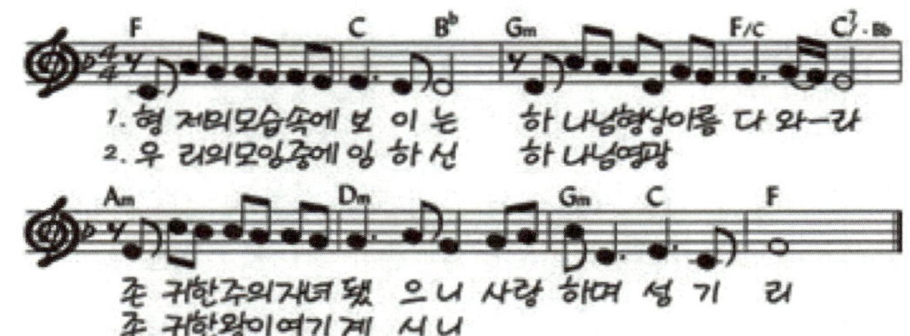

오늘의 암송구절

빌레몬서 1:9-10

도리어 사랑으로써 간구하노라 나이가 많은 나 바울은 지금 또 예수 그리스도를 위하여 갇힌 자 되어 갇힌 중에서 낳은 아들 오네시모를 위하여 네게 간구하노라

우리집 가정예배 일지

일 시	참석자
기도제목 · 응답내용	

PART 4

공동서신

끝까지
소망의 풍성함에 이르라

1. 함께 찬양하기

찬송가 312장

〈 너 하나님께 이끌리어 〉

1) 너 하나님께 이끌리어 일평생 주만 바라면
   너 어려울 때 힘주시고 언제나 지켜주시리
   주 크신 사랑 믿는 자 그 반석 위에 서리라

2) 너 설레는 맘 가다듬고 희망 중 기다리면서
   그 은혜로신 주의 뜻과 사랑에 만족하여라
   우리를 불러 주신 주 마음의 소원 아신다

3) 주 찬양하고 기도하며 네 본분 힘써 다하라
   주 약속하신 모든 은혜 네게서 이뤄지리라
   참되고 의지하는 자 주께서 기억하시리 (아멘)

2. 함께 본문 읽기

히브리서 6:4-12

(4) 한 번 빛을 받고 하늘의 은사를 맛보고 성령에 참여한 바 되고

(5) 하나님의 선한 말씀과 내세의 능력을 맛보고도

(6) 타락한 자들은 다시 새롭게 하여 회개하게 할 수 없나니 이는 그들이
   하나님의 아들을 다시 십자가에 못 박아 드러내 놓고 욕되게 함이라

(7) 땅이 그 위에 자주 내리는 비를 흡수하여 밭 가는 자들이 쓰기에 합당한 채소를 내면 하나님께 복을 받고

(8) 만일 가시와 엉겅퀴를 내면 버림을 당하고 저주함에 가까워 그 마지막은 불사름이 되리라

(9) 사랑하는 자들아 우리가 이같이 말하나 너희에게는 이보다 더 좋은 것 곧 구원에 속한 것이 있음을 확신하노라

(10) 하나님은 불의하지 아니하사 너희 행위와 그의 이름을 위하여 나타낸 사랑으로 이미 성도를 섬긴 것과 이제도 섬기고 있는 것을 잊어버리지 아니하시느니라

(11) 우리가 간절히 원하는 것은 너희 각 사람이 동일한 부지런함을 나타내어 끝까지 소망의 풍성함에 이르러

(12) 게으르지 아니하고 믿음과 오래 참음으로 말미암아 약속들을 기업으로 받는 자들을 본받는 자 되게 하려는 것이니라

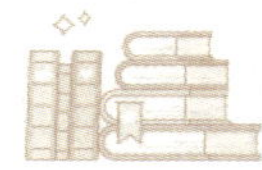

3. 함께 생각하기　　　　　인도자가 읽어줍니다

　일본이 우리나라의 주권을 빼앗아 강제로 통치한 일제강점기에 한국 교회에는 주기철 목사님이라는 굳건한 신앙인이 있었습니다. 당시 일본 정부는 기독교인들에게 신사참배를 강요하였습니다. 신사참배란 일본 신(神)과 천황을 숭배하도록 절과 제사를 드리는 것으로 기독교인의 시각에서는 하나님 외에 다른 신을 경배하는 우상숭배였습니다.

　많은 사람이 일제의 탄압에 타협하며 신사참배를 하였습니다. 그러나 주기철 목사님은 믿음으로 이를 거부하였습니다. 그 결과 그는 수차례의 체포와 끔찍한 고문을 당하였습니다. 어떤 사람은 주기철 목사님

에게 가족과 교회를 생각해서 제발 한 번만 절하라고 회유를 하기도 하였습니다. 그러나 그는 담대히 말하였습니다.

"나는 내 주님 외에 다른 신 앞에서 절대로 무릎을 꿇을 수 없습니다. 더럽게 사느니 차라리 죽어 정절을 지키겠습니다. 나에게는 일사각오만 있을 뿐입니다."

그분은 온갖 고문 속에서도 끝까지 신앙을 굽히지 않았고, 결국 1944년 차디찬 감옥에서 조용히 순교의 숨을 거두었습니다. 사람들은 그의 죽음을 실패라 부르지 않습니다. 이 땅에서는 생명을 잃었으나 하늘에서 생명의 면류관을 얻었기 때문입니다. 오늘날 이 시대 속에서도 우리는 진실로 신앙의 정절을 지켜야 하겠습니다.

4. 함께 관찰하기　　성경 본문을 보며 빈칸을 채웁니다

① □□한 자들은 다시 □□□ 하여 □□하게 할 수 없나니 이는 그들이 하나님의 □□을 다시 □□□에 못 박아 드러내 놓고 □되게 함이라

② 우리가 □□□ 원하는 것은 너희 각 □□이 동일한 부지런함을 나타내어 □□□　□□의 풍성함에 이르러

③ □□과 □□　□□으로 말미암아 □□들을 □□으로 받는 자들을 □□□□ 자 되게 하려는 것이니라

① 신앙생활을 하면서 고난을 당하였거나 박해를 받았던 경험에 대하여 생각해 보고 함께 나누어 봅시다.

② 적극적인 배교와 소극적인 배교에 대하여 함께 살펴본 후에 우리가 조심해야 할 모습에는 어떤 것이 있는지 함께 나누어 봅시다.

배교(apostasy)는 변절, 배신 등으로 믿음을 저버리는 행위입니다. 오늘 본문에서 히브리서 기자는 이와 같은 배교에 대하여 엄중히 경고하고 있습니다. 가장 먼저 1~3절까지는 우리의 믿음이 더욱더 성숙해야 함을 강조하고 있습니다. "도의 초보를 버리라"는 것은 신앙이 자라지 못하고 계속 초보적인 신앙에 머물러 있어서는 안 된다는 것입니다. 그리고 "하나님께 대한 신앙, 세례들, 안수, 죽은 자의 부활, 영원한 심판" 등 이러한 기독교의 가장 중요하고 핵심적인 기본 교리에 대해 가르쳐주신 대로 잘 믿어야지, 또다시 다른 교훈의 터를 닦아서는 안 된다는 것입니다.

이렇게 신앙의 성숙에 대해 권면한 다음에, 4절부터 8절까지의 말씀은 배교의 위험성에 대해 경고하고, 바른 믿음을 끝까지 잘 지킬 것을 권면하고 있습니다. 한 번 빛을 받고 하늘의 은사를 맛보고 성령에 참여한 바 되고 하나님의 선한 말씀과 내세의 능력을 맛보고도 타락하면 다시 새롭게 하며 회개하게 할 수 없다고 강력히 경고하고 있습니다. 그리고 9절부터는 배교하지 아니하고 믿음을 지키는 사람들에게는 소망의 풍성함과 약속을 기업으로 받는 축복이 있음을 알려주고 있습니다.

안타깝게도 히브리서 말씀이 선포된 그 시대뿐만 아니라 바로 지금 우리가 살아가고 있는 이 시대 속에서도 배교와 타락은 얼마든지 일어나고 있습니다. 오늘날의 배교는 믿음이 엷어져서 교회를 멀리하는 소극적인 배교와 기독교를 폄훼하며 악한 말로 공격하는 적극적인 배교가 있습니다. 이런 시대 속에서 우리는 말씀을 잘 기억하여 절대로 배교하지 말아야 하겠습니다. 교회를 가까이하여 믿음을 잘 지키는 성도들이 되시기 바랍니다.

6. 함께 기도하기 마무리하며 함께 기도합니다

하나님 아버지! 우리에게 믿음을 주시고, 하나님의 자녀로 구원을 얻게 하여 주시니 감사드립니다. 우리에게는 때때로 찾아오는 여러 유혹과 박해가 있습니다. 이런 것들을 잘 이겨내게 하시고 성숙한 신앙인으로 살아가게 해주시옵소서. 오직 하나님만을 섬기는 우리 가정이 되게 하여 주시옵소서. 예수님의 이름으로 기도드립니다. 아멘.

7. 함께 축복하기 찬양하며 서로를 축복합니다

「 형제의 모습에 보이는 」

오늘의 암송구절

히브리서 6:11

우리가 간절히 원하는 것은 너희 각 사람이 동일한 부지런함을 나타내어 끝까지 소망의 풍성함에 이르러

우리집 가정예배 일지

일 시	참석자
기도제목 · 응답내용	

행함으로
내 믿음을 보이리라

041

1. 함께 찬양하기　　　　　　　찬송가 285장

〈 주의 말씀 받은 그 날 〉

1) 주의 말씀 받은 그 날 참 기쁘고 복 되도다

　이 기쁜 맘 못 이겨서 온 세상에 전하노라

2) 이 좋은 날 내 천한 몸 새 사람이 되었으니

　이 몸과 맘 다 바쳐서 영광의 주 늘 섬기리

3) 새 사람 된 그 날부터 평안한 맘 늘 있어서

　이 복된 말 전하는 일 나의 본분 삼았도다

후렴) 기쁜 날 기쁜 날 주 나의 죄 다 씻은 날

　늘 깨어서 기도하고 늘 기쁘게 살아가리

　기쁜 날 기쁜 날 주 나의 죄 다 씻은 날(아멘)

2. 함께 본문 읽기　　　　　　　야고보서 2:14-22

(14) 내 형제들아 만일 사람이 믿음이 있노라 하고 행함이 없으면 무슨

　유익이 있으리요 그 믿음이 능히 자기를 구원하겠느냐

(15) 만일 형제나 자매가 헐벗고 일용할 양식이 없는데

(16) 너희 중에 누구든지 그에게 이르되 평안히 가라, 덥게 하라, 배부르

게 하라 하며 그 몸에 쓸 것을 주지 아니하면 무슨 유익이 있으리요

(17) 이와 같이 행함이 없는 믿음은 그 자체가 죽은 것이라

(18) 어떤 사람은 말하기를 너는 믿음이 있고 나는 행함이 있으니 행함이 없는 네 믿음을 내게 보이라 나는 행함으로 내 믿음을 네게 보이리라 하리라

(19) 네가 하나님은 한 분이신 줄을 믿느냐 잘하는도다 귀신들도 믿고 떠느니라

(20) 아아 허탄한 사람아 행함이 없는 믿음이 헛것인 줄을 알고자 하느냐

(21) 우리 조상 아브라함이 그 아들 이삭을 제단에 바칠 때에 행함으로 의롭다 하심을 받은 것이 아니냐

(22) 네가 보거니와 믿음이 그의 행함과 함께 일하고 행함으로 믿음이 온전하게 되었느니라

3. 함께 생각하기 인도자가 읽어줍니다

한 청년이 있었습니다. 이 청년에게 간절한 바람이 있었는데, 그것은 로또복권 1등에 당첨되는 것이었습니다. 그래서 이 청년은 새벽마다 하나님 앞에 나아와 기도하였습니다. "하나님! 로또 1등에 당첨되게 해주시면, 십 분의 일은 주님께 드리고 십 분의 일은 가난한 사람을 위해 사용하겠습니다. 그리고 십 분의 일은 교회 건축헌금을 드리고 나머지는 저를 위해 사용하도록 하겠습니다. 그러니 꼭 1등이 되게 해주세요."

이렇게 매일 같이 기도하였습니다. 그러던 어느 날 하루는 기도하다 잠이 들었는데, 하나님께서 꿈속에 나타나셨습니다. 그러고는 이렇게 말씀하셨다고 합니다. "로또나 사면서 일등 되게 해달라고 해라! 로또도 안 사면서 기도만 하면 어떡하니?"

우스갯소리로 만들어진 이야기이지만 이 이야기는 우리에게 중요한 교훈을 전해주고 있습니다. 우리의 믿음에는 반드시 행함이 뒤따라야 한다는 것입니다. 하나님을 향한 믿음이 있다고 할지라도 그 믿음에 행함이 따르지 않으면 그것은 죽은 믿음이라고 성경은 우리에게 알려주고 있습니다.

미국의 기독교 작가인 폴 워셔 목사님은 이런 말을 하였습니다. "한 사람이 덤프트럭과 맨몸으로 부딪쳤는데, 다친 곳 없이 멀쩡하다고 주장한다면 그는 분명 거짓말을 하고 있는 것이다."

마찬가지로 자신이 예수님을 믿노라고 말하는 사람이 예수님을 믿기 전의 삶과 이후의 삶에 아무런 변화가 없이 똑같다면 그 사람은 분명 거짓말을 하고 있는 것입니다. 덤프트럭으로 부딪히고 멀쩡할 수 없듯이, 예수님을 만나면 반드시 삶의 변화가 뒤따르기 마련입니다. 믿음에는 반드시 행함이 뒤따라온다는 사실을 기억하여 행함이 있는 믿음으로 살아가는 성도들이 되시기를 바랍니다.

4. 함께 관찰하기 성경 본문을 보며 빈칸을 채웁니다

① 내 ☐☐들아 만일 사람이 ☐☐이 있노라 하고 ☐☐이 없으면 무슨 ☐☐이 있으리요 그 믿음이 능히 자기를 ☐☐하겠느냐

② 이와 같이 ☐☐이 없는 믿음은 그 자체가 ☐☐ 것이라

③ 아아 ☐☐한 ☐☐☐☐ ☐☐이 없는 ☐☐이 ☐☐인 줄을 알고자 하느냐

① 행함이 없는 믿음은 죽은 믿음이라고 이야기하였는데, 우리가 신앙생활을 하면서 실천해야 할 것이 무엇인지 함께 나누어 봅시다.

② 구원에 있어서 믿음과 행함 중에 어느 것이 우선순위에 있는지, 가족들과 함께 나누어 봅시다.

야고보서는 예루살렘교회의 감독인 야고보가 사도들의 대표로서 당시 로마제국 각지에 흩어져 있던 유대인 출신 성도들에게 보낸 서신입니다. 먼저 야고보는 이들에게 인내로써 시련을 잘 극복하도록 격려하였습니다. 그리고 잘못된 믿음은 버리고 참된 믿음을 가질 것을 교훈하였습니다. 그런데 야고보가 강조하는 그 참된 믿음이란 행함이 있는 믿음을 말하는 것입니다. 그리고 이러한 참된 믿음 생활을 통하여 각 개인 성도들의 신앙적 성숙은 물론이고, 교회 공동체 전체의 신앙적 결속을 공고히 함으로써 아직도 출발 도상에 있는 초대교회를 든든히 세우고자 하였습니다.

우리는 그동안 바울의 서신을 통해 구원은 오직 믿음으로 얻는다는 것을 알았습니다. 그런데 야고보서는 '이신득의'가 아니라 '이행득의'처럼 보이기도 합니다. 그러나 이것은 오해입니다. 야고보서는 진정 예수님을 믿는다면 반드시 행위로 나타난다는 것을 강조하고 있습니다. 행함으로 구원받을 수 있다는 것을 강조하는 것이 아니라, 행함이 없는 믿음으로는 구원받을 수 없다는 사실을 말씀하고 있는 것입니다. 믿음의 조건으로서 행함을 강조하는 것이지 구원의 조건으로서의 행함을

말하는 것이 아닙니다. 그래서 야고보서는 믿음으로 구원을 얻는다는 이신득의 사상을 부정하는 것이 아니고, 오히려 잘 믿을 뿐만 아니라 그 믿음에 합당한 참된 행함을 가지고 온전한 믿음 생활을 하라고 촉구하고 있는 것입니다.

야고보는 "행함이냐 믿음이냐"의 도식으로 설명하려는 것이 아니라, 오히려 진실로 믿으면 진실로 행하게 된다는 것을 말씀하고 있습니다. 이 사실을 기억하여 진실로 행함이 있는 믿음 생활을 하도록 합시다.

6. 함께 기도하기　　마무리하며 함께 기도합니다

하나님 아버지! 우리 행위가 아닌 오직 예수님을 믿는 믿음으로 구원을 얻게 해주시니 감사드립니다. 그러나 우리는 부족하고 연약하여 올바른 행실로 살지 못할 때가 많습니다. 이러한 모습을 용서하여 주시고, 이제부터는 믿음의 자녀로서 참된 행함을 가지고 살아가게 하여 주시옵소서. 예수님의 이름으로 기도드립니다. 아멘.

7. 함께 축복하기　　찬양하며 서로를 축복합니다

「 형제의 모습에 보이는 」

오늘의 암송구절

이와 같이 행함이 없는 믿음은 그 자체가 죽은 것이라 어떤 사람은 말하기를 너는 믿음이 있고 나는 행함이 있으니 행함이 없는 네 믿음을 내게 보이라 나는 행함으로 내 믿음을 네게 보이리라 하리라

우리집 가정예배 일지

일 시		참석자	
기도제목 · 응답내용			

나그네의 때를
두려움으로 지내라

042

1. 함께 찬양하기

찬송가 342장

〈 너 시험을 당해 〉

1) 너 시험을 당해 죄 짓지 말고 너 용기를 다해 곧 물리치라

　너 시험을 이겨 새 힘을 얻고 주 예수를 믿어 늘 승리하라

2) 네 친구를 삼가 잘 선택하고 너 언행을 삼가 늘 조심하라

　너 열심을 다해 늘 충성하고 온 정성을 다해 주 봉사하라

3) 잘 이기는 자는 상 받으리니 너 낙심치 말고 늘 전진하라

　네 구세주 예수 힘 주시리니 주 예수를 믿어 늘 승리하라

후렴) 우리 구주의 힘과 그의 위로를 빌라

　주님 네 편에 서서 항상 도우시리 (아멘)

2. 함께 본문 읽기

베드로전서 1:16-25

(16) 기록되었으되 내가 거룩하니 너희도 거룩할지어다 하셨느니라 (17) 외모로 보시지 않고 각 사람의 행위대로 심판하시는 이를 너희가 아버지라 부른즉 너희가 나그네로 있을 때를 두려움으로 지내라 (18) 너희가 알거니와 너희 조상이 물려 준 헛된 행실에서 대속함을 받은 것은 은이나 금 같이 없어질 것으로 된 것이 아니요 (19) 오직 흠 없고 점 없는 어

린 양 같은 그리스도의 보배로운 피로 된 것이니라 (20) 그는 창세 전부터 미리 알린 바 되신 이나 이 말세에 너희를 위하여 나타내신 바 되었으니 (21) 너희는 그를 죽은 자 가운데서 살리시고 영광을 주신 하나님을 그리스도로 말미암아 믿는 자니 너희 믿음과 소망이 하나님께 있게 하셨느니라 (22) 너희가 진리를 순종함으로 너희 영혼을 깨끗하게 하여 거짓이 없이 형제를 사랑하기에 이르렀으니 마음으로 뜨겁게 서로 사랑하라 (23) 너희가 거듭난 것은 썩어질 씨로 된 것이 아니요 썩지 아니할 씨로 된 것이니 살아 있고 항상 있는 하나님의 말씀으로 되었느니라 (24) 그러므로 모든 육체는 풀과 같고 그 모든 영광은 풀의 꽃과 같으니 풀은 마르고 꽃은 떨어지되 (25) 오직 주의 말씀은 세세토록 있도다 하였으니 너희에게 전한 복음이 곧 이 말씀이니라

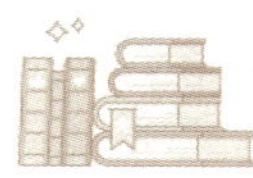

3. 함께 생각하기　　　　　　　인도자가 읽어줍니다

　　산티아고라고 불리는 할아버지는 혼자 오막살이에서 살아가고 있었습니다. 그는 작은 배를 타고 바다에 나가서 고기를 잡는 어부였습니다. 하루는 큰 고기가 그의 낚싯줄에 걸렸습니다. 고기가 너무 컸기 때문에 산티아고의 배는 오히려 고기에게 끌려다니면서 큰 어려움을 겪었습니다. 그렇게 이리 끌리고 저리 끌려다닌 지 3일 만에 산티아고는 마침내 고기를 수면 위로 끌어올렸습니다. 그리고 작살을 던져 고기를 잡았습니다. 그는 큰 고기를 잡았기에 기쁜 마음으로 돌아오면서 다음과 같이 생각하였습니다. "내 평생에 이렇게 큰 고기는 처음 잡아본다. 이것을 팔아 도시에 나가서 나도 한 번 즐겨 볼까? 아니면 내 집 낡은 오막살이를 좀 바꿔 볼까?"

그런데 갑자기 청새치들이 몰려와서 물고기의 살점을 뜯어먹기 시작하였습니다. 산티아고는 이제 그 사나운 청새치들과 싸워야 했습니다. 얼마나 오래 사투를 벌였는지 해가 기울어 어두워져도 청새치들은 물러갈 줄 몰랐습니다. 산티아고는 밤새도록 청새치들과 싸웠고 겨우 물리쳤다고 생각하였습니다. 하지만 그가 잡은 물고기는 살점이 다 떨어져 나가고 뼈다귀만 앙상하게 남았습니다. 헤밍웨이의「노인과 바다」에 나오는 이야기입니다.

우리가 살아가면서 추구하는 것들도 어쩌면 이와 같은 것들입니다. 한때는 우리 손으로 잡았다며 기뻐할 수 있습니다. 그러나 그 기쁨은 일시적입니다. 잠시 후에는 다 사라지고 결국은 앙상한 뼈다귀와 같이 허무함만 남습니다. 하지만 우리에게는 영원히 변하지 않는 것도 있습니다. 바로 영원한 하나님의 나라이며, 영원한 즐거움입니다. 금방 사라질 것을 추구하지 말고 영원히 변치 않을 하나님의 나라를 추구하면서 살아갑시다.

4. 함께 관찰하기 성경 본문을 보며 빈칸을 채웁니다

① 외모로 보시지 않고 각 사람의 ☐☐대로 ☐☐하시는 이를 너희가 ☐☐☐라 부른즉 너희가 ☐☐☐로 있을 때를 ☐☐☐으로 지내라

② 그러므로 모든 ☐☐는 ☐과 같고 그 모든 ☐☐은 ☐의 ☐과 같으니 ☐은 마르고 ☐은 떨어지되

③ 오직 주의 ☐☐은 세세토록 있도다 하였으니 너희에게 전한 ☐☐이 곧 이 ☐☐이니라

① 성도는 영원한 본향을 사모하는 나그네입니다. 그러나 혹시 내가 세상에 너무 집착하고 있는 것은 무엇인지 생각해 봅시다.

② 그리스도인으로 세상 속에 살아가면서 어떻게 하면 나그네의 정체성을 잃지 않고 살아갈 수 있을지 함께 나누어 봅시다.

베드로전서는 사도 베드로가 소아시아 지역의 본도, 갈라디아, 갑바도기아, 아시아와 비두니아의 교회들에게 보낸 서신으로서, 극심한 고난에 직면해 있는 성도들을 위로하고 격려하고자 기록하였습니다. 베드로는 서신에서 '나그네' 라는 표현을 세 번이나 사용하고 있습니다. 첫 번째는 1장 1절에서 '성도' 라는 말 대신에 '나그네' 로 부릅니다. 성도는 지금 여기를 살고 있지만, 저기를 지향하는 나그네의 정체성을 가지고 살아가는 사람들입니다.

두 번째, 나그네는 두려움으로 지내야(17절) 하는데, 너희 믿음과 소망이 하나님께 있기 때문(21절)이라고 하였습니다. 이 나그네의 의미는 우리에게 궁극적인 본향이 있음을 기억하고 그곳에 우리의 소망을 두고 살아야 한다는 것입니다. 본향을 헬라어로 '파트리다' 라고 하는데, 이 말은 '아버지' 라는 뜻을 가진 '파테르' 에서 나왔습니다. 그러니까 나그네는 아버지의 집, 본향을 사모하며 살아가는 사람들입니다.

세 번째 나그네는 2장 11절에 나옵니다. 이 말씀은 나그네는 이곳에서 영원히 살 것처럼 지나치게 욕심을 부리고 육체의 정욕을 위해 사는 사람이 되어서는 안 된다는 것입니다. 나그네는 본향의 아름다움을 사모

하는 존재이기 때문에 지나가는 것을 다 상대화할 줄 알아야 합니다.

우리는 이 세상에 살지만 이 세상에 속하지 않으며, 참다운 본향을 바라보고 살아가는 나그네입니다. 나그네임을 잊어버리면 이 세상에 집착하고, 세속주의에 빠질 수밖에 없습니다. 하지만 우리가 길 가는 나그네임을 기억한다면 천국 소망을 붙들게 되고, 이 세상의 고통과 아픔을 이겨낼 수 있습니다. 우리 평생에 내가 길 가는 나그네임을 잊지 맙시다.

6. 함께 기도하기　　마무리하며 함께 기도합니다

하나님 아버지! 우리가 이 세상을 살아갈 때 본향을 향해 나아가는 나그네임을 기억하게 하여주셔서 우리 가정이 썩어질 세상의 정욕과 욕심을 따라 살지 않도록 도와주시옵소서. 우리 가정이 영원한 본향인 저 천국의 아름다움을 사모하며 의연하게 나그네의 길을 걸어가게 하여 주시옵소서. 예수님의 이름으로 기도드립니다. 아멘.

7. 함께 축복하기　　찬양하며 서로를 축복합니다

［ 우리에게 향하신 ］

오늘의 암송구절

외모로 보시지 않고 각 사람의 행위대로 심판하시는 이를 너희가 아버지라 부른즉 너희가 나그네로 있을 때를 두려움으로 지내라

우리집 가정예배 일지

일 시		참석자	
기도제목 · 응답내용			

주의 날이 도둑같이 오리라

043

1. 함께 찬양하기　　　　　　　　찬송가 545장

〈 이 눈에 아무 증거 아니 뵈어도 〉

1) 이 눈에 아무 증거 아니 뵈어도 믿음만을 가지고서 늘 걸으며
　　이 귀에 아무 소리 아니 들려도 하나님의 약속 위에 서리라
2) 이 눈이 보기에는 어떠하든지 이미 얻은 증거대로 늘 믿으며
　　이 맘에 의심 없이 살아갈 때에 우리 소원 주 안에서 이루리
3) 주님의 거룩함을 두고 맹세한 주 하나님 아버지는 참 미쁘다
　　그 귀한 모든 약속 믿는 자에게 능치 못할 무슨 일이 있을까
후렴) 걸어가세 믿음 위에 서서 나가세 나가세 의심 버리고
　　걸어가세 믿음 위에 서서 눈과 귀에 아무 증거 없어도

2. 함께 본문 읽기　　　　　　　　베드로전서 3:8-13

(8) 사랑하는 자들아 주께는 하루가 천 년 같고 천 년이 하루 같다는 이한 가지를 잊지 말라

(9) 주의 약속은 어떤 이들이 더디다고 생각하는 것 같이 더딘 것이 아니라 오직 주께서는 너희를 대하여 오래 참으사 아무도 멸망하지 아

니하고 다 회개하기에 이르기를 원하시느니라

(10) 그러나 주의 날이 도둑 같이 오리니 그 날에는 하늘이 큰 소리로 떠나가고 물질이 뜨거운 불에 풀어지고 땅과 그 중에 있는 모든 일이 드러나리로다

(11) 이 모든 것이 이렇게 풀어지리니 너희가 어떠한 사람이 되어야 마땅하냐 거룩한 행실과 경건함으로

(12) 하나님의 날이 임하기를 바라보고 간절히 사모하라 그 날에 하늘이 불에 타서 풀어지고 물질이 뜨거운 불에 녹아지려니와

(13) 우리는 그의 약속대로 의가 있는 곳인 새 하늘과 새 땅을 바라보도다

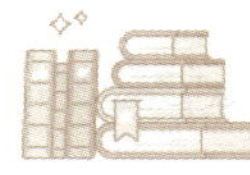

3. 함께 생각하기 인도자가 읽어줍니다

수도사 알로이시오는 이탈리아 북부 지역의 후작 페란테의 맏아들로, 부유한 집안에서 태어났습니다. 알로이시오는 신앙심이 깊은 어머니의 가르침을 받아 7살에 회심을 경험하였고, 9살부터는 규칙적인 기도와 구제 활동을 하며 수도자와 같은 생활을 시작하였습니다. 결국 그는 16살에 예수회에 입회하여 일평생을 하나님께 드렸고, 흑사병으로 고통받는 환자들을 돌보다가 23살의 젊은 나이에 세상을 떠나게 되었습니다.

이렇게 경건한 삶을 살았던 알로이시오의 일화입니다. 그가 대학교에서 학생으로 공부하던 어느 날이었습니다. 쉬는 시간이 되어 학생들이 즐겁게 놀다가 잠시 스승과 한자리에 모이게 되었습니다. 이때 스승이 학생들에게 질문하였습니다.

“혹시 지금 당장 세상이 종말을 당하게 된다면 자네들은 각자가 어떻게 무슨 일을 하겠는가?”

이 질문에 첫째 학생은 “교회에 달려가서 기도하겠습니다.”라고 대답하였습니다. 이어 둘째 학생은 “부모님을 찾아뵙고 함께 종말을 준비하겠습니다.”라고 대답하였습니다. 셋째 학생은 “어제 대화하다가 마음 상한 친구를 찾아가서 화해하겠습니다.”라고 대답하였습니다. 알로이시오는 자기 차례가 되자 곧바로 “지금은 휴식 시간이니, 이대로 놀겠습니다.”라고 대답하였습니다. 알로이시오는 평소에도 하나님 앞에서 경건한 삶을 살았기 때문에 종말이 와도 전혀 두려워하지 않았고 주어진 일상을 살겠다고 한 것입니다.

종말을 대하는 우리의 태도는 어떠합니까? 하나님 앞에서 늘 거룩함과 경건함으로 깨어 있어서 종말의 때에도 참으로 담대함과 소망을 가지고 살아가는 복된 가정이 되시기를 간절히 소망합니다.

4. 함께 관찰하기　　성경 본문을 보며 빈칸을 채웁니다

① 오직 주께서는 너희를 대하여 □□ □□□ 아무도 □□ 하지 아니하고 다 □□ 하기에 이르기를 원하시느니라

② 너희가 어떠한 □□이 되어야 마땅하냐 □□한 □□과 □□함으로 □□□의 날이 임하기를 바라보고 간절히 □□하라

③ 우리는 그의 □□대로 □가 있는 곳인 새 □□과 새 □을 바라보도다

5. 함께 나누기 질문에 따라 묵상한 내용을 나눕니다

① 만약에 한 달 후에 세상에 종말이 찾아온다면 그날을 기다리며 꼭 하고 싶은 일은 무엇인지 함께 나누어 봅시다.

② 오늘 베드로후서가 가르쳐주시는 건강한 종말 신앙 중에서 특별히 내 마음에 부딪혀 오는 것은 무엇인지 함께 나누어 봅시다.

베드로후서가 기록된 때는 로마제국이 온 세상을 지배하던 시대였습니다. 로마 황제 네로는 아주 심한 폭정을 일삼으면서 노골적으로 기독교를 박해하였습니다. 이런 중에 베드로 사도는 극심한 고난 중에 있는 성도들을 격려하고, 분명한 종말 신앙을 갖도록 촉구하기 위하여 베드로후서 말씀을 기록하여 보낸 것입니다.

먼저 베드로 사도는 "주께는 하루가 천 년 같고 천 년이 하루 같다는 이 한 가지를 잊지 말라"고 하셨는데, 이 말씀은 하나님의 때를 인간들의 시간개념으로 잘못 이해하지 말고, 주님의 재림이 아무리 지체되더라도 인내하면서 종말의 날을 기다릴 줄 알아야 한다는 것입니다.

이렇게 종말이 분명히 있다는 말씀 후에 이어서 11~13절은 종말이 오기 전에 우리가 어떤 삶을 살아야 하는지에 대해서 말씀하고 있습니다. "너희가 어떠한 사람이 되어야 마땅하냐" 이 질문에 대하여 베드로 사도는 세 가지의 확실한 대답을 들려주고 있습니다. "거룩한 행실과 경건함으로 하나님의 날이 임하기를 바라보고 간절히 사모하라"

베드로 사도의 이 권면은 종말 신앙에 대해 우리가 꼭 기억해야 할 3가지의 중요한 교훈이 아닐 수 없습니다. 첫째는 거룩함이고, 두 번째

는 경건함입니다. 그리고 세 번째는 종말에 대한 분명한 인식과 기대를 가르치고 있습니다. 종말은 심판만을 의미하지는 않습니다. 종말이 오면 우리는 쉼을 얻고, 궁극적인 평화가 임할 것입니다. 종말을 고대하면서 새 하늘과 새 땅을 바라보는 가정이 되시기를 바랍니다.

6. 함께 기도하기　　　　마무리하며 함께 기도합니다

하나님 아버지! 우리 삶에 비록 많은 어려움과 고난이 있지만 주님이 다시 오실 그날을 기다리며 인내하게 해주시옵소서. 날마다 성령님과 동행하며 거룩함과 경건함으로 믿음을 잘 지키게 해주시옵소서. 그리하여 하나님이 예비하신 새 하늘과 새 땅에 들어가는 복된 가정이 되게 하여 주시옵소서. 예수님의 이름으로 기도드립니다. 아멘.

7. 함께 축복하기　　　　찬양하며 서로를 축복합니다

[우리에게 향하신]

오늘의 암송구절

사랑하는 자들아 주께는 하루가 천 년 같고 천 년이 하루 같다는 이 한 가지를 잊지 말라

우리집 가정예배 일지

일 시		참석자
기도제목 · 응답내용		

하나님은 사랑이시라

044

1. 함께 찬양하기

찬송가 299장

〈 하나님 사랑은 〉

1) 하나님 사랑은 온전한 참 사랑

　내 맘에 부어 주시사 충만케 하소서

2) 내 주님 참 사랑 햇빛과 같으니

　그 사랑 내게 비추사 뜨겁게 하소서

3) 그 사랑 앞에는 풍파도 그치며

　어두운 밤도 환하니 그 힘이 크도다

4) 하나님 사랑은 온전한 참사랑

　내 맘과 영에 채우사 새 힘을 주소서 (아멘)

2. 함께 본문 읽기

요한일서 4:7-11

(7) 사랑하는 자들아 우리가 서로 사랑하자 사랑은 하나님께 속한 것이
니 사랑하는 자마다 하나님으로부터 나서 하나님을 알고

(8) 사랑하지 아니하는 자는 하나님을 알지 못하나니 이는 하나님은 사
랑이심이라

(9) 하나님의 사랑이 우리에게 이렇게 나타난 바 되었으니 하나님이 자기의 독생자를 세상에 보내심은 그로 말미암아 우리를 살리려 하심이라

(10) 사랑은 여기 있으니 우리가 하나님을 사랑한 것이 아니요 하나님이 우리를 사랑하사 우리 죄를 속하기 위하여 화목제물로 그 아들을 보내셨음이라

(11) 사랑하는 자들아 하나님이 이같이 우리를 사랑하셨은즉 우리도 서로 사랑하는 것이 마땅하도다

3. 함께 생각하기　　　　　인도자가 읽어줍니다

1946년에 노벨문학상을 받은 헤르만 헤세(Hermann Hesse)가 쓴 글 중에 이런 이야기가 있습니다. 한 부부가 오랫동안 자식을 낳지 못해 애를 태우다가 드디어 아들을 낳았습니다. 기뻐서 어쩔 줄 모르는데 신비한 노인이 산모에게 나타나 그 아이를 위해 한 가지 소원을 들어주겠다고 하였습니다. 산모는 깊이 생각한 끝에 이렇게 말하였습니다.

"모든 사람으로부터 사랑받는 아이가 되게 해주십시오."

정말 이 아들은 어려서부터 모든 사람의 사랑을 독차지하며 자라게 되었습니다.

그러나 이렇게 사랑과 칭찬을 받기만 하는 중에 아들은 교만해지고 남을 사랑할 줄 모르는 사람이 되었습니다. 그래서 아들의 노년은 몹시 비참하고 쓸쓸하였습니다. 그때 다시 그 노인이 나타나 말하였습니다.

"너는 많은 사람으로부터 사랑을 받았지. 그래서 정말 행복하냐?"

아들은 말하였습니다.

"아닙니다. 내 마음은 너무 허전합니다. 할 수만 있으면 새롭게 축복해 주십시오. 남을 사랑하는 사람이 되게 해주십시오."

사람은 사랑을 받을 때보다 사랑을 할 때 더 행복해진다는 것을 깨달아야 합니다. 왜 사람은 사랑할 때 더 행복해질까요? 그것은 사람이 하나님의 형상을 닮았기 때문입니다. 하나님은 사랑이십니다. 그렇기에 하나님의 형상을 닮은 우리도 마땅히 서로 사랑하며 살아야 합니다. 그때 우리는 진정으로 행복한 삶을 살아갈 수 있습니다.

4. 함께 관찰하기　　성경 본문을 보며 빈칸을 채웁니다

① □□하는 자들아 우리가 서로 □□하자 □□은 하나님께 속한 것이니 □□하는 자마다 하나님으로부터 나서하나님을 알고

② □□하지 아니하는 자는 하나님을 알지 못하나니 이는 하나님은 □□이심이라

③ □□은 여기 있으니 우리가 하나님을 □□한 것이 아니요 하나님이 우리를 □□하사 우리 □를 속하기 위하여 □□로 그 아들을 보내셨음이라

① 오늘 본문이 알려주시는 '사랑'에 대하여 나 나름대로 그 정의를 생각해 보고, 그 정의대로 가족들에게 사랑을 표현해 봅시다.

② 내가 사랑하지 못하고, 용서하지 못하고 있는 사람은 누구인지 생각해 보고 어떻게 사랑과 용서를 실천할 수 있을지 나누어 봅시다.

사도 요한은 하나님과 사귀는 일에 있어서 가장 중요한 것은 '사랑'이라고 말씀하고 있습니다. 우리는 사랑함으로 하나님을 알 수 있고, 사랑함으로 하나님과 교제할 수 있게 되는 것입니다. 그런데 요한은 하나님의 사랑을 설명하면서 "하나님은 사랑이시라"라고 표현하고 있습니다. 이 표현은 하나님은 사랑이 많으신 정도가 아니라 사랑 그 자체이시고, 하나님 전체가 바로 사랑이시라 하는 말씀입니다.

이 표현에서 설명하고 있는 대로 사랑이신 하나님의 사랑을 10가지만 열거해 보면 다음과 같습니다. ① 베푸시는 사랑 ② 무조건적인 사랑 ③ 불쌍히 여기는 사랑 ④ 희생적인 사랑 ⑤ 용서하시는 사랑 ⑥ 오래 참고 기다리시는 사랑 ⑦ 변함이 없는 사랑 ⑧ 포기하지 않는 사랑 ⑨ 완전하신 사랑 ⑩ 영원하신 사랑입니다. 그래서 이렇게 하나님은 사랑이시기 때문에 이제는 우리도 서로 사랑하는 것이 마땅하고, 이웃을 사랑함으로 하나님을 사랑해야 합니다.

하나님을 사랑한다고 하면서 그 형제를 미워하면 이는 거짓말하는 자입니다. 왜냐하면 눈에 보이는 형제를 사랑하지 않으면서 눈에 안 보이는 하나님을 사랑할 수 없기 때문입니다. 그래서 하나님은 사랑이시

고, 사랑해야 우리가 하나님을 알고, 사랑해야 하나님이 우리 가운데 거하시니까 이제부터는 진실로 사랑하며 살아가시기를 바랍니다.

6. 함께 기도하기 마무리하며 함께 기도합니다

사랑이 많으신 하나님 아버지! 죄로 인하여 죽을 수밖에 없는 우리를 사랑해 주시고, 구원의 큰 은혜를 허락해주심에 진심으로 감사드립니다. 이런 하나님의 크신 사랑을 기억하며 받은 사랑을 이웃에게 흘려보낼 수 있도록 인도하여 주시고, 사랑이 넘치는 가정이 되도록 역사하여 주시옵소서. 예수님의 이름으로 기도드립니다. 아멘.

7. 함께 축복하기 찬양하며 서로를 축복합니다

「 우리에게 향하신 」

오늘의 암송구절

사랑하는 자들아 우리가 서로 사랑하자 사랑은 하나님께 속한 것이니 사랑하는 자마다 하나님으로부터 나서 하나님을 알고 사랑하지 아니하는 자는 하나님을 알지 못하나니 이는 하나님은 사랑이심이라

우리집 가정예배 일지

일 시		참석자	
기도제목 · 응답내용			

계명을 따라 행하라

045

1. 함께 찬양하기   찬송가 94장

〈 주 예수보다 더 귀한 것은 없네 〉

1) 주 예수보다 더 귀한 것은 없네 이 세상 부귀와 바꿀 수 없네
영 죽은 내 대신 돌아가신 그 놀라운 사랑 잊지 못해

2) 주 예수보다 더 귀한 것은 없네 이 세상 명예와 바꿀 수 없네
이전에 즐기던 세상 일도 주 사랑하는 맘 뺏지 못해

3) 주 예수보다 더 귀한 것은 없네 이 세상 행복과 바꿀 수 없네
유혹과 핍박이 몰려와도 주 섬기는 내 맘 변치 않아

후렴) 세상 즐거움 다 버리고 세상 자랑 다 버렸네
주 예수보다 더 귀한 것은 없네 예수 밖에는 없네

2. 함께 본문 읽기   요한이서 1:4-11

(4) 너의 자녀들 중에 우리가 아버지께 받은 계명대로 진리를 행하는 자
를 내가 보니 심히 기쁘도다

(5) 부녀여, 내가 이제 네게 구하노니 서로 사랑하자 이는 새 계명 같이
네게 쓰는 것이 아니요 처음부터 우리가 가진 것이라

(6) 또 사랑은 이것이니 우리가 그 계명을 따라 행하는 것이요 계명은 이것이니 너희가 처음부터 들은 바와 같이 그 가운데서 행하라 하심이라

(7) 미혹하는 자가 세상에 많이 나왔나니 이는 예수 그리스도께서 육체로 오심을 부인하는 자라 이런 자가 미혹하는 자요 적그리스도니

(8) 너희는 스스로 삼가 우리가 일한 것을 잃지 말고 오직 온전한 상을 받으라

(9) 지나쳐 그리스도의 교훈 안에 거하지 아니하는 자는 다 하나님을 모시지 못하되 교훈 안에 거하는 그 사람은 아버지와 아들을 모시느니라

(10) 누구든지 이 교훈을 가지지 않고 너희에게 나아가거든 그를 집에 들이지도 말고 인사도 하지 말라

(11) 그에게 인사하는 자는 그 악한 일에 참여하는 자임이라

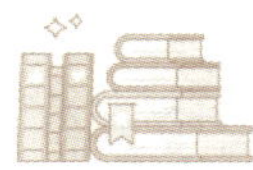

3. 함께 생각하기　　　　　인도자가 읽어줍니다

불과 60여 년 전 미국에서는 피부색이 사람의 가치를 결정하였습니다. 흑인은 버스의 뒷자리에만 앉아야 했고, 백인과 같은 학교 · 식당을 이용할 수도 없었습니다. 법과 제도는 백인 우월주의를 보호했고, 힘을 가진 자가 약자를 지배하는 것이 당연하게 여겨지던 시대였습니다. 이러한 억압들 속에서 많은 흑인은 이 잘못된 것을 타파하기 위해서는 폭력으로 맞서야 한다고 생각하였습니다.

이러한 시대 상황 속에서 폭력이 아닌 사랑을 선택한 사람이 있었습니다. 그는 마틴 루터 킹(Martin Luther King) 목사님입니다. 그는 총 대신 말씀을, 칼 대신 기도를 들었습니다. 그는 예수님의 가르침에 따라 "미움은 사랑으로만 이길 수 있다"고 믿었고, 원수를 사랑하라는 복음을 붙들고 비폭력 평화운동을 이끌었습니다. 그는 모욕과 폭력을 당해도 보복하지 않고 사랑으로 응답하였습니다. 그의 연설은 수많은 사람의 마음을 움직였고, 백인마저 시민권 운동에 동참하였습니다. 마침내 인종분리법은 무너졌고, 총과 칼이 해내지 못한 일을 사랑이 해냈습니다. 약해 보이던 사랑이 오히려 가장 강한 힘인 것을 역사 속에서 증명한 것입니다. 결국 역사를 바꾼 힘은 사랑이었습니다. 사랑이신 하나님을 본받아 오직 사랑으로 살아가는 성도가 됩시다.

# 4. 함께 관찰하기 성경 본문을 보며 빈칸을 채웁니다

① 또 ☐☐은 이것이니 우리가 그 ☐☐을 따라 행하는 것이요 ☐☐은 이것이니 너희가 처음부터 들은 바와 같이 그 가운데서 ☐☐☐ 하심이라

② ☐☐하는 자가 세상에 많이 나왔나니 이는 예수 그리스도께서 ☐☐로 오심을 ☐☐하는 자라 이런 자가 ☐☐하는 자요 ☐☐☐☐☐니

③ 누구든지 이 ☐☐을 가지지 않고 너희에게 나아가거든 그를 ☐에 들이지도 말고 ☐☐도 하지 말라

5. 함께 나누기 
질문에 따라 묵상한 내용을 나눕니다

① 우리 주변에 있는 이단들이 다가올 때 어떻게 대처해야 하는지 함께 생각해 보고 서로 나누어 봅시다.

② 최근에 하나님 사랑과 이웃 사랑을 실천하였던 경험을 떠올려보고, 그 때의 느낌이 어떠하였는지 함께 나누어 봅시다.

초대교회에는 하나님의 계명에 순종하지 않고 방종한 삶을 살면서도 사랑이라는 미명 아래 이단 사설을 전하는 거짓 교사들이 있었습니다. 그래서 사도 요한은 7절에서 적그리스도와 거짓 교사들의 특징을 밝히고, 8절에서는 성도들이 이런 이단에 미혹되어서 일한 것을 잃지 말라고 강권하고 있습니다. 이렇게 악한 자들은 잘 살펴서 경계할 뿐만 아니라 이제 10절과 11절은 아예 상종조차 하지 말 것을 말씀하고 있습니다.

삼위일체 하나님의 신비를 설명하기 위하여 초대교회에서는 요한일서 4장 8절, "하나님은 사랑이시라"는 말씀을 많이 인용하였습니다. 이 구절은 '하나님은 사랑으로 존재하신다' 라는 뜻도 있지만, 또 한 가지 의미는 우리가 사는 우주의 궁극적인 원리는 어떤 추상적인 원리나 법칙이 아니라 바로 사랑이라 하는 것을 우리에게 알려주고 있습니다. 그리하여 이 세계는 하나님께로부터 나왔기 때문에 이 세상은 사랑하는 분, 사랑받는 분, 그리고 그 사이에 있는 사랑이 이 세상 존재하는 모든 것들의 궁극적인 이유가 되고, 존재하는 모든 것들의 질서의 근원이 된다는 사실입니다. 바로 이것이 우리가 체득해야 하는 삼위일체론의 실천적 의미입니다.

　　예수님은 2천 년 전, 제국주의 시대에 놀랍게도 사랑을 선포하셨습니다. 제국주의는 힘과 권력으로 약한 자들을 지배하는 사악한 마귀의 논리입니다. 그러나 그리스도인은 제국주의의 논리로 살아서는 안 됩니다. 그리스도인은 진실로 하나님과 이웃을 사랑하는 이타적인 존재로 살아야 합니다.

6. 함께 기도하기　　마무리하며 함께 기도합니다

　　하나님 아버지! 가장 큰 계명인 사랑을 잘 실천하여 하나님을 사랑하고 이웃을 사랑하는 이타적인 가정이 되게 하여 주시옵소서. 우리 주변에는 사탄과 같이 우리를 미혹하고 넘어뜨리기 위한 악한 자들이 있습니다. 이들과는 절대로 상종하지 않게 하시고, 진리 가운데 살아가게 하여 주시옵소서. 예수님의 이름으로 기도드립니다. 아멘.

7. 함께 축복하기　　찬양하며 서로를 축복합니다

[우리에게 향하신]

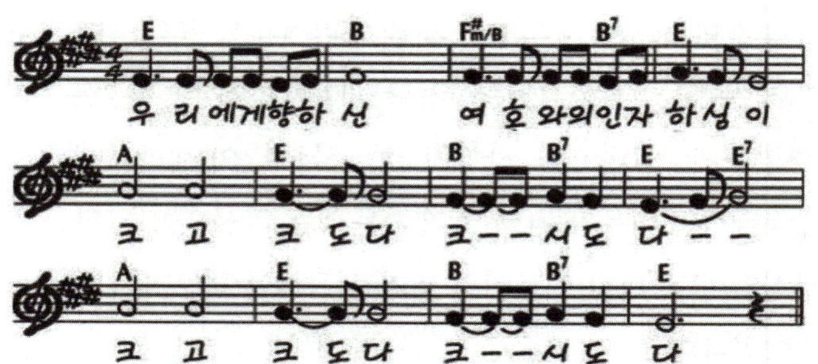

오늘의 암송구절

요한이서 1:6

또 사랑은 이것이니 우리가 그 계명을 따라 행하는 것이요 계명은 이것이니 너희가 처음부터 들은 바와 같이 그 가운데서 행하라 하심이라

우리집 가정예배 일지

일 시		참석자	
기도제목 · 응답내용			

진리를 위하여 일하라

046

1. 함께 찬양하기　　　　　　　　찬송가 212장

〈 겸손히 주를 섬길 때 〉

1) 겸손히 주를 섬길 때 괴로운 일이 많으나
　 구주여 내게 힘 주사 잘 감당하게 하소서
2) 인자한 말을 가지고 사람을 감화시키며
　 갈 길을 잃은 무리를 잘 인도하게 하소서
3) 구주의 귀한 인내를 깨달아 알게 하시고
　 굳건한 믿음 주셔서 늘 승리하게 하소서
4) 장래의 영광 비추사 소망이 되게 하시며
　 구주와 함께 살면서 참 평강 얻게 하소서 (아멘)

2. 함께 본문 읽기　　　　　　　　요한삼서 1:5-12

(5) 사랑하는 자여 네가 무엇이든지 형제 곧 나그네 된 자들에게 행하는
　　것은 신실한 일이니
(6) 그들이 교회 앞에서 너의 사랑을 증언하였느니라 네가 하나님께 합
　　당하게 그들을 전송하면 좋으리로다

(7) 이는 그들이 주의 이름을 위하여 나가서 이방인에게 아무 것도 받지
아니함이라

(8) 그러므로 우리가 이같은 자들을 영접하는 것이 마땅하니 이는 우리
로 진리를 위하여 함께 일하는 자가 되게 하려 함이라

(9) 내가 두어 자를 교회에 썼으나 그들 중에 으뜸되기를 좋아하는 디오
드레베가 우리를 맞아들이지 아니하니

(10) 그러므로 내가 가면 그 행한 일을 잊지 아니하리라 그가 악한 말로
우리를 비방하고도 오히려 부족하여 형제들을 맞아들이지도 아니
하고 맞아들이고자 하는 자를 금하여 교회에서 내쫓는도다

(11) 사랑하는 자여 악한 것을 본받지 말고 선한 것을 본받으라 선을 행
하는 자는 하나님께 속하고 악을 행하는 자는 하나님을 뵈옵지 못
하였느니라

(12) 데메드리오는 뭇 사람에게도, 진리에게서도 증거를 받았으매 우리
도 증언하노니 너는 우리의 증언이 참된 줄을 아느니라

3. 함께 생각하기　　　　　인도자가 읽어줍니다

　　찰스 스윈돌(Charles Swindoll) 목사님은 교인들에게 월요일 아침
에 세상 속에 세워진 강단이 있다는 것을 기억하라고 늘 강조하였다고
합니다. 교회에서 사역하는 목사는 주일에 교회 안에 세워진 강단에 올
라가 복음을 전하지만, 그 설교를 들은 교인들은 월요일 아침에 세상
속에 세워진 강단, 자기 삶의 자리에서 삶과 인격으로 복음을 증거하는
삶을 살아야 한다는 것입니다. 삶 속에서 삶으로 설교하는 일, 삶으로

복음을 증거하는 일은 참 힘들고 어려운 일입니다. 우리가 살아가는 세상은 냉혹하고 비정하여 정글과도 같은 세상입니다. 이런 세상 속에서 삶으로 복음을 드러내는 삶을 살아가는 것은 마치 아프리카 정글에서 선교하는 것 못지않게 힘들고 어려운 것이 사실입니다.

그러나 죄와 사망의 권세를 깨뜨리신 부활의 주님이 성령으로 우리와 함께하시면 우리는 능히 이 사명을 능히 감당할 수 있다고 찰스 스윈돌 목사님은 말합니다. 성령님이 함께 하시면 전쟁터와 같은 우리의 삶의 자리에서 어둠을 밝히고, 하나님의 영광을 드러내는 귀한 삶을 살아갈 수 있게 된다는 것입니다. 세상을 감동시키는 가장 강력하고 아름다운 설교는 삶으로 드러내는 설교입니다. 우리도 가이오와 같이 사랑으로 행하며 삶으로 예배드리는 성도들이 되시기 바랍니다.

4. 함께 관찰하기　성경 본문을 보며 빈칸을 채웁니다

① ☐☐하는 자여 네가 무엇이든지 형제 곧 ☐☐☐ 된 자들에게 행하는 것은 ☐☐한 일이니

② 그러므로 우리가 이같은 자들을 ☐☐하는 것이 마땅하니 이는 우리로 ☐☐를 위하여 함께 ☐하는 자가 되게 하려 함이라

③ 사랑하는 자여 ☐한 것을 본받지 말고 ☐한 것을 본받으라 ☐을 행하는 자는 하나님께 속하고 ☐을 행하는 자는 ☐☐☐을 뵈옵지 못하였느니라

5. 함께 나누기   질문에 따라 묵상한 내용을 나눕니다

① 우리 주변에는 그리스도의 사랑이 필요한 많은 이들이 있습니다. 그들을 볼 때 우리 속에 어떤 마음이 일어나는지 나누어 봅시다.

② 가이오는 선한 영향력을 끼친 사람입니다. 삶 속에서 우리가 어떻게 선한 영향력을 끼치며 살 수 있을지 함께 나누어 봅시다.

요한삼서는 순회 교사 접대 문제와 관련하여 우리가 어떠한 사람이 되어야 하는지에 대해 교훈하고 있습니다. 요한삼서가 기록된 시기는 사도들의 순교와 죽음 등으로 인하여 교회의 지도자들이 많이 부족해졌던 시대여서 순회 교사가 그 역할을 대신 감당하였습니다. 순회 교사들은 자신을 대접하기를 원하는 성도들의 집에 유하면서 식사를 해결하였고, 그다음 선교지로 갈 수 있도록 성도들로부터 여비를 제공받기도 하였습니다. 그런데 이러한 순회 교사로 가장하여 이단 사상을 전파하고 교회에 분란을 일으키는 거짓 교사들이 많이 생겨나게 되었습니다. 이러한 상황 속에서 사도 요한은 순회 교사의 문제를 바로 잡고자 각 교회에 회람할 서신을 기록하여 보냈는데 이것이 바로 요한삼서 말씀입니다.

요한삼서에는 순회 교사 문제와 관련하여 두 명의 대조되는 인물이 등장하고 있습니다. 첫째는 성도를 잘 돌보고, 사람을 아름답게 세우는 가이오라고 하는 인물입니다. 둘째는 성도를 잘 돌보지 않고 자기의 욕심만 채우고 사람을 무너뜨리는 디오드레베에 대해서 언급하고 있습니다. 사도 요한은 이 두 사람을 극명하게 대조함으로써 교회의 질서를

바로잡고, 그리스도인의 삶이 어떠해야 하는지를 교훈하고 있습니다. 가이오는 참 훌륭하고 존경받을 만한 사람이었고, 디오드레베는 악을 행하는 사람이었는데 우리는 결코 디오드레베와 같은 삶을 살지 말고, 가이오와 같은 사랑의 삶을 살아서 진정으로 하나님께 속한 자가 되어야 하겠습니다.

6. 함께 기도하기
마무리하며 함께 기도합니다

사랑과 은혜가 풍성하신 하나님 아버지! 그리스도께서 우리를 사랑하셨던 것처럼 우리도 사랑을 베풀며 살아가는 가정이 되게 해주시옵소서. 그래서 신실하신 하나님의 사랑이 우리 가정을 통해 흘러가게 하시고, 주변의 많은 이웃에게 선한 영향력을 끼치며 살아가게 하여 주시옵소서. 예수 그리스도의 이름으로 기도드립니다. 아멘.

7. 함께 축복하기
찬양하며 서로를 축복합니다

[우리에게 향하신]

\# 오늘의 암송구절

요한삼서 1:11

사랑하는 자여 악한 것을 본받지 말고 선한 것을 본받으라 선을 행하는 자는 하나님께 속하고 악을 행하는 자는 하나님을 뵈옵지 못하였느니라

\# 우리집 가정예배 일지

일 시	참석자
기도제목 · 응답내용	

거룩한 믿음 위에 자신을 세우라

047

1. 함께 찬양하기

찬송가 259장

〈 예수 십자가에 흘린 피로써 〉

1) 예수 십자가에 흘린 피로써 그대는 씻기어 있는가
　더러운 죄 희게하는 능력을 그대는 참 의지하는가
2) 주 예수와 밤낮으로 늘 함께 그대는 행동을 하는가
　아무 때나 어디서나 그대는 십자가 붙들고 있는가
3) 주님 예수 다시 올 때 그대는 영접할 예복이 있는가
　그대 몸은 거룩한 곳 천국에 들어갈 준비가 됐는가
후렴) 예수의 보혈로 그대는 씻기어 있는가
　　마음속의 여러 가지 죄악이 깨끗이 씻기어 있는가

2. 함께 본문 읽기

유다서 1:17-23

(17) 사랑하는 자들아 너희는 우리 주 예수 그리스도의 사도들이 미리 한 말을 기억하라

(18) 그들이 너희에게 말하기를 마지막 때에 자기의 경건하지 않은 정욕대로 행하며 조롱하는 자들이 있으리라 하였나니

(19) 이 사람들은 분열을 일으키는 자며 육에 속한 자며 성령이 없는 자
     니라

(20) 사랑하는 자들아 너희는 너희의 지극히 거룩한 믿음 위에 자신을
     세우며 성령으로 기도하며

(21) 하나님의 사랑 안에서 자신을 지키며 영생에 이르도록 우리 주 예
     수 그리스도의 긍휼을 기다리라

(22) 어떤 의심하는 자들을 긍휼히 여기라

(23) 또 어떤 자를 불에서 끌어내어 구원하라 또 어떤 자를 그 육체로 더
     럽힌 옷까지도 미워하되 두려움으로 긍휼히 여기라

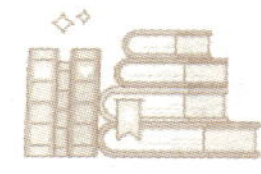

3. 함께 생각하기

인도자가 읽어줍니다

어느 한 마을에 도축장을 운영하는 사람이 있었습니다. 하루는 돼지
를 도축장으로 몰고 가는데, 신기하게도 돼지는 아무런 저항도 없이 꼬
리를 흔들면서 도축장으로 들어가는 것입니다. 이 장면을 옆에서 본 사
람이 도축장 주인에게 물었습니다.

"돼지가 도축장에 즐겁게 들어가는 이유가 무엇입니까?"

주인은 그 질문에 웃으면서 손에 쥐고 있던 콩을 보여주며 이렇게 말
하였습니다.

"돼지가 도축장으로 가는 길에 콩을 조금씩 떨어뜨리고 앞서가면 돼
지는 그 콩을 먹는 것에만 정신이 팔려서 도살장에 제 발로 꼬리를 흔
들며 들어갑니다".

그런데 많은 사람이 이렇게 살아가고 있습니다. 당장 눈앞에 있는 콩

을 주워 먹는 맛에 죽음의 길을 걷는 줄도 모르고 있습니다. 어렴풋이 하나님의 심판과 지옥이 있다는 사실을 알고 있지만 재물과 권세와 쾌락과 명성이라는 달콤한 유혹을 이기지 못하고 지옥을 향해 달려가고 있습니다. 세상의 유혹이 너무나 달콤하기 때문입니다.

　그러나 반드시 기억해야 합니다. 하늘을 손으로 가린다고 해서 하늘이 없어지지 않듯이 심판을 외면한다고 해서 심판이 없어지는 것이 아닙니다. 하나님의 심판의 날은 더뎌 보이지만 반드시 도래할 것입니다. 마지막 날의 심판을 기억하며 오늘도 거룩한 믿음 위에 자신을 세우는 성도들이 되시기를 간절히 바랍니다.

 ## 4. 함께 관찰하기　　성경 본문을 보며 빈칸을 채웁니다

① ☐☐하는 자들아 너희는 우리 주 예수 그리스도의 ☐☐들이 미리 한 말을 ☐☐하라

② 하나님의 ☐☐ 안에서 자신을 지키며 ☐☐에 이르도록 우리 주 ☐☐ 그리스도의 ☐☐을 기다리라

③ 또 어떤 자를 ☐에서 끌어내어 ☐☐하라 또 어떤 자를 그 육체로 더럽힌 ☐까지도 미워하되 ☐☐☐으로 긍휼히 여기라

 5. 함께 나누기 질문에 따라 묵상한 내용을 나눕니다

① 나의 주변을 살펴보고 진리를 미혹하는 것들에는 무엇이 있는지 생각해 보고 어떻게 대처하는 것이 좋을지 함께 나누어 봅시다.

② 잘못된 이단의 가르침과 세속의 가치관으로부터 믿음을 지키기 위하여 내가 힘써 노력해야 하는 것은 무엇인지 나누어 봅시다.

유다서는 예수님의 형제 유다가 기록한 말씀입니다. 당시에는 영지주의 이단의 문제가 심각하였습니다. 이들은 영은 선하고 육은 악하다는 이원론을 기반에 두었습니다. 그리하여 예수님의 성육신과 신성까지도 부인하였습니다. 이러한 상황 속에서 유다는 서신을 통하여 성도들에게 이단의 가르침에 절대로 미혹되지 말고 믿음의 도를 굳게 지키라고 권면하고 있습니다.

먼저 5~7절에서는 악한 이단들이 받았던 심판의 전례를 소개하고 있습니다. 출애굽 당시 불신의 백성들은 가나안 땅에 들어가지 못하였고(5절), 자기 지위를 떠난 천사들은 영원한 흑암에 가두셨으며(6절), 소돔과 고모라 성은 육체를 따라 행하다가 유황불의 심판을 받았습니다(7절).

이어서 14~16절에서는 이런 이단들에게 약속된 심판을 선포합니다. 경건하지 않은 자, 주를 거슬러 말하는 완악한 자, 원망하는 자, 불만을 토하는 자, 정욕대로 행하는 자, 스스로 자랑하는 자, 이익을 위하여 아첨하는 자들은 반드시 심판하실 것이라고 말씀하고 있습니다.

마지막으로 17~23절은 마지막 때에 나타날 이단의 특징에 대해 말씀합니다. 당을 지어 분열을 좋아하고, 육에 속한 자요, 성령이 없는 자들

입니다(19절). 성도들은 이러한 이단으로부터 자신을 지켜야 합니다. 그리하여 그리스도의 복음의 확신을 가지고, 성령에 의지하여 기도하며, 진리 가운데서 행하기를 힘쓰고, 세상 끝날 그리스도께서 긍휼을 베푸사 영생을 주시는 날을 바라보아야 하는 것입니다. 이단을 경계하고 거룩한 믿음 위에 아름다운 가정을 세우는 성도들이 되시기 바랍니다.

6. 함께 기도하기 마무리하며 함께 기도합니다

사랑과 은혜가 풍성하신 아버지 하나님! 우리가 사는 세상에는 잘못된 사상과 가르침을 전하는 이단이 많습니다. 이러한 상황 속에서 우리가 그리스도의 복음의 확신을 가지고 날마다 살아가게 하여 주시옵소서. 그리하여 거룩한 믿음 위에 아름다운 가정을 세우게 하여 주시옵소서. 예수 그리스도의 이름으로 기도드립니다. 아멘.

7. 함께 축복하기 찬양하며 서로를 축복합니다

「 우리는 사랑의 띠로 」

오늘의 암송구절

유다서 1:20-21

사랑하는 자들아 너희는 너희의 지극히 거룩한 믿음 위에 자신을 세우며 성령으로 기도하며 하나님의 사랑 안에서 자신을 지키며 영생에 이르도록 우리 주 예수 그리스도의 긍휼을 기다리라

우리집 가정예배 일지

일 시	참석자
기도제목 • 응답내용	

계시록

네 면류관을
빼앗지 못하게 하라

048

1. 함께 찬양하기　　찬송가 459장

〈 누가 주를 따라 〉

1) 누가 주를 따라 섬기려는가 누가 죄를 떠나 주만 따를까
누가 주를 섬겨 남을 구할까 누가 주의 뒤를 따라 가려나
부르심을 받아 주의 은혜로 주를 따라 가네 주만 따르네

2) 세상 영광 위해 따름 아니요 크신 사랑 인해 주만 따르고
주가 내려주신 은혜 힘입어 주의 뒤를 따라 힘써 일하네
부르심을 받아 주의 은혜로 주를 따라 가네 주만 따르네

3) 환난 핍박 많고 원수 강하나 주의 용사 더욱 힘이 강하니
누가 능히 이겨 넘어뜨리랴 변함없는 진리 승리하리라
기쁜 찬송하며 주의 은혜로 주를 따라 가네 주만 따르네

2. 함께 본문 읽기　　요한계시록 3:7-13

(7) 빌라델비아 교회의 사자에게 편지하라 거룩하고 진실하사 다윗의
열쇠를 가지신 이 곧 열면 닫을 사람이 없고 닫으면 열 사람이 없는
그가 이르시되

(8) 볼지어다 내가 네 앞에 열린 문을 두었으되 능히 닫을 사람이 없으

리라 내가 네 행위를 아노니 네가 작은 능력을 가지고서도 내 말을 지키며 내 이름을 배반하지 아니하였도다

(9) 보라 사탄의 회당 곧 자칭 유대인이라 하나 그렇지 아니하고 거짓말 하는 자들 중에서 몇을 네게 주어 그들로 와서 네 발 앞에 절하게 하고 내가 너를 사랑하는 줄을 알게 하리라

(10) 네가 나의 인내의 말씀을 지켰은즉 내가 또한 너를 지켜 시험의 때를 면하게 하리니 이는 장차 온 세상에 임하여 땅에 거하는 자들을 시험할 때라

(11) 내가 속히 오리니 네가 가진 것을 굳게 잡아 아무도 네 면류관을 빼앗지 못하게 하라

(12) 이기는 자는 내 하나님 성전에 기둥이 되게 하리니 그가 결코 다시 나가지 아니하리라 내가 하나님의 이름과 하나님의 성 곧 하늘에서 내 하나님께로부터 내려오는 새 예루살렘의 이름과 나의 새 이름을 그이 위에 기록하리라

(13) 귀 있는 자는 성령이 교회들에게 하시는 말씀을 들을지어다

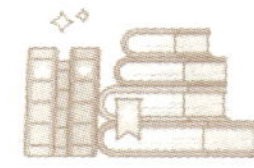

3. 함께 생각하기 인도자가 읽어줍니다

사도 요한의 제자 중에 폴리캅(Polycarp)이라고 하는 사람이 있었습니다. 그는 서머나교회의 감독이며, 고결한 인격의 소유자였습니다. 믿음을 가진 성도에게도 존경을 받았지만, 믿음이 없고 심지어 교회를 박해하는 사람에게도 존경받는 사람이었습니다. 그랬던 그가 황제 숭배를 거부한다는 이유로 체포되어 화형당할 위기에 놓이게 되었습니다.

폴리캅이 체포되어 노천극장으로 끌려왔을 때의 일입니다. 로마 총

독은 그에게 그리스도를 부인하고 로마 황제를 신으로 고백하라고 강요하였습니다. "한 번만 황제에게 '주님'이라고 하고 제사에 참여하면 살려주겠다. 그것이 무슨 해가 되겠느냐?"고 설득을 하였습니다. 그러나 폴리캅은 두려워하지 않고 이렇게 말하였습니다.

"내 평생 86년을 살아오는 동안에 예수님은 한 번도 나를 모른다고 하지 않았습니다. 그런데 내가 어찌 주님을 부인하고 욕할 수 있겠습니까?"

이렇게 단호히 총독의 요청을 거절한 폴리캅은 결국 화형을 당하고 말았습니다.

비록 고통스러운 죽음을 맞이하였지만, 끝까지 믿음을 지킨 폴리캅은 주님께서 주시는 생명의 면류관을 받아 썼을 것입니다. 이처럼 어떠한 상황 속에서도 배교하지 않고 끝까지 믿음을 지켜서 예수님이 준비하신 생명의 면류관을 받아 쓰는 성도가 되시기를 바랍니다.

4. 함께 관찰하기　　성경 본문을 보며 빈칸을 채웁니다

① 내가 네 ☐☐를 아노니 네가 ☐☐ ☐☐을 가지고서도 내 ☐을 지키며 내 ☐☐을 ☐☐하지 아니하였도다

② 네가 나의 ☐☐의 ☐☐을 지켰은즉 내가 또한 ☐☐ 지켜 ☐☐의 ☐를 면하게 하리니

③ 내가 ☐☐ ☐☐☐ 네가 가진 것을 ☐☐ 잡아 아무도 네 ☐☐☐을 빼앗지 못하게 하라

① 신앙생활을 해오면서 믿음을 지키기 위해서 당할 수밖에 없었던 아픔과 고난에 대해 생각해 보고 함께 나누어 봅시다.

② 마지막 날에 하나님께서 나를 바라보시며 칭찬해 주실 것 같은 일은 무엇이 있을지 생각해 보고 함께 나누어 봅시다.

요한계시록은 사도 요한이 인생의 말년에 로마제국의 도미티안 황제의 박해를 받아 지중해 밧모섬에 유배당했을 때 하나님의 묵시를 받아 기록하였습니다. 요한계시록의 첫째 부분은 1~3장까지인데, 초대 일곱 교회가 어떻게 회개하고 믿음의 길을 걸어가야 할지를 교훈하고 있습니다.

에베소교회는 선행과 인내를 지키는 데 열심 있는 교회였지만 처음 사랑을 버렸다는 책망을 들었습니다. 서머나교회는 박해를 당하고 가난한 교회였지만 하나님께 부요한 교회였습니다. 버가모교회는 박해 중에도 믿음을 지켰지만 거짓 가르침에 속아 우상숭배를 했다는 책망을 들었습니다. 두아디라교회는 처음보다 나중이 더 아름다운 교회였지만 우상숭배와 행음을 일삼았다는 책망을 들었습니다. 사데교회는 살았다는 이름은 가졌으나 실상은 죽은 자라 하는 책망을 들었습니다. 빌라델비아교회는 작은 능력으로도 충성을 다하였고, 말씀을 따라 신앙의 정절도 잘 지켰습니다. 라오디게아교회는 책망만 들었는데, 차지도 않고 덥지도 않은 미지근한 신앙을 가졌고 지극히 교만하여 어리석게 살아가는 사람들이었습니다.

　　고난의 때에 기록된 요한계시록의 핵심적인 메시지는 두 가지입니다. 첫째로 고난을 이기고 끝까지 견디는 자가 구원을 받을 것이며, 둘째로 그들은 보호를 받고 상급을 받게 된다는 것입니다. 이 진리를 붙들고 주님 오실 때까지 믿음의 길을 온전히 걸어가는 성도가 되시기를 바랍니다.

6. 함께 기도하기　　마무리하며 함께 기도합니다

　　역사의 주관자 되시는 아버지 하나님! 우리 두 귀를 열어주사 이 땅의 교회들에게 하시는 성령님의 음성을 잘 듣고 순종하게 하옵소서. 그리하여 우리도 주님께 칭찬받은 서머나교회와 빌라델비아교회처럼 생명의 면류관을 받아쓰기에 부족함 없는 굳건한 믿음의 공동체가 되게 하여 주옵소서. 예수님의 이름으로 기도드립니다. 아멘.

7. 함께 축복하기　　찬양하며 서로를 축복합니다

[우리는 사랑의 띠로]

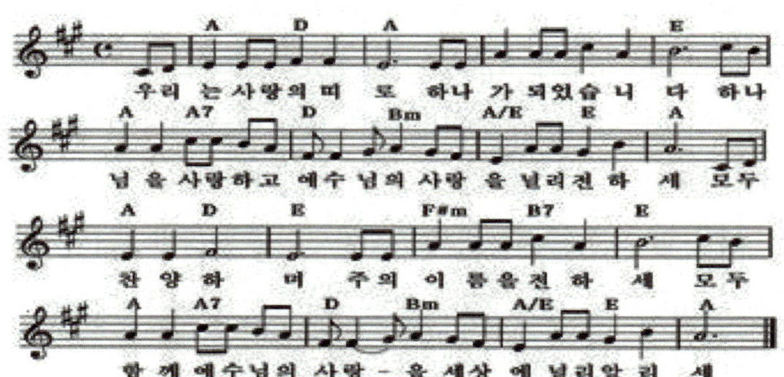

오늘의 암송구절

내가 속히 오리니 네가 가진 것을 굳게 잡아 아무도 네 면류관을 빼앗지 못하게 하라

우리집 가정예배 일지

일 시	참석자
기도제목 · 응답내용	

>〉 **천국의 소망** 　계 21:1~7

새 하늘과 새 땅을 바라보도다

049

1. 함께 찬양하기　　　　　　　찬송가 480장

〈 천국에서 만나보자 〉

1) 천국에서 만나보자 그 날 아침 거기서
　순례자여 예비하라 늦어지지 않도록

2) 너의 등불 밝혀 있나 기다린다 신랑이
　천국 문에 이를 때에 그가 반겨 맞으리

3) 기다리던 성도들과 그 문에서 만날 때
　참 즐거운 우리 모임 그 얼마나 기쁘랴

후렴) 만나보자 만나보자 저기 뵈는 저 천국 문에서
　　만나보자 만나보자 그 날 아침 그 문에서 만나자

2. 함께 본문 읽기　　　　　　　요한계시록 21:1-7

(1) 또 내가 새 하늘과 새 땅을 보니 처음 하늘과 처음 땅이 없어졌고 바다도 다시 있지 않더라

(2) 또 내가 보매 거룩한 성 새 예루살렘이 하나님께로부터 하늘에서 내려오니 그 준비한 것이 신부가 남편을 위하여 단장한 것 같더라

(3) 내가 들으니 보좌에서 큰 음성이 나서 이르되 보라 하나님의 장막이 사람들과 함께 있으매 하나님이 그들과 함께 계시리니 그들은 하나님의 백성이 되고 하나님은 친히 그들과 함께 계셔서

(4) 모든 눈물을 그 눈에서 닦아 주시니 다시는 사망이 없고 애통하는 것이나 곡하는 것이나 아픈 것이 다시 있지 아니하리니 처음 것들이 다 지나갔음이러라

(5) 보좌에 앉으신 이가 이르시되 보라 내가 만물을 새롭게 하노라 하시고 또 이르시되 이 말은 신실하고 참되니 기록하라 하시고

(6) 또 내게 말씀하시되 이루었도다 나는 알파와 오메가요 처음과 마지막이라 내가 생명수 샘물을 목마른 자에게 값없이 주리니

(7) 이기는 자는 이것들을 상속으로 받으리라 나는 그의 하나님이 되고 그는 내 아들이 되리라

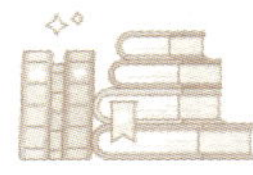

3. 함께 생각하기　　　　　인도자가 읽어줍니다

　　13세기 이탈리아의 유명한 탐험가였던 마르코 폴로(Marco Polo)는 그 당시 미지의 세계였던 중국으로 건너와 17년 동안 거주하였습니다. 그 후에 조국으로 돌아가서 '동방견문록' 이라는 유명한 책을 썼습니다.

　　시간이 지나 마르코 폴로의 임종이 가까울 무렵이었습니다. 마르코 폴로의 친구들은 그를 찾아와서 다그치며 말하였습니다.

　　"자네는 그 책에서 도무지 우리가 믿을 수 없는 이야기로만 잔뜩 기록해 놓지 않았나? 친구여! 이제라도 진실을 밝혀주었으면 좋겠네. 그 책의 많은 내용이 자네의 상상에 의해서 꾸며진 것이 사실 아닌가?"

그때 마르코 폴로는 친구들을 향하여 이렇게 말하였습니다.

"아니오. 내가 책에 쓴 모든 내용은 다 진실이지 거짓이 아니요. 사실 나는 내가 보고 겪었던 것의 절반도 채 기록하지 못했다오!"

천국도 마찬가지입니다. 천국은 상상으로 꾸며진 곳이 아니라 실제로 존재하는 곳입니다. 신실하신 예수님은 우리에게 거듭 천국에 대해서 말씀해 주셨습니다. 단지 천국의 비밀을 아는 것이 불신자들에게는 허락되지 않았기 때문에 그들은 그곳을 이해할 수 없을 뿐입니다. 천국은 반드시 있습니다. 우리는 하나님의 때에 반드시 그곳에 들어가게 될 것입니다. 천국 소망을 든든히 붙들고 살아가시기를 바랍니다.

4. 함께 관찰하기 성경 본문을 보며 빈칸을 채웁니다

① 또 내가 ☐ ☐☐과 ☐ ☐을 보니 처음 ☐☐과 처음 ☐ 이 없어졌고 ☐☐도 다시 있지 않더라

② 모든 ☐☐을 그 눈에서 닦아 주시니 다시는 ☐☐이 없고 ☐ ☐하는 것이나 ☐하는 것이나 ☐☐☐이 다시 있지 아니하리니 ☐☐ 것들이 다 지나갔음이러라

③ 또 내게 말씀하시되 이루었도다 나는 ☐☐와 ☐☐☐요 ☐ ☐과 ☐☐☐이라 내가 ☐☐☐ 샘물을 목마른 자에게 값없이 주리니

 5. 함께 나누기　질문에 따라 묵상한 내용을 나눕니다

① 내가 붙잡고 있는 것들 중에서 새 하늘과 새 땅에 들어가기 위하여 버려야 할 것은 무엇이 있는지 나누어 봅시다.

② 주님이 정하신 때에 이 세상은 완전히 종말을 고합니다. 그러므로 지금부터 나는 어떤 소망을 붙들고 살아야 할지 나누어 봅시다.

요한계시록 21장은 말세의 대환난으로서 현 세상이 붕괴되고 마침내 예수님께서 재림하시며 새 하늘과 새 땅이 도래함을 알려주고 있습니다. 장차 우리가 들어갈 천국은 과연 어떤 곳인지 요한계시록의 마지막 21장과 22장은 새 하늘과 새 땅의 모습을 아름답게 묘사하고 있습니다.

가장 먼저 21장 6절에서 "나는 알파와 오메가요, 처음과 마지막이라"고 말씀하셨는데, 이것은 기독교의 역사관은 시작과 종말이 있음을 알려주고 있습니다. 또한 1절에는 "또 내가 새 하늘과 새 땅을 보니"라고 나와 있고, 2절에서는 "거룩한 성 새 예루살렘이 하나님께로부터 하늘에서 내려오니"라고 말씀하시는데, 이 모든 말씀은 하나님께서 이 세상이 다 마감된 후에는 새 하늘과 새 땅을 우리에게 허락해 주신다는 사실입니다.

특히 21장 4절은 이 세상을 살아가는 우리에게 큰 위로와 소망을 주는데 모두 4가지의 천국 소망이 기록되어 있습니다. ① 우리는 이 세상을 살아가면서 눈물을 참 많이 흘립니다. 그런데 하나님의 나라에 들어가면 하나님은 우리 눈에서 모든 눈물을 다 닦아주십니다. ② 죽음은 우리의 최대의 원수입니다. 그런데 천국은 다시는 사망이 없고 영생복

락을 누릴 것입니다. ③ 우리는 이 세상에서 애통하며 탄식합니다. 그런데 천국에서 애통과 탄식은 다 사라질 것입니다. ④ 우리는 이 세상에서 질병으로 많은 고통을 겪습니다. 그런데 천국에 가면 아픈 것이 다 사라집니다. 우리는 예수님의 은총으로 천국에 들어가 반드시 영생 복락을 누리게 될 것입니다.

6. 함께 기도하기 마무리하며 함께 기도합니다

하나님 아버지! 죽을 수밖에 없는 우리를 구원하여 주시고, 새 하늘과 새 땅인 천국을 허락하여 주심에 감사를 드립니다. 믿음을 지키기 위하여 이 땅에서 많은 고난과 눈물이 있겠지만, 우리와 함께하시는 주님을 의지하며 저 천국의 소망을 품고 날마다 승리하는 가정이 되게 하여 주시옵소서. 예수님의 이름으로 기도드립니다. 아멘.

7. 함께 축복하기 찬양하며 서로를 축복합니다

[우리는 사랑의 띠로]

오늘의 암송구절

또 내가 보매 거룩한 성 새 예루살렘이 하나님께로부터 하늘에서 내려
오니 그 준비한 것이 신부가 남편을 위하여 단장한 것 같더라

우리집 가정예배 일지

일 시	참석자
기도제목 · 응답내용	

PART 6

대를 이어
복을 받는 가정

네 부모를 공경하라

050

1. 함께 찬양하기

찬송가 559장

〈 사철에 봄바람 불어 잇고 〉

1) 사철에 봄바람 불어 잇고 하나님 아버지 모셨으니

　　믿음의 반석도 든든하다 우리 집 즐거운 동산이라

2) 어버이 우리를 고이시고 동기들 사랑에 뭉쳐 있고

　　기쁨과 설움도 같이하니 한간의 초가도 천국이라

3) 아침과 저녁에 수고하여 다같이 일하는 온 식구가

　　한상에 둘러서 먹고 마셔 여기가 우리의 낙원이라

(후렴) 고마워라 임마누엘 예수만 섬기는 우리 집

　　고마워라 임마누엘 복되고 즐거운 하루하루

2. 함께 본문 읽기

에베소서 6:1-3

⑴ 자녀들아 주 안에서 너희 부모에게 순종하라 이것이 옳으니라

⑵ 네 아버지와 어머니를 공경하라 이것은 약속이 있는 첫 계명이니

⑶ 이로써 네가 잘되고 땅에서 장수하리라

3. 함께 생각하기

인도자가 읽어줍니다

두 아들을 둔 할머니가 있었습니다. 장남은 사업에 크게 성공하였습니다. 넓은 집과 풍성한 식탁, 호화스러운 옷과 좋은 차 등 부러울 것 없이 살았습니다. 하지만 둘째 아들은 조그만 구멍가게를 하였습니다. 먹고 살기가 빠듯해서 정신이 없었습니다. 더구나 자녀들이 많아서 더욱 생활이 어려웠습니다. 그런데 할머니는 장남의 집보다는 차남 집에 머물기를 더 좋아하였습니다.

하루는 장남이 어머니에게 말하였습니다.

"어머니, 동생은 먹고살기도 힘들어요. 어머니가 그곳에 가시면 부담스러워 해요. 제가 더 좋은 음식과 옷으로 잘 봉양할 테니 저희 집에서 사세요."

이때 할머니는 넉넉한 웃음을 짓더니 이렇게 말하였습니다.

"너에게 참 고맙지만, 내게 필요한 것은 좋은 음식과 좋은 옷이 아니란다. 네 동생은 밤마다 내 등을 긁어준다. 학교에서 돌아온 손자들은 그날의 재미있는 일들을 들려주지."

　　부모를 섬기는 것을 '봉양'(奉養)이라고 합니다. 그런데 봉양보다 한 단계 더 높은 것을 '양지'(量知)라고 합니다. 양지는 그 마음을 헤아려서 잘 안다는 뜻입니다. 장남이 어머니를 봉양했다면, 차남은 양지를 실천한 것입니다. 장남도 참 훌륭한 효도를 하였지만, 우리의 부모님들에게는 양지의 효도가 더 필요합니다. 부모님의 마음을 잘 헤아려 참된 효도를 합시다.

4. 함께 관찰하기　　성경 본문을 보며 빈칸을 채웁니다

① 자녀들아 ☐ 안에서 너희 ☐☐에게 ☐☐하라 이것이 옳으니라

② 네 아버지와 어머니를 ☐☐하라 이것은 ☐☐이 있는 ☐ ☐☐이니

③ 이로써 네가 ☐ 되고 ☐에서 ☐☐하리라

① 지나온 삶 속에서 부모님의 말씀에 순종하기 어려웠던 순간을 생각해 보고 그때 어떤 마음이 들었는지 함께 나누어 봅시다.

② 부모님께 잘 순종하고 감사를 표현할 수 있는 방법에는 어떠한 것이 있는지 각자 떠오르는 방법을 생각해 보고 실천해 봅시다.

십계명 가운데 5계명은 부모와의 관계를 다룹니다. 하나님은 생명의 근원이시고, 부모는 생명의 통로입니다. 그래서 성경은 부모를 공경하는 태도와 하나님을 공경하는 태도를 동일한 수준으로 다루며, 부모에 대한 불경은 곧 하나님께 대한 불경이라고 선언합니다.

그렇다면 부모를 공경하는 방법은 무엇일까요? 첫 번째는 순종입니다. 신명기 21장은 부모의 말을 완악하게 거역하는 자를 매우 엄하게 경고합니다. 유대 전통도 부모 말에 철저히 순종할 것을 가르치며, 단 한 가지 예외는 부모가 하나님의 말씀을 어기라고 요구할 때만 순종을 면할 수 있습니다. 바로 이것이 주 안에서 부모에게 순종하는 것입니다 (1절). 두 번째는 연로하고 약해진 부모를 잘 돌보는 것입니다. 건강할 때의 부모를 공경하는 것은 쉽지만, 늙고 병들고 도움이 필요한 부모님을 잘 모시는 것이 진짜 부모 공경입니다. 그리스도인은 세상처럼 부모를 부담으로 보아서는 안되며, 부모를 잘 모시는 것이 하나님을 섬기는 일임을 기억해야 합니다. 바로 이것이 아버지와 어머니를 공경하는 것입니다(2절).

부모를 공경하는 것은 생명의 근원이신 하나님을 공경하는 것이며,

하나님은 그 순종에 장수와 생명의 복(3절)으로 응답하십니다. 순종하고 공경함으로 땅에서 잘 되고 장수하는 복을 누립시다.

6. 함께 기도하기
마무리하며 함께 기도합니다

하나님 아버지! 부모를 공경하고 순종하라고 말씀해 주셨는데, 우리는 살면서 그 명령을 지키지 못할 때가 많이 있었음을 고백하오니 용서하여 주시옵소서. 하나님께서는 나에게 주신 부모님의 소중함을 잘 알아서 부모님의 말씀에 순종하고 잘 공경하는 저희들이 되게 하여 주시옵소서. 예수 그리스도의 이름으로 기도드립니다. 아멘.

7. 함께 축복하기
찬양하며 서로를 축복합니다

[우리는 사랑의 띠로]

오늘의 암송구절

에베소서 6:1

자녀들아 주 안에서 너희 부모에게 순종하라 이것이 옳으니라

우리집 가정예배 일지

일 시		참석자	
기도제목 · 응답내용			

자녀들을 축복하라

051

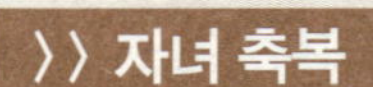

1. 함께 찬양하기　　찬송가 563장

〈 예수 사랑하심을 〉

1) 예수 사랑하심을 성경에서 배웠네

　우리들은 약하나 예수 권세 많도다

2) 나를 사랑하시고 나의 죄를 다 씻어

　하늘 문을 여시고 들어가게 하시네

3) 내가 연약할수록 더욱 귀히 여기사

　높은 보좌 위에서 낮은 나를 보시네

4) 세상 사는 동안에 나와 함께 하시고

　세상 떠나가는 날 천국 가게 하소서

후렴) 날 사랑하심 날 사랑하심 날 사랑하심

　성경에 쓰였네 아멘

2. 함께 본문 읽기

에베소서 6:4

(4) 또 아비들아 너희 자녀를 노엽게 하지 말고 오직 주의 교훈과 훈계
로 양육하라

3. 함께 생각하기

인도자가 읽어줍니다

스페인의 어느 작은 마을에 호르게라는 사람이 살고 있었습니다. 어느 날 밤 그는 사소한 문제로 자신의 어린 아들 파코를 심하게 나무랐습니다. 이튿날 아침 호르게는 그의 아들 파코의 침대가 텅 비어 있는 것을 발견하였습니다. 아들이 가출해버린 것입니다. 크게 당황한 아버지 호르게는 후회하는 마음으로 아들을 찾아 사방으로 수소문하고 다녔지만 찾을 수가 없었습니다.

마침내 그는 시내 중심가의 유명한 상점으로 가서 그 앞에다 커다란 광고글을 써 붙여놓았습니다.

"파코, 집으로 돌아와라. 난 널 사랑한다. 내일 아침 여기서 만나자. 아버지가."

다음 날 아침 일찍 호르게는 그 상점 앞으로 갔습니다. 그런데 놀랍게도 그곳에 파코라는 이름을 가진 소년이 일곱이나 와 있었습니다. 가출 소년들이었던 아이들이 모두 아버지가 부르는 사랑의 음성에 응답하여 그곳에 온 것이었습니다.

오늘날 가정에서 얼마나 많은 관계가 깨어지고 서로 마음 아파하는

지 모릅니다. 그 깨어진 관계 속에서 부모님으로로부터 "돌아와라! 사랑한다!"는 말을 기다리고 있을 수많은 파코가 있습니다. 되돌릴 수 없는 때가 오기 전에 용기 내어 자녀들에게 고백해보시기 바랍니다.

"돌아와라! 사랑한다!"

"내가 너를 축복한다!"

4. 함께 관찰하기　　성경 본문을 보며 빈칸을 채웁니다

① 또 아비들아 너희 □□를 □□□ 하지 말고

② 오직 주의 □□과 □□로 □□하라

① 부모님과 가족에게 들었던 말 중에서 나에게 가장 힘과 격려가 되었던 말이 무엇이었는지 서로 나누어 봅시다.

② 하나님께서 무릎을 꿇고 우리를 축복해 주셨다는 사실은 오늘날 부모들에게 어떤 태도를 가르쳐주고 있는지 생각해 봅시다.

오늘 본문을 통하여 바울 사도는 우리가 자녀들을 양육할 때 가장 중요한 두 가지에 대해서 알려주고 있습니다. 첫 번째는 자녀를 노엽게 하지 말아야 한다는 것입니다. 이것은 자녀를 내 소유인 양 자신의 기분에 따라서 함부로 대해서는 안 된다는 것을 말씀하고 있습니다.

두 번째는 오직 주의 교훈과 훈계로 양육하라고 권면하고 있습니다. 여기서 '교훈'이라는 말은 헬라오로 '파이데이아'인데 이 말은 '징계'의 뜻을 지니고 있습니다. 그래서 '교훈'은 올바른 징계를 통하여 자녀가 자신의 잘못을 충분히 깨달아 뉘우치게 할 수 있도록 해야 한다는 것입니다. 또한 '훈계'는 헬라말로 '누데시아'인데 이 말은 '충고'라는 뜻을 지니고 있습니다. 그래서 이 말은 아주 적절한 충고를 통하여 바른 훈련을 감당함으로써 올바른 길을 걷도록 해야 한다는 것입니다.

이렇게 자녀 양육의 두 가지 성경적 지침을 우리의 가정 안에서 가장 아름답게 실천하는 방법이 있는데 그것은 바로 자녀를 축복하는 것입니다. 축복의 히브리말 '바라크' 무릎을 꿇는 것을 말하는데 하나님의 문화는 하나님께서 친히 우리 앞에 무릎을 꿇고 사랑하고 축복해 주시는 모형입니다. 그러므로 이제부터 ① 우리는 자녀들의 눈을 보고, ②

무릎을 꿇고 회개하며, ③ 사랑한다고 말하고, ④ 축복을 선포해야 합니다. 이렇게 부모의 축복을 받은 자녀는 반드시 하나님의 복을 받는 자녀가 될 것입니다.

6. 함께 기도하기

마무리하며 함께 기도합니다

우리 가정의 주인 되신 하나님 아버지! 우리 가정에 복을 내려주사 부모는 주님의 마음으로 자녀를 품고 인내하게 하시고, 자녀들은 부모를 공경하고 순종하여 아름다운 가정을 이루게 하소서. 무엇보다 하나님이 주시는 사랑과 존중이 날마다 넘쳐나는 복된 가정이 되게 하옵소서. 예수님의 이름으로 기도합니다. 아멘.

7. 함께 축복하기

찬양하며 서로를 축복합니다

[우리는 사랑의 띠로]

오늘의 암송구절

또 아비들아 너희 자녀를 노엽게 하지 말고 오직 주의 교훈과 훈계로 양육하라

우리집 가정예배 일지

일 시	참석자	
기도제목 · 응답내용		

배우자를 축복하라

052

1. 함께 찬양하기   찬송가 212장

〈 겸손히 주를 섬길 때 〉

1) 겸손히 주를 섬길 때 괴로운 일이 많으나
   구주여 내게 힘주사 잘 감당하게 하소서
2) 인자한 말을 가지고 사람을 감화시키며
   갈 길을 잃은 무리를 잘 인도하게 하소서
3) 구주의 귀한 인내를 깨달아 알게 하시고
   굳건한 믿음 주셔서 늘 승리하게 하소서
4) 장래의 영광 비추사 소망이 되게 하시며
   구주와 함께 살면서 참 평강 얻게 하소서

2. 함께 본문 읽기   에베소서 5:22-33

(22) 아내들이여 자기 남편에게 복종하기를 주께 하듯 하라

(23) 이는 남편이 아내의 머리 됨이 그리스도께서 교회의 머리 됨과 같
     음이니 그가 바로 몸의 구주시니라

(24) 그러므로 교회가 그리스도에게 하듯 아내들도 범사에 자기 남편에
     게 복종할지니라

(25) 남편들아 아내 사랑하기를 그리스도께서 교회를 사랑하시고 그 교회를 위하여 자신을 주심 같이 하라

(26) 이는 곧 물로 씻어 말씀으로 깨끗하게 하사 거룩하게 하시고

(27) 자기 앞에 영광스러운 교회로 세우사 티나 주름 잡힌 것이나 이런 것들이 없이 거룩하고 흠이 없게 하려 하심이라

(28) 이와 같이 남편들도 자기 아내 사랑하기를 자기 자신과 같이 할지니 자기 아내를 사랑하는 자는 자기를 사랑하는 것이라

(29) 누구든지 언제나 자기 육체를 미워하지 않고 오직 양육하여 보호하기를 그리스도께서 교회에게 함과 같이 하나니

(30) 우리는 그 몸의 지체임이라

(31) 그러므로 사람이 부모를 떠나 그의 아내와 합하여 그 둘이 한 육체가 될지니

(32) 이 비밀이 크도다 나는 그리스도와 교회에 대하여 말하노라

(33) 그러나 너희도 각각 자기의 아내 사랑하기를 자신 같이 하고 아내도 자기 남편을 존경하라

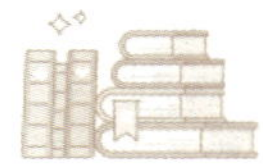

3. 함께 생각하기　　　　　　　인도자가 읽어줍니다

게리 채프먼(Gary Chapman) 박사는 정서적으로 메마른 부부를 대상으로 상담을 진행하였습니다. 대부분의 아내는 사랑을 받지 못한다고 느꼈고, 남편은 문제를 인식하지 못했습니다. 채프먼 박사는 남편에게 매일 아침 출근 전 아내에게 '고맙다', '수고했어' 같은 짧은 감사 메모를 남기라는 작은 과제를 주었습니다.

처음에는 어색해하던 남편이 순종하여 두 달 동안 꾸준히 메모를 남기자 놀라운 변화가 일어났습니다. 이 사소한 행동은 아내의 가치탱크를 채우는 높은 우선순위의 표현으로 작용하였습니다. 아내가 남편으로부터 존중받고 있다는 느낌을 받자, 외로움이 사라지고 마음의 문이 열렸습니다. 아내의 마음이 녹고 기쁨이 회복되면서 끊겼던 부부 사이의 대화와 친밀감도 회복되었습니다.

게리 채프먼 박사는 이 사례를 통하여 관계의 회복은 거대한 행동이나 선물에서 시작되는 것이 아님을 강조하였습니다. 진심 어린 작은 표현, 즉 배우자의 가치탱크를 채우는 축복의 언어를 실천하는 것이 진정한 부부 행복을 누리는 근본적인 방법임을 보여줍니다. 이처럼 작은 관심과 애정의 표현은 부부 관계를 공격하는 사탄의 틈을 막아주었고, 이것은 곧 남편은 사랑을, 아내는 존경을 구체적으로 표현하는 것과 같습니다.

4. 함께 관찰하기   성경 본문을 보며 빈칸을 채웁니다

① ☐☐들이여 자기 남편에게 ☐☐하기를 주께 하듯 하라

② ☐☐들아 아내 사랑하기를 ☐☐☐☐께서 ☐☐를 사랑하시고 그 ☐☐를 위하여 ☐☐을 주심 같이 하라

③ 그러나 너희도 각각 자기의 아내 ☐☐하기를 자신 같이 하고 아내도 자기 남편을 ☐☐하라

5. 함께 나누기 질문에 따라 묵상한 내용을 나눕니다

① 가족들에게 '축복의 말' 또는 '감사의 말'을 얼마나 건넸는지 생각해 보고 서로에게 진심을 담아 축복의 말을 나누어 봅시다.

② 배우자의 '가치탱크'를 채우기 위해 실천할 수 있는 작고 구체적인 행동을 몇 개씩 정하고 잘 실천해 봅시다.

하나님께서 친히 세우신 가장 작은 공동체인 가정은 우리의 삶을 변화시키는 출발점입니다. 가정은 날카로운 말이 아닌 서로를 향한 축복의 언어가 가득할 때 비로소 행복해지며, 성경은 이 삶의 방식을 하나님이 처음부터 계획하신 '옛적 길', 곧 '올람'이라 부릅니다. 이 축복은 유대인의 '바라크' 전통처럼 '무릎을 꿇다'라는 겸손의 의미를 담고 있으며, 이는 우리에게 사랑을 베푸신 하나님의 모습을 그대로 보여줍니다. 부모가 자녀를 바라보며 "너는 사랑받는 존재다"라고 선포하는 행동 속에 축복의 힘이 가장 강력하게 전달됩니다.

이 축복의 원리는 에베소서 5장 22~33절이 가르치는 부부 관계의 핵심이기도 합니다. 남편은 아내를 그리스도께서 교회를 사랑하듯 희생적으로 사랑해야 하고, 아내는 남편을 기꺼이 존경해야 합니다. 이 사랑과 존경은 부부가 서로의 '가치탱크'를 채우는 가장 귀한 연료이며, 사탄의 공격으로부터 가정을 지키는 방패 역할을 합니다.

가정의 행복은 거창한 이벤트나 큰 희생에서 오는 것이 아닙니다. 때로는 귤 하나를 건네는 것과 같은 지극히 사소한 관심이 배우자의 얼어붙은 마음을 녹이고, 따뜻한 말 한마디가 관계를 다시 피어나게 합니

다. 하나님이 주신 '옛적 길'을 따라 배우자와 자녀에게 매일 축복을 선포하는 작은 실천을 통해 여러분의 가정에는 하나님의 복이 자연스럽게 가득 흘러넘치게 될 것입니다.

6. 함께 기도하기

마무리하며 함께 기도합니다

하나님 아버지! 우리 가정이 행복한 가정이 되기를 기도합니다. 남편은 아내를 최고로 사랑하고, 아내는 남편을 진심으로 존경하게 하옵소서. 우리가 서로 축복의 언어로 가치탱크를 채워주어 사탄의 공격을 이기고 평강과 행복을 누리는 가정이 되도록 인도하여 주시옵소서. 예수님의 이름으로 기도드립니다. 아멘.

7. 함께 축복하기

찬양하며 서로를 축복합니다

「 우리는 사랑의 띠로 」

오늘의 암송구절

에베소서 5:33

> 그러나 너희도 각각 자기의 아내 사랑하기를 자신 같이 하고 아내도 자기 남편을 존경하라

우리집 가정예배 일지

일 시		참석자	
기도제목 · 응답내용			